R. Boutellier / R. Völker / E. Voit

Innovationscontrolling

R. Boutellier/R. Völker/E. Voit

Innovationscontrolling

Forschungs- und Entwicklungsprozesse
gezielt planen und steuern

HANSER

Carl Hanser Verlag München Wien

Die Deutsche Bibliothek – CIP-Einheitsaufnahme

Boutellier, Roman
Innovationscontrolling : Forschungs- und Entwicklungsprozesse
gezielt planen und steuern/R. Boutellier./R. Völker/E. Voit. -
München ; Wien : Hanser, 1999
ISBN 3-446-21215-9

Internet: http://www.hanser.de
Umschlaggestaltung: Zero Werbeagentur, München
Grafiküberarbeitung/Satz/Belichtung: Makengo Studios, München
Druck und Bindung: Druckhaus „Thomas Müntzer“ GmbH, Bad Langensalza
Printed in Germany

Vorwort

Innovation ist heute in aller Munde: Neue Produkte sollen alte Wirtschaftszweige vor dem Untergang retten, Business Process Redesign soll Kosten senken und gleichzeitig die Marktleistung erhöhen.

Mit Innovation verbinden wir aber nicht nur Erfolge, sondern auch Risiken, Unwägbarkeiten und unternehmerische Entscheide, die zu den schwierigsten gehören: Soll VW in die Brennstoffzellen einsteigen oder das Feld den anderen überlassen? Setzt sich die digitale Kamera durch? Lohnt es sich, in einen neuen Airbus 10–12 Milliarden DM zu investieren?

Mit Innovation verbindet sich untrennbar Kreativität: Persönlichkeiten, die querdenken, sich nicht einem Controlling gegenüber verantwortlich fühlen, sind diejenigen, die Innovationen herbeiführen. Ohne Freiräume entstehen keine Ideen, aber Freiheit allein genügt auch nicht. Die Risiken bewegen sich heute in vielen Branchen in Milliardenhöhe.

Controlling im Innovationsbereich ist deshalb ein Spiel auf Messers Schneide: Zuviel, und die Kreativität geht verloren, zuwenig, und das Unternehmen verliert sein Geld. Vieles kann man nicht in Zahlen fassen, vieles steuern die Unternehmenskultur, die Persönlichkeiten im Unternehmen: Wie gehen „chaotische" Vorentwickler, disziplinierte Produktionsspezialisten und gestreßte Manager mit ihren Kennzahlen in der Innovation um? Welchen Zahlen messen sie eine bestimmte Bedeutung zu? Wie setzen sie betriebswirtschaftliche Überlegungen zur Problemlösung ein?

Dieses Buch versucht, auf solche Fragen praktische und theoretische Antworten zu bieten. Sie hängen – ebenso wie der Innovationsprozeß an sich – eng vom Unternehmen ab; die Unternehmenskultur prägt das Innovationscontrollings stark. Wir haben deshalb viele Praktiker zu Wort kommen lassen, damit sie die ganze Bandbreite des Innovationscontrolling erläutern. Die theoretischen Beiträge dagegen sollen eher die Grenzen und Einsatzmöglichkeiten der praktischen Ansätze aufzeigen und sich abzeichnende Muster hervorheben. Solche gibt es, und erfolgreiche Methoden auch. Systematik in der Innovation lohnt sich!

St. Gallen / Mannheim, Mai 1999

R. Boutellier, R. Völker, E. Voit

Inhaltsverzeichnis

Abkürzungsverzeichnis

AIP	Action-in-Progress
BEN	Barwert der Projektanträge
BET	Break Even Time
CARs	Corrective Action Requests
CEO	Chief Executive Officer
COST	Barwert der Projektkosten
CPU	Central Processing Unit
DA	DaimlerChrysler Aerospace Airbus
DASA	DaimlerChrysler Aerospace AG
DDP	Drug Development Plan
DTC	Daily Therapeutic Costs
EIM	Entry-into-Man
F+E	Forschung und Entwicklung
FCF	Free Cash Flow
FDD	Full Development Decision
FMEA	Failure Mode and Effect Analysis
FPY	First Pass Yield
HW	Hardware
IDDS	International Drug Development System
IRR	International Rate of Return
KMU	Klein- und Mittelständische Unternehmen
NDA	New Drug Application
NPRP	New Product Research Proposal
NPV	Net Present Value
PDB	Project Driven Budgeting
PMP	Performance Management Process
POK	Prozeßorientierte Kostenrechnung
QFD	Quality Function Deployment
R&D	Research and Development
ROI	Return On Investment
SE	Simultaneous Engineering
SW	Software
TC	Target Costing
TCD	Target Cost Deployment
TCM	Target Cost Management
TT	Termintreue
ZNS	Zentrales Nervensystem

1 Bedeutung und Bestandteile des Innovationscontrollings

1.1 Problematik des Innovationscontrollings*

Wie entstehen neue Produkte? Die Meinung, daß sich Kreativität nicht planen lasse, hat zwar nach wie vor eine gewisse Berechtigung. Trotzdem kann man sämtliche Phasen der Produktentstehung mit Controlling unterstützen. In den Frühphasen überwiegt allerdings das Messen des Inputs. Erst in späteren Phasen kann der Controller auch den Output besser erfassen und hat so die Möglichkeit, Tätigkeiten an ihrem Einfluß auf das Geschäft zu messen.

Vor etwas mehr als 100 Jahren schrieb Mark Twain erstmals auf einer Remington-Schreibmaschine: Er mußte vier Zeilen abwarten, bis er sah, was er auf seiner Maschine geschrieben hatte. Ein unmögliches Ding, vieles hat sich daran seither geändert, aber die Buchstabenanordnung blieb uns erhalten. Sie ist alles andere als optimal. Die Ingenieure um 1870 legten die am meisten verwendeten Buchstaben auf die stärksten Finger, aber die Mechanik klemmte. Die Marketingleute standen vor dem Problem, daß zwar kein Vertreter tippen konnte, aber trotzdem die Schreibmaschine vorführen mußte. So einigten sich Marketingleute und Techniker bei Remington, die oft vorkommenden Buchstaben auf verschiedene Reihen zu verteilen, um die Schreibgeschwindigkeit zu reduzieren, und die Reihenfolge so anzuordnen, daß die Verkäufer TYPEWRITER schreiben konnten, ohne die Finger von den Tasten zu nehmen. Diese unlogische und vor allem etwa 10–20 Prozent langsamere Version entstand zufällig, ist nicht optimal und hat sich trotzdem als Standard durchgesetzt.

Innovationen erfolgen auch heute noch hier und da rein zufällig, wie die Beispiele Teflon und Eprom zeigen. Teflon ist eine zufällig in einem Chemielabor entdeckte Substanz, und Eproms sind spezielle elektronische Speicher, die auf einen Fabrikationsfehler zurückgehen.

Andererseits ist die CPU-Entwicklung eine so eindeutige Fortentwicklung, daß man nicht mehr von Prognosen, sondern von einer Self-Fulfilling-Prophecy sprechen muß: Bei Intel braucht man offenbar für die Entwicklung und den Bau neuer Produktionsanlagen immer etwa zwei Jahre. Die Entwicklung erfolgt sehr genau getaktet, fast wie die Modelle bei den Autos.

---

* Dieser Beitrag basiert auf R. Boutellier; J. Bruckner: Vom Zufallstreffer zur systematischen Innovation, in: KMU – das Magazin für Unternehmer, Geschäftsführer, Höheres Kader, Nr.1, Jan. 1999

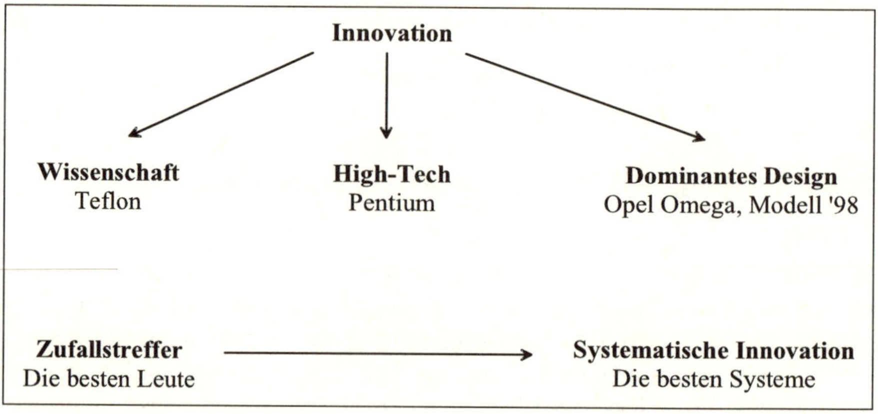

Abbildung 1.1-1: Abhängigkeit der Planbarkeit von Innovationen von der Branche

Warum diese Unterschiede? Warum kann man in bestimmten Bereichen Innovationen planen, in anderen nicht? Einige Überlegungen zeigen im folgenden, daß die Planbarkeit stark von der Branche abhängt.

Planbarkeit ist stets von der Branche abhängig

Teflon zählt man heute zu den wissenschaftsgetriebenen Innovationen. Ein Forscher macht Versuche, Dutzende, vielleicht sogar Hunderte, plötzlich erlebt er die große Überraschung: Eine eingedickte Masse bildet sich in einem Faß, das eigentlich voller Flüssigkeit sein sollte, und, siehe da, die Masse eignet sich bestens für das Abdichten von Rohrleitungen in Nuklearkraftwerken.

Wir können solche Fälle jedoch auch in der Pharmabranche beobachten, wo nicht jedes Medikament als Resultat eines logischen und effizienten Prozesses entsteht. Hier hilft die Größe des Unternehmens, die hohen Kosten zu verteilen, um so die vielen unvermeidbaren Fehlentwicklungen zu finanzieren. Das Gesetz der großen Zahlen kommt zum Zuge. Große Unternehmen entwickeln auf breiter Front und erzeugen durchschnittlich pro 500 Millionen DM Aufwand ein erfolgreiches Produkt.

Viele Unternehmen können und wollen sich solche Risiken nicht leisten und versuchen, Innovationen zu steuern, zu kontrollieren. Allerdings erzeugen sie dabei häufig Übersteuerung: Das entwickelte Produkt kommt zu spät, kostet zuviel und erreicht die Spezifikationen nicht. Das wohl bedeutendste Beispiel hierfür liefert die Concorde, das bis heute einzige zivile Überschallflugzeug: Die Entwicklungskosten wurden um ein Mehrfaches überschritten, das Flugzeug erfüllte die ursprünglichen Spezifikationen nur zum Teil, und die Markteinführung kam viel zu spät. Ähnliche Fälle kennt jeder Praktiker aus seiner eigenen Firma. Etwas mehr Bescheidenheit hilft hier meist weiter: Statt alle kleinen Überraschungen wegzuplanen und dafür die große Überraschung zu provozieren, legt man die wahrscheinlichste Überraschung dorthin, wo sie am Markt am wenigstens schmerzt. Muß eine Bank innerhalb von wenigen Tagen auf ein Future einer Konkurrentin antworten, so müssen Qualität und Termin stimmen, koste es, was es wolle. Die Überraschung legt die Bank in diesem Fall bewußt auf die Entwicklungskosten: Da der Zeitraum limitiert ist, können die Kosten ohnehin nicht beliebig wachsen. Treibt eine KMU dagegen Produktpflege für eine stabile Marktnische, so dürfen die Entwicklungskosten nicht überschritten werden, die Qualität muß stimmen, aber der Einführungszeitpunkt darf ruhig einige Überraschungen mit sich bringen. Das Controlling des Innovationsprozesses kann hier unterstützend eingreifen, indem der Controller nicht jede Abweichung als negativ einstuft, sondern Abweichungen sogar bewußt fördert, indem er die Trade-offs zwischen Entwicklungskosten, Entwicklungszeit und Leistung des Produkts aufzeigt und angepaßte Lösungen vorschlägt. Kreativität läßt sich nicht planen, aber doch in vernünftige Bahnen lenken.

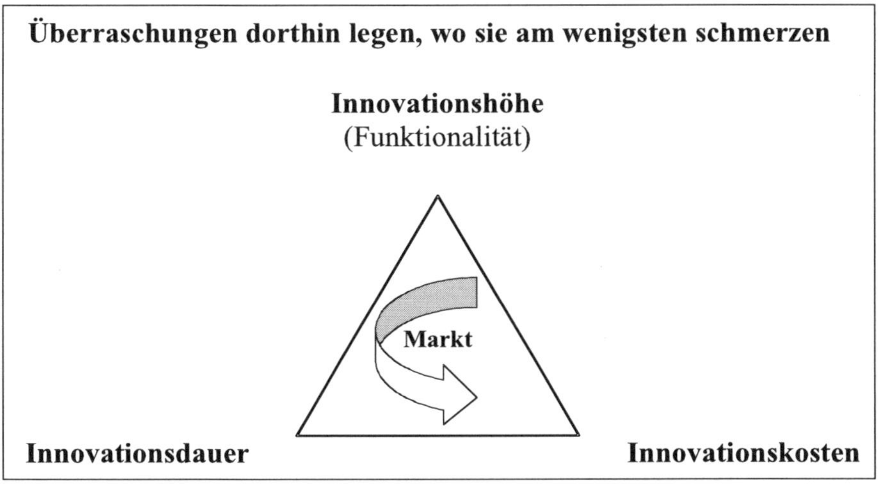

Abbildung 1.1-2: Steuerung anstatt Vermeidung von Überraschungen

Im Gegensatz zur wissenschaftsgetriebenen Branche der Chemie und Pharma trifft man im High-Tech-Bereich vor allem auf Projekte mit extrem kurzer Durchlaufzeit. Die Differenzierung am Markt erreichen die Firmen durch Technologie. Komplementärprodukte – im Falle von Intel ist dies zum Beispiel die Software von Microsoft – erhöhen den Wert der eigenen Produkte zusätzlich. Aber High-Tech bedeutet auch High-Risk. Ein Hilfsmittel zur Risikoeinschätzung bietet das Modell von Nalebuff und Brandenburger das vier wesentliche Dimensionen für das Unternehmen definiert: Lieferanten und Kunden stehen einander symmetrisch gegenüber, der eine bezahlt uns, den anderen bezahlen wir. Genauso symmetrisch verhalten sich Konkurrenten und Komplementäre: Konkurrenten reduzieren den Wert unserer Produkte, Komplementäre erhöhen deren Wert. Gerade bei neuen Technologien stammen die gefährlichen Konkurrenten nicht aus der eigenen Branche: Welches Kupferkabelwerk hätte vor 20 Jahren Glaswerke zu seinen Konkurrenten gezählt? Die allgemeinere Definition: Konkurrent ist, wer den Wert der eigenen Produkte reduziert. Dies spielt bei neuen Technologien eine wichtige Rolle. Im High-Tech-Bereich erzeugen die symmetrischen Gegenüber der Konkurrenten, d. h. die Komplementäre, häufig ein starkes Wachstum: Wenn Nintendo viele Spielkonsolen verkauft, können die Chip-Hersteller viele CPUs absetzen.

Während in wissenschaftsgetriebenen Branchen und im High-Tech-Bereich Innovationen noch häufig zufällig erfolgen, hat man in der Branche des dominanten Designs Chancen, Innovationen systematisch voranzutreiben.

Dominante Designs und systematische Innovation

Dominante Designs, Standards – wie etwa die Buchstabenanordnung QWERTZUIOPÜ auf der Schreibmaschine oder die eingespielten Designs im Automobilbau – erzeugen Sicherheit bei Innovationen. Sie ermöglichen systematische Entwicklungen. Firmen stimmen Modelle auf Markttrends und Konkurrenz ab. Dominante Designs schränken die Entwicklungsmöglichkeiten schon im voraus ein. Ein Keyboard-Hersteller muß sich die Anordnung der Buchstaben nicht mehr überlegen, sie ist fixiert. Feedback vom Markt sowie intensive Beobachtung von Markt- und Technologiezyklen helfen zusätzlich, Entwicklungen zielgerichtet anzugehen. Hier erhält das Projektmanagement seine zentrale Bedeutung. Ja, die Strukturierung des Innovationsprozesses kann sogar dazu führen, daß das Top-Management die gesamte Geschäftsstruktur überdenken muß und auch das Controlling sich spezifisch anpaßt.

Innovationen bleiben ein Risiko

Zur erfolgreichen Innovation gehören fast immer drei Schritte: von der Ideengenerierung über die Entwicklung bis zur erfolgreichen Markteinführung. Freiräume sind bei der Ideengenerierung bewußt zuzulassen, um den Blick über den Tellerrand zu fördern. Das Unternehmen braucht eine Produktvision. Controlling konzentriert sich auf den Input: Setzt das Unternehmen geeignet Personenstunden für Vorentwicklung und Machbarkeitsstudien ein, hat man geeignetes Personal, und wie steht man im Vergleich zur Konkurrenz? Produktrentabilitätsrechnungen haben in dieser Phase eher den Charakter von Szenarien als den von Return-on-Invest-Plänen! Geht es aber an die Bewertung und schließlich an die detaillierte Entwicklung, braucht man eher strukturierende Methoden wie Modularisierung, Rationalisierung und Kernkompetenzen. So kann zum Beispiel eine Versicherung eine Art „Service-Engineering" unter einem strategisch ausgerichteten Projektmanagement einrichten und damit die Innovation im Servicebereich systematisieren.

Zum Beispiel druckt eine große amerikanische Kaufhauskette auf ihre Kassenzettel nach dem Zufallsprinzip die Aufforderung, eine Hotline anzurufen, die den Kunden nach seinen Einkaufserfahrungen befragt. 40 Prozent der Kunden ruft innerhalb von 24 Stunden zurück. Damit kann das Verkaufshaus innerhalb von Tagen auf unzufriedene Kunden, drohende Flops und Ungewißheiten reagieren und seinen betroffenen Mitarbeitern ein unmittelbares Feedback geben. Es kann sich in kleinen Schritten laufend verbessern. Eine solche Kundenbedürfnis-Erfassung stellt eine echte Innovation dar und mußte auch im Detail entwickelt werden. In der zweiten Phase der systematischen Entwicklung bedarf es viel Disziplin. Die teure Produktentwicklungsphase ist denn auch der Schwerpunkt des traditionellen F+E-Controllings. In dieser Phase weiß das Unternehmen bereits soviel über das neue Vorhaben, daß es Controllinginstrumente auch sehr zielgerichtet einsetzen kann. Pay-Back-Perioden kann man aufgrund der vorliegenden Marktdaten bereits vernünftig schätzen, und der Mitteleinsatz läßt sich über detaillierte Pläne bereits gut verfolgen.

Die letzte Phase, die Markteinführung, erfährt von vielen Unternehmen leider immer noch eine stiefmütterliche Behandlung. Dabei stellt sie die höchsten Anforderungen an das Management. Große Distanzen und Verkaufsorganisationen, die nicht zum Unternehmen gehören, erfordern ein sorgfältiges Projektmanagement, das sich nicht auf Hierarchien stützen kann, sondern auf reiner Überzeugung beruht: Wer hat nicht schon einmal die Situation erlebt, daß die Kunden die eigenen Produkte zwar kaufen wollten, die eigenen Verkäufer aber nicht zu überzeugen waren? Auch hier versucht MCC mit dem Smart neue Wege zu gehen. Smart-Center und das Franchising-System sollen ein Committment erzeugen, das für die Branche neu ist.

Wir wollen eine Innovation erst dann als eine solche bezeichnen, wenn sie Geld erwirtschaftet. Also weg vom Time-to-Market, was nur den Zeitfokus betont, und hin zum Time-to-Cash. Erst der Markterfolg zeichnet Innovationen aus. Und dieser ist trotz Marktdynamik mehr und mehr zu planen, da man ohne strukturierte Innovationsprozesse die Ressourcen des Unternehmens nicht strategie- und kompetenzgerecht einsetzen kann.

Ideengeneration	**Entwicklung**	**Markteinführung**
Visionen • Geführte Freiräume • Querköpfe		
	Schweiß • Projektmanagement • Ingenieure	
		Übergabe • Überzeugung der eigenen Organisation • Diplomaten
Input-Controlling	Detail-Controlling	Budget-/Zeit-Controlling

Abbildung 1.1-3: Die drei Phasen der Innovation mit ihren Spezifikationen

Das Beispiel des Smarts ist das Musterbeispiel par excellence für eine systematische Innovation – vom Anfang der Idee bis zur Realisierung der Vermarktung und des Vertriebs. Ob sie jedoch von Erfolg gekrönt sein wird, muß sich erst zeigen. Eine systematische Innovation garantiert keinen Markterfolg. Die Wichtigkeit von Glückstreffern bleibt bestehen, trotz allem Controlling. Aber: Systematik heißt, rascher festzustellen, wohin sich das Geschäft entwickelt.

1.2 Aufgabenbereiche, Methoden und Instrumente des Innovationscontrollings

Controlling ist eine Dienstleistungsfunktion. Controller unterstützen Entscheidungsträger, d. h. Manager. Mit dem Auftrag-Beschaffung-Produktion-Auslieferung-Prozeß erarbeitet das Unternehmen den heutigen Cash-Flow. Der Innovationsprozeß sorgt für den zukünftigen Cash-Flow, und die Determinierung des Cash-Flows folgt aus dem Strategieprozeß. Damit folgen unmittelbar die beiden wichtigen Komponenten des Innovationscontrollings. Das operative Innovationscontrolling kümmert sich um die Abwicklung von F+E-Projekten. Die Frage, ob die heutigen Innovationsprojekte genügen, das Unternehmen in der Zukunft zu tragen, versucht das strategische Controlling zu beantworten.

Der bekannte „Entwicklungstrichter“ zeigt deutlich diesen Unterschied: Im operativen Controlling geht es darum, die Projekte möglichst rasch durch den Trichter zu bringen; die Positionierung des Trichters und die angemessene Verteilung der Projekte im Trichter beschäftigen das strategische Controlling.

Zur Zeit beschäftigt sich die Pharmaindustrie weltweit intensiv mit der Frage, ob genügend viele Projekte im ersten Teil der Ideenphase stecken. Viele Unternehmen verneinen die Frage und versuchen, durch Akquisition von kleinen Firmen die Situation zu verbessern. Viele Gentechnikunternehmen sind darunter. Die große Anzahl von Projekten in der Ideenphase ist notwendig, weil es nur einer ganz kleinen Anzahl von Projekten gelingt, Blockbuster hervorzubringen. Alle anderen Projekte muß man irgendwann stoppen, oder sie liefern nur gerade durchschnittlichen Umsatz. Die strategischen Überlegungen ergänzt die Pharmaindustrie mit Effizienz-Betrachtungen der täglichen F+E-Arbeit.

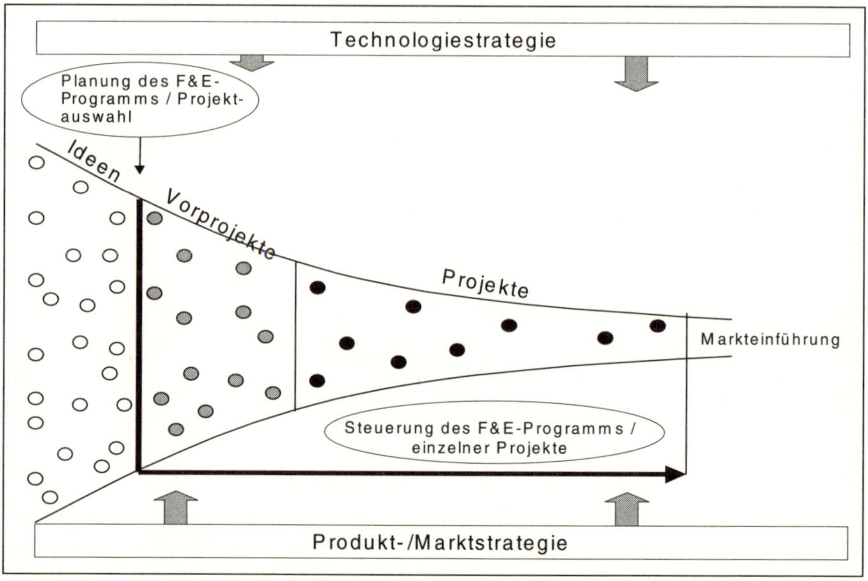

Abbildung 1.2-1: Entwicklungstrichter[1]: Das strategische F+E-Controlling verschiebt Mittel im Trichter

Strategisches F+E-Controlling

Strategische Entscheide bilden die Leitlinien für die Planung und Steuerung der Innovationsprojekte. So legt z. B. die Produkt-/Marktstrategie fest, welche grundlegenden Neuentwicklungen wann auf welchen Märkten erscheinen sollen. Produktplattformen und Produktlinien sind wesentliche Leitlinien für das operative F+E-Programm. Im Rahmen der Technologiestrategie entscheidet das Unternehmen über Technologien, über Make-or-Buy dieser Technologien sowie über ihr Timing. Make-or-Buy-Entscheide determinieren wesentlich die Ausrichtung der F+E-Ressourcen. Sie hängen weniger von den Kosten ab als von den Fähigkeiten, über die das Unternehmen verfügt.

Planung und Kontrolle der F+E-Strategie obliegen zwar dem F+E-Management, jedoch kann ein strategisch ausgerichtetes F+E-Controlling hier wesentliche Unterstützungsarbeit leisten[2]. Das F+E-Controlling kann z. B. helfen bei der Gestaltung des strategischen Planungsprozeßes, bei der Auswahl geeigneter Planungsinstrumente sowie bei der Koordination der strategischen Planungsprozesse. Unabdingbar für eine erfolgreiche F+E-Strategie ist eine enge Abstimmung mit den anderen Funktionalbereichen und mit der übergeordneten Geschäftsfeldstrategie sowie mit der Technologiestrategie des Unternehmens.

In den letzten Jahren setzen mehr und mehr Unternehmen auf Kernkompetenzen, um eigene Ressourcen und Marktanforderungen in Einklang zu bringen. Kernkompetenzen sind Bündel von Technologien und Fähigkeiten, die man benötigt, um bestimmte Produkte bzw. Produktplattformen zu entwickeln, herzustellen und zu vertreiben[3]. Das Kernkompetenzkonzept stellt die Brücke zwischen der Produkt-/Marktwelt und der Technologiesicht dar[4].

Hat man die Kernkompetenzen und damit die Bedeutung einzelner Technologien festgelegt, kann das Management damit Ressourcenzuweisungen für Forschungs- und Technologievorhaben spezifisch vornehmen. Das F+E-Controlling kann sowohl bei der Kernkompetenzfestlegung als auch bei der Beurteilung der einzelnen Technologien unterstützend wirken. So werden für die Bewertung von Technologien entsprechende Methoden und Instrumente benötigt. Ein Instrument, das am Institut für Technologiemanagement der Universität St. Gallen entwickelt wurde und sich im Praxiseinsatz bei großen und kleinen Unternehmen bewährt hat, ist das Technologieportfolio mit den beiden Dimensionen Strategie und eigene Ressourcen. Es entspricht damit genau dem Kernkompetenzansatz und zerlegt diesen in eine logische Reihenfolge von Aufgaben (Abbildung 1.2-2). Nach erfolgter Identifikation der technologischen Ist- und Soll-Kernkompetenzen eines Unternehmens können einzelne Technologien danach beurteilt werden, ob und inwieweit sie für die Kernkompetenzen Relevanz haben und welche Aufgaben konsistent aufeinanderpassen.

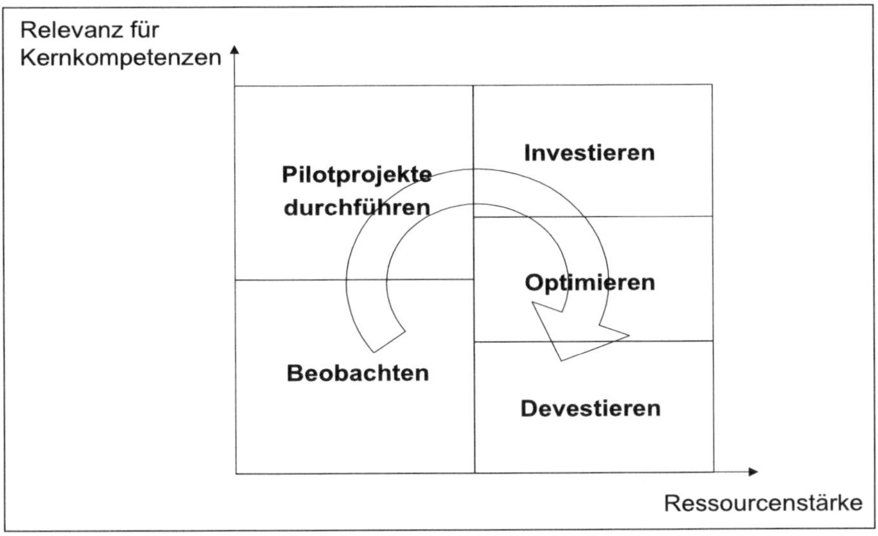

Abbildung 1.2-2: Strategische Ausrichtung der F+E-Ressourcen auf Technologien

Jede Kernkompetenz lebt, braucht Gestaltung, Lenkung und Entwicklung. Damit erhält auch das Controlling eine ganzheitliche Ausrichtung: Beobachtung und Pilotprojekte in der F+E kann man nicht an den gleichen Maßstäben messen wie eine Devestition. In den Frühphasen spielen Gleichgewichtsüberlegungen eine viel größere Rolle als etwa in den Spätphasen der Optimierung, wo man Technologien und Prozesse sehr genau kennt und auch mit Zeitreihen belegen kann. Jedoch weiß jeder Unternehmer, daß seine Zukunft stark vom Input neuer Ideen, neuer Produkte und Prozesse abhängt.

Die Aufteilung der F+E-Budgets zwischen

- laufender Produktgeneration (Produktpflege),
- nächster Produktgeneration (Produktentwicklung) und
- späteren Produktgenerationen (Grundlagenentwicklung, Technologieentwicklung)

kann man nicht „errechnen", die Unwägbarkeiten sind zu groß. Wer wäre schon fähig, bei Weihnachtsspielzeug vorauszusagen, welches Plüschtier sich dieses Jahr durchsetzt, welche Vorlieben unsere Kinder in fünf Jahren entwickeln.

Anhaltspunkte für die Aufteilung des F+E-Budgets können

- Branchenvergleiche,
- Forschungsintensität in wichtigen Gebieten,
- Stand der eigenen Firma im Vergleich zur Konkurrenz liefern.

Das Controlling kann aber trotzdem gesetzte Ziele überwachen, Erfahrungen aufarbeiten und selber auch Vergleiche anstellen. So unterstützt das F+E-Controlling im strategischen Bereich das Management bei der Kontrolle der F+E-Strategien. Die Festlegung strategischer Meilensteine wie Zeit- und Leistungsziele für die Einführung einer neuen Produktlinie oder die Erforschung neuer Technologiefelder ermöglichen hierbei eine konkrete Kontrolle der Zielerreichung.

Projektbeurteilung und -planung

Im Rahmen der strategischen Vorgaben will man unter den möglichen Innovationsideen diejenigen herausfiltern, bei denen es sich lohnt, sie weiterzuverfolgen. Schon in frühen Phasen – bei „Vorprojekten" wie Technologieabklärungen oder Konzeptstudien – kann das Controlling durch verschiedene Methoden und Instrumente zu einer sinnvollen Auswahl beitragen. Wenn Ideen so weit gereift sind, daß das Produktmanagement klare Produktvorschläge und Pflichtenhefte erstellen kann, gilt es, das Management bei der Priorisierung der konkreten Produktprojekte zu unterstützen. Dabei hilft die Einteilung der Projekte in „Neu-Projekte" (z.B. Durchbruchinnovationen bei Produktprojekten sowie die meisten Vorprojekte) und „Routine-Projekte" (z.B. solche, die die existierende Produktplattform verbessern oder die Entwicklung von Varianten). Je nach Kategorie kommen unterschiedliche Beurteilungsinstrumente zum Einsatz (Abbildung 1.2-3). Bei Routine-Projekten erlaubt es die Erfahrung aus früheren Projekten, über die Prognose der späteren Umsätze und der Herstell- und Entwicklungskosten, die Rentabilität z.B. per Net Present Value (NPV) oder Return-on-Project (RoP) im Sinne von Erwartungswerten zu ermitteln. Bei Neu-Projekten hingegen bietet sich unter Umständen an, die möglichen finanziellen Einflüsse auf das Geschäftsergebnis in Form von Szenarioanalysen abzuschätzen.

Methode	Neu-Projekte (Forschung, Vorentwicklung, neue Plattformen, Entwicklung vor dominantem Design)	Routine-Projekte (Entwicklungen nach dominantem Design, verbesserte Plattformen, Varianten)
Kriterien-checkliste	Schwerpunkt effektiver Ressourceneinsatz	Schwerpunkt Markterfolg, Effizienz
Projekt-FMEA	technische Risiken	Marktrisiken
Produkt-rentabilitäts-rechnung	Darstellung von Szenarien	eigentliches Entscheidungsinstrument (Net Present Value, RoP etc.)
Optionswerte	Aufzeigen von Synergien, Lerneffekten und möglichen Folgeprojekten	Optionsbewertungsmethode ("indirekter" Net Present Value)

Abbildung 1.2-3: „Neu" versus Routine[4]

Gerade wenn eine Vielzahl von Vorschlägen zu beurteilen ist, helfen Portfoliotechniken, um anschaulich Rentabilität, Risiken und/oder Ressourcenbelastungen darzustellen. Ein mögliches Portfolio für marktbezogene Entwicklungsprojekte ist in Abbildung 1.2-4 dargestellt. Hier werden die erwarteten Rentabilitäten und die Risiken der Projekte abgetragen[5]. Projekt A ist aufgrund des höheren NPV dem Projekt B vorzuziehen.

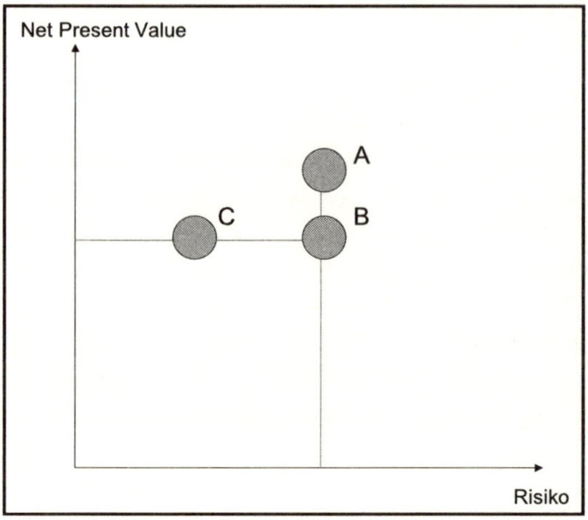

Abbildung 1.2-4: Portfolio für Entwicklungsprojekte

Ebenfalls kann man Projekt C aufgrund des geringeren Risikos bei gleichem NPV Projekt B vorziehen. Soll eine Auswahl zwischen A und C erfolgen, so läßt sich nicht mehr allein über das Portfolio argumentieren. Die höhere erwartete Rentabilität steht dem geringeren Risiko von C gegenüber. Zusätzlich spielt die Ressourcenbelastung der einzelnen Projekte eine große Rolle. Hier bietet sich z.B. an, die Rentabilität zu den knappen Ressourcen in Beziehung zu setzen und die Projekte mit der höchsten Rentabilitätsrate vorzuziehen. Diese Methode hat sich in einigen Firmen bewährt[6]. Schließlich muß man eine Selektion von Projekten immer im Kontext des gesamten F+E-Programms sehen. Ein Vergleich der Projekte A, B und C in der beschriebenen Weise wäre wenig sinnvoll, wenn es sich um verschiedene Projektkategorien handelt. Strategisch unabdingbare Durchbruchprojekte kann man nicht gegen mögliche Variantenprojekte einer bereits existierenden Produktplattform aufrechnen!

Die Auswahl von Projekten setzt auch die detaillierte Planung der einzelnen Projekte und damit die Anwendung von Planungsverfahren voraus. Die meisten Unternehmen planen Qualität (Funktionalität), Zeit und Entwicklungskosten von Projekten. In wettbewerbsintensiven Märkten spielt die Planung der späteren Produktkosten (Target-Costing) eine entscheidende Rolle. Festlegung der Gesamt- und Komponentenzielkosten neuer Produkte stellt große Anforderungen an das Controlling, es muß Entscheidungsgrundlagen bereitstellen. Aus der Bandbreite der möglichen Vorgehensweisen des Target-Costing muß man das Verfahren auswählen, das für die jeweilige Branche und das jeweilige Unternehmen paßt[7].

Planung des F+E-Programms

Ein phasenweises Vorgehen drängt sich auf (Abbildung1.2-5). In der Praxis läuft dieser Prozeß immer etwa nach dem gleichen Muster ab. Das Management sieht sich einer Projektliste gegenüber, die die F+E-Ressourcen um Faktoren übersteigt: Auslastungen von 250 Prozent trifft man in den meisten Firmen an, und ein Projekt pro F+E-Mitarbeiter ist leider auch keine Seltenheit. Das Management hat zwei grundsätzliche Möglichkeiten, die Projekte auszuwählen:

- Priorisierung der besten Projekte oder
- Streichung der schlechtesten Projekte.

Leider konzentriert man sich meist auf die erste Methode und vergißt dabei, daß es oft einfacher wäre nachzuweisen, daß ein Projekt unrealistisch ist. Ausgangspunkt ist die Feststellung der vorhandenen Ressourcen sowie aller laufenden Projekte. Gleichzeitig muß man alle geplanten Projekte und deren Ressourcenbedarf eruieren. Eine auf die Unternehmensbedürfnisse abgestimmte Projektkategorisierung schafft zusätzlich Ordnung. Es bietet sich an, Produktprojekte in fünf Kategorien zu unterteilen:

- Beobachtung,
- Pilotprojekte (Machbarkeit),
- Investition (Produktentwicklung),
- Optimierung (Produktpflege),
- Devestition (Produktauslauf).

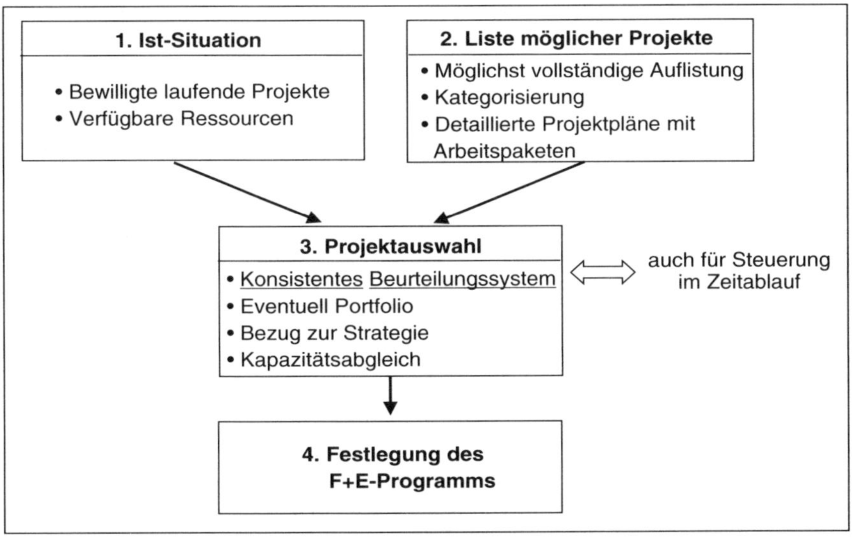

Abbildung 1.2-5: Planung des F+E-Programms

Wenn alle laufenden Projekte und die möglichen neuen Projekte „auf dem Tisch liegen", gilt es, nach bestimmten Kriterien ein geeignetes F+E-Programm zusammenzustellen. Sehr wichtig bei der Zusammenstellung eines geeigneten Projektmixes ist dabei die Konsistenz mit strategischen Entscheiden. Produkt- /Marktstrategie und Technologiestrategie legen die Leitlinien für Entwicklungs- und Forschungsprojekte weitgehend fest. Die Produkt- /Marktstrategie bestimmt, wann welche neuen Produktlinien für den Markt zur Verfügung stehen sollten. Die Beobachtung und Evaluation von Technologiegebieten lenkt F+E-Ressourcen auf neue Gebiete.

Nach der strategischen Ausrichtung geht es darum, die einzelnen Projekte mit Hilfe der schon skizzierten Beurteilungsmethoden zu bewerten. Nicht alle als lohnend erachteten Projekte können in das Portfolio aufgenommen werden: Die Ressourcenrestriktionen zwingen zu Anpassungen des gewünschten Programms. Eventuell muß man die Schrittfolge „strategische Determinierung, Beurteilung im einzelnen und Kapazitätsabgleich" mehrmals durchlaufen, bevor das F+E-Programm feststeht.

Kontrolle des einzelnen Projekts

Sind die Projekte bzw. das F+E-Programm einmal „gestartet" lohnt sich bei größeren Projekten die Verfolgung der Entwicklungen im Detail. Das Controlling unterstützt hierbei Projektteams, Projektleitung und Lenkungsgremien mit den notwendigen Daten, Analysen und Lösungsvorschlägen.

Die Plandaten bei Projektgenehmigung sind die Referenzgrößen für spätere Abweichungsanalysen der einzelnen Projekte. Aber auch die Plandaten muß man immer häufiger anpassen. Gerade im High-Tech-Umfeld können sich Planungsdaten in kurzer Zeit dramatisch ändern: Wer hätte schon die Auswirkungen der Asienkrise auf die Elektronikzulieferindustrie voraussehen können? Sowohl für die Planung als auch für die Kontrolle des Projekts und des späteren Produkts bieten sich geeignete Kennzahlen an. Das Gesamtprojekt, Markteinführungszeitpunkt, Qualität und Kosten sowie die Effizienz in den einzelnen Projektphasen sind im Zeitablauf zu beurteilen. Auf diesen drei Ebenen sollte man die Bedürfnisse des Unternehmens und der Branche abstimmen (Abbildung 1.2-6).

Dabei zeigt sich immer wieder, daß man sich auf ganz wenige Kennzahlen konzentrieren sollte:

- Ohne beherrschte Prozesse wird man nicht zuverlässig (Anzahl Pflichtenheftänderungen)
- Ohne Zuverlässigkeit wird man nicht schnell (Termintreue)
- Ohne hohe Geschwindigkeit laufen die Kosten aus dem Ruder (Durchlaufzeit, Anzahl paralleler Projekte)
- Ohne tiefe Kosten gibt es keine hohen Profite (Kosten).

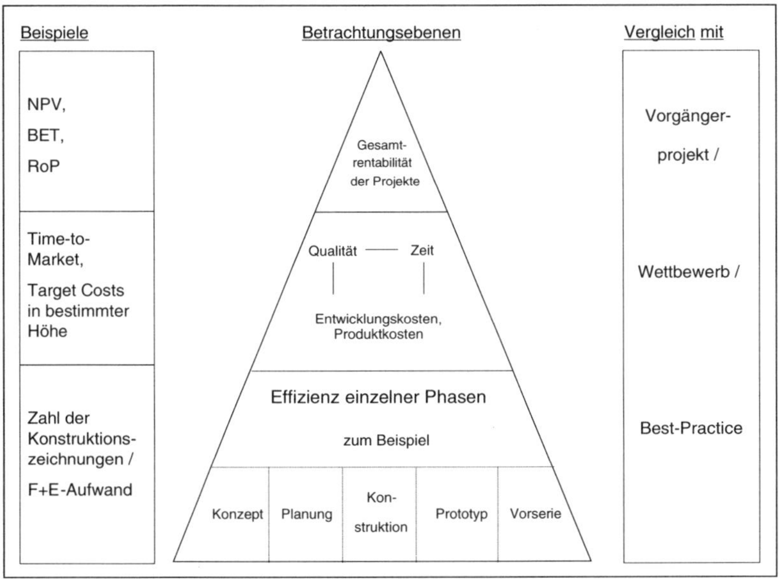

Abbildung 1.2-6: Kennzahlenpyramide zum Controlling von Innovationsprojekten

Will man die Effizienz der einzelnen Entwicklungsphasen verbessern, so kann eine Menge wichtiger In- und Output-Größen vor allem in späteren Entwicklungsphasen weiterhelfen. Allerdings sind die Indikatoren in der F+E nicht einfach festzulegen, und im allgemeinen ist die Aussagekraft nur bei Routine-Projekten akzeptabel. Dabei sollte man die grundsätzliche Problematik aller Effizienzmessungen im F+E-Bereich nicht unterschätzen: Eine zügig durchgeführte Machbarkeitsstudie kann zu einem rechtzeitigen Projektabbruch führen und dem Unternehmen große Kosten sparen, d.h. man sollte F+E eher an der Problemlösungseffizienz messen als an der Marktwirksamkeit; diese bleibt aber trotzdem wettbewerbsentscheidend!

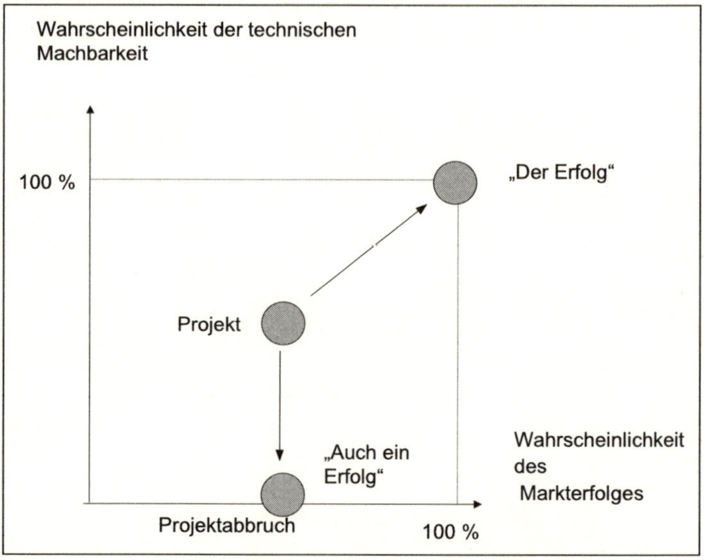

Abbildung 1.2-7: Grundsätzliche Problematik der Messung von F+E-Effizienz

Theoretisch vollzieht sich Performance Measurement in F+E über folgende Schritte:

- Bestimmung von Output-Massen (Performance Measurement) als Voraussetzung für internes und externes Benchmarking (z.B. Anzahl Stunden für die Anpassung einer Autohinterachse, Anzahl Stunden für die Herbeiführung eines Entscheides)
- Festlegung der Relation zwischen Output/Input (Kapazitäten oder Kosten der Phase) als Effizienzmaße (z.B. Stunden bis Konstruktionsabschluß)
- Vergleich der Projekteffizienz mit der Effizienz des Vorgängerprojekts, mit Wettbewerbern und/oder Best Practice in einem Benchmarking-Projekt.

Abbildung 1.2-8 zeigt beispielhaft für ein Automobilunternehmen, wie Output-Indikatoren bestimmt werden können.

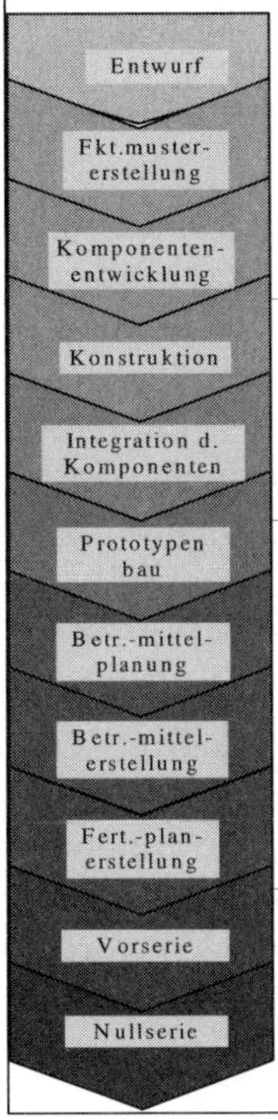

Phase	Metrik: Indikator	Metrik: Maß-einheit	Erfassung
Konstruktion	■ Konstruktions-zeichnungen ■ Konstruktions-stücklisten ■ CAD-Programm-zeilen ■ technische Dokumentationen ■ Konstruktions-berichte	Anzahl	Aufschreibung/ Benchmarking Hinterlegung in Datenbank
Prototypenbau	■ Materialtests ■ Funktionstests (z.B. Windkanal, Prüfstand, Kälte-kammer, Dauer-lauftest) ■ Qualitätstests	Anzahl	Aufschreibung/ Benchmarking Hinterlegung in Datenbank
Nullserie	■ Erprobungen Fahrzeuge ■ produzierte Menge	Anzahl	Aufschreibung/ Benchmarking Hinterlegung in Datenbank

Abbildung 1.2-8: *Output-Masse der Phasen-Performance bei einem Automobil-unternehmen [4]*

Effizienzmaße kann man vor allem in Industrien mit reifen Produkten und reifen Technologien erfolgreich einsetzen. Die hohe Konstanz des Geschäftes erlaubt eine vernünftige Interpretation von Zeitreihen, und internationale Vergleiche lassen sich mit höherer Aussagekraft durchführen. Die erfaßten Werte dienen auch als Planungsgrundlagen für zukünftige F+E-Projekte. Insbesondere in den Frühphasen von größeren Projekten kann die Beurteilung der Mitarbeitereffizienz meist nur über die direkte Beobachtung, die direkte Zusammenarbeit mit den Vorgesetzten erfolgen. In der Pharmaindustrie kümmert sich das Top-Management auch heute noch stark um die Vorentwicklung.

Auf der nächsthöheren Aggregationsstufe ist es wichtig, möglichst aussagekräftige Daten über Entwicklungskosten, Herstellkosten, Qualität des neuen Produkts sowie über den zeitlichen Fortschritt bereitzuhalten. Hier haben sich in der Praxis – anders als auf der Phasenebene – schon seit mehreren Jahren verschiedenste Methoden und Instrumente etabliert. So existieren z.B. vielerorts Meilensteinverfahren, Meilenstein-Trendanalysen, Fortschrittskontrollberichte bezüglich Kapazitätsinanspruchnahme, Zeit- und Kosteneinhaltung sowie die „Earned-Value-Technik".

Bei vielen Unternehmen dominiert nach wie vor – trotz integrierter Projektteams – bei der Budgetierung und Kostenrechnung der Funktionalbereich eindeutig vor der Projektsicht. Die „Kostenstellen" oder die Funktionalbereiche Marketing, Produktion, Konstruktion erstellen detaillierte Budgets und genaue Abrechnungen. Die Projektbudgetierung und vor allem die Projektkostenrechnung dagegen stecken oft „in den Kinderschuhen". Ebensowenig überwachen viele Unternehmen die Einhaltung der Zielkosten des späteren Produkts. Die Bedeutung dieser Kontrolle zeigt sich in vielen Branchen darin, daß die F+E-Projektkosten oft nur einen Bruchteil der späteren kumulierten Herstellkosten ausmachen.

Bei der obersten Ebene der Kennzahlenpyramide bietet sich bei Entwicklungsprojekten der Net Present Value (NPV) oder die Break-Even-Time-Analyse (BET) zur Bestimmung der Gesamtrentabilität des Projekts an. Beide Kennzahlen benötigen die gleiche Datengrundlage und bieten ex ante (bei der Projektselektion) eine Möglichkeit, Projekte nach Priorität bzw. nach Zielabweichungen zu beurteilen, allerdings mit der Unsicherheit,

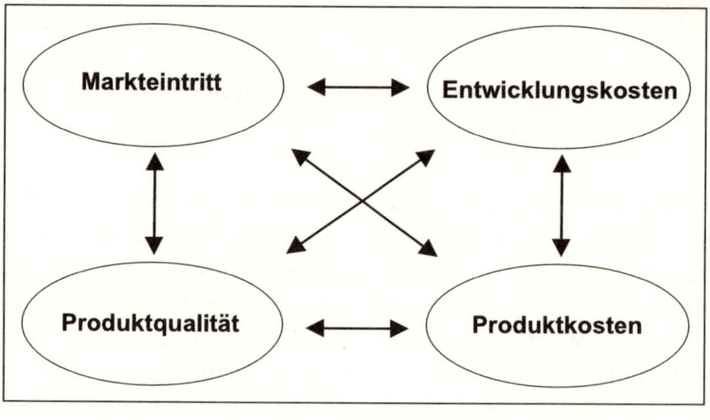

Abbildung 1.2-9: Typische Konfliktsituationen im Projektablauf

die in den Plandaten steckt. Einige 100-prozentige Abweichungen in Umsatz und Marktanteil sind leider keine Seltenheit.

Bei der Beurteilung der einzelnen Projekte spielen im Zeitablauf mögliche Trade-Offs eine große Rolle (Abbildung 1.2-9). Z.B. könnte abzuwägen sein, ob eine Projektbeschleunigung und damit eine schnellere Umsatzerzielung höhere Entwicklungskosten rechtfertigen. Auch hier kann man die oberste Ebene des Kennzahlenschemas zur Beurteilung heranziehen: Die alternativen Möglichkeiten kann man auf ihre Wirkung bezüglich dieser Zielgröße prüfen.

Steuerung des Portfolios

Der Prozeß der Kontrolle des F+E-Programms entspricht tendenziell dem der Projektkontrolle. Die Hilfsmittel wie Kosten-, Qualitäts- und Terminberichte dienen auch hier als Entscheidungsgrundlagen. Im Mittelpunkt der „Multiprojektkontrolle" steht nun nicht das einzelne Projekt, sondern das Portfolio. Zielabweichungen sind mit Blick auf ihre Auswirkungen auf die Ergebnisse für die Produktgruppen bzw. die Geschäftsfelder zu analysieren.

Daraus kann sich ergeben, daß man Personen und Budgets im Zeitablauf umverteilen und Projektprioritäten ändern muß. Neben geeigneten Entscheidungsinstrumenten hängt die Steuerung des Projektportfolios stark vom persönlichen Zusammenspiel von Mitarbeitern des F+E-Controllings, Projektleitern und Entscheidern ab (Abbildung 1.2-10).

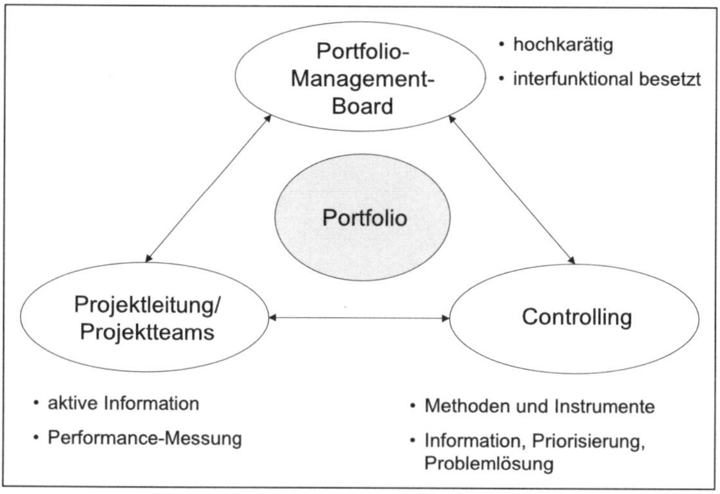

Abbildung 1.2-10: Zusammenspiel von F+E-Controlling, Projektleitern und Entscheidungsträgern [8]

Das Controlling versorgt das Portfoliomanagement-Board rasch mit geeigneten Entscheidungshilfen. Dies setzt eine offene und intensive Kommunikation mit den Projektleitern und Projektteams voraus. Projektfortschritte und -ergebnisse hängen stark ab von den Leitungen der Teams und den Projektleitern. Bilden Performance-Maße die Leistung der Akteure ab, kann man sie mit einem Anreizsystem kombinieren; z. B. ist auf schnellebigen Märkten die Time-to-Market ein wesentlicher Erfolgsfaktor und sollte auch als eine Bemessungsgrundlage für ein Incentive-System dienen. Das Controlling kann hier bei Zielvereinbarungen sowie bei der Leistungsüberwachung wesentliche Unterstützung bieten.

Weitere Blickwinkel: Bereich und Standorte

Der Entwicklungstrichter beleuchtet die Aufgaben des Innovationscontrollings aus der Projektsicht im Zeitablauf. Neben diesem Blickwinkel spielen nach wie vor Bereichsaspekte – hier vor allem des F+E-Bereichs – eine wichtige Rolle. So kann das Controlling Vorschläge über eine geeignete Höhe des F+E-Budgets unterbreiten und die effiziente Nutzung der zugewiesenen Ressourcen kontrollieren. Die Höhe von Bereichsbudgets hat zwar im Rahmen einer bereichsübergreifenden integrierten Sicht der Projektprogrammplanung untergeordnete Bedeutung [9], dennoch gilt es im Rahmen knapper Ressourcen, die Budgets der Funktionalbereiche aufeinander abzustimmen und letztlich auch die grobe Verteilung der Mittel auf Projektgebiete auf die strategische Planung auszurichten (Abbildung 1.2-11).

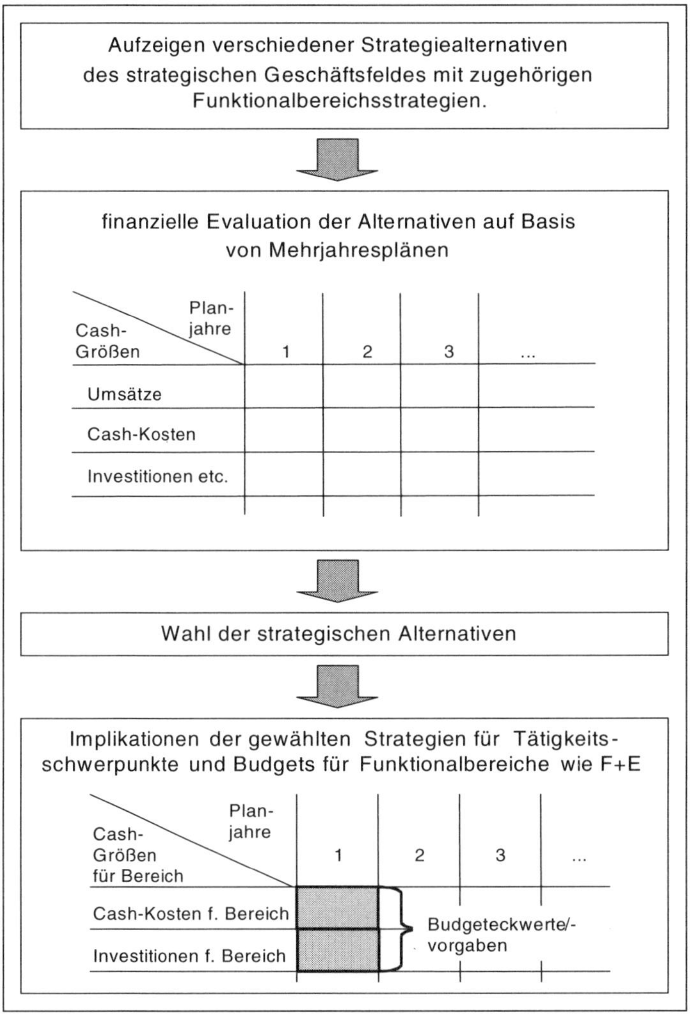

Abbildung 1.2-11: Zielkorridor für das F+E-Budget

Das erste Jahr der Planung liefert den finanziellen Rahmen für das Budgetjahr. Projektleiter füllen diesen Rahmen dann „bottom up“ über die F+E-Programmplanung. Zu beachten ist allerdings, daß es im F+E-Bereich neben projektbezogenen Tätigkeiten viele Aktivitäten wie Administrationsaufgaben oder Produktpflege gibt, die man nicht Projekten zuordnen kann. Hier legt man meist anhand von Vergleichszahlen vernünftige Budgetgrößen fest.

Wesentliches Kriterium zur Dimensionierung des F+E-Bereichs erscheint das Kernkompetenzkonzept. Hat das Top-Management die Kernkompetenzen einmal bestimmt, kann das F+E-Management sinnvolle Make-or-Buy-Entscheide fällen. Auch im Hinblick auf die „Effizienzmessung" des F+E-Bereichs bietet das Kernkompetenzkonzept eine sinnvolle Handhabe: Die Effizienzmessung des F+E-Bereichs stößt in der Praxis in mehrerer Hinsicht auf Probleme. So z.B. ist es wie erwähnt schwierig, Input-Indikatoren wie dem F+E-Aufwand geeignete Output-Indikatoren gegenüberzustellen. Üblich sind z.B. die Zahl der gestarteten Neu-Projekte, die Zahl der abgeschlossenen Projekte, die Zahl der abgebrochenen Projekte, die Zahl der Projektkonzepte oder die Zahl der Patente. Solche Kennzahlen im Zeitablauf zu verbessern ist wenig sinnvoll, wenn nicht zuerst eine kernkompetenzorientierte Ausrichtung der Ressourcen erfolgt ist (Abbildung 1.2-12).

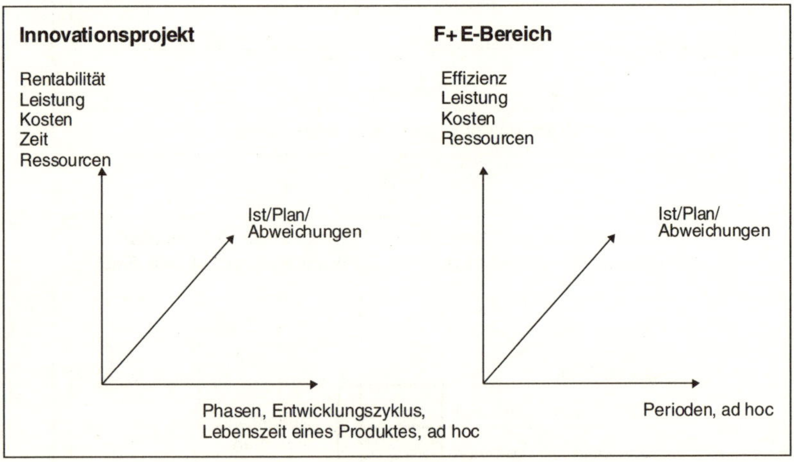

Abbildung 1.2-12: Projekt- und Bereichssicht

Die zunehmende Internationalisierung von F+E[10] bringt für das Controlling erweiterte Aufgabengebiete. Das Projektcontrolling wird insofern komplexer, da hier Teilprojekte an verschiedenen Standorten stattfinden. Um z.B. die Effektivität und Effizienz eines solchen Projekts zu beurteilen, braucht man einheitliche Controllingverfahren und Projektreports. Viele Unternehmen konzentrieren sich deshalb nur noch auf die Stundenanzahl nicht auf Stundensätze, um die Effizienz zu vergleichen. Das Controlling muß hier auch maßgeblich mitwirken, daß Informations- und Kommunikationstechnologien zum Einsatz kommen und so die notwendigen Projektdaten rasch der Projektleitung sowie dem Portfoliomanagement-Board zur Verfügung stehen.

Bei mehreren F+E-Standorten innerhalb eines Unternehmens bzw. innerhalb eines Unternehmensbereiches eines Konzerns lohnt es sich, die Effizienz der einzelnen Standorte zu vergleichen. Wenn die Standorte nötig sind, um in der Nähe bestimmter Technologieregionen (Know-how-Zentren) oder in der Nähe von Kunden zu forschen und zu entwickeln, steht die Effizienzfrage nicht im Vordergrund. Ansonsten müssen sich F+E-Standorte, die auf identischen oder ähnlichen Gebieten tätig sind, miteinander messen. Wie bei der Effizienzmessung von F+E-Bereichen bilden auf Unternehmen und Branche abgestimmte Performance-Indikatoren die Grundlage. So dient z.B. in der Software-Branche der Indikator „Lines-of-Code“ pro Zeiteinheit multipliziert mit einem Faktor für die Qualität der Programmierung als Leistungsindikator. Bei der übergeordneten Aufwandsbetrachtung spielen die standortspezifischen Kapitalkosten, Steuern und immer mehr auch die staatlichen Forschungsgelder eine wesentliche Rolle.

Aufgaben

- Unterstützung bei Planung des F+E-Programms, des F+E-Bereichs, der F+E-Standorte und der einzelnen Projekte
- Durchführung der Kontrolle
- Versorgung der Entscheidungsträger mit Informationen
- Mitwirkung bei der Integration aller betrieblichen Funktionen beim Innovationsprozeß
- Entwurf, Implementierung, Fortentwicklung des Planungs- und Kontrollsystems

Methoden, Instrumente

- Technologiebewertung, Kernkompetenzkonzept
- Projektauswahlverfahren
- Portfoliotechniken
- adäquate Kostenrechnung(en): Prozeßkostenrechnung, life cycle costing, Projektkostenrechnung
- forecasts zu Markt- / Umsatzentwicklung
- Target Costing
- Kennzahlenschema für Projekte abgestimmt auf Branche und Unternehmen
- Performance-Maße für Bereiche und Standorte
- Meilensteine / Fortschrittskontrolle
- MIS
- etc.

Abbildung 1.2-13: Wesentliche Aufgaben sowie Methoden und Instrumente des Innovationscontrollings

Im Bereich des F+E-Controllings hat sich die Informationstechnologie in den letzten Jahren stark ausgeweitet. Zwar stehen heute viele Standardsoftwarepakete zur Verfügung, aber das F+E-Controlling braucht immer wieder Sonderregelungen. Zeitreihen lassen sich heute weitgehend automatisch erfassen, aber der heutige Informationsfluß führt immer mehr zur Auseinandersetzung mit dem Faktor Aufmerksamkeit: Wie kann der Controller das Top-Management auf die wichtigen Ereignisse aufmerksam machen, und wie kann er seinen Beitrag zur Problemlösung erbringen? Wir brauchen weniger Informationsdistributionssysteme, dafür mehr Informationsfilter!

1.3 Organisation und Rollenverständnis des F+E-Controllings

Neben Methoden und Instrumenten spielen verschiedene, eher weiche Faktoren eine wichtige Rolle im Innovationscontrolling.

Das Controlling kann die Kommunikation und Zusammenarbeit der verschiedenen Bereiche fördern. Durch die Kenntnis der planerischen Zusammenhänge und durch gezielte Informationsversorgung kann der Controller wichtige Integrationsbeiträge – gerade in dem stark bereichsübergreifenden Innovationsprozeß – liefern.

Das Controlling kann sich an den unternehmens- bzw. branchenspezifischen Anforderungen ausrichten, wenn es die Visionen und Strategien des Unternehmens im Detail kennt (Abbildung. 1.3-1); Reports und andere Werkzeuge dürfen nicht zum Korsett werden, Controller brauchen eine gewisse Freiheit.

Dimension	Beispiel für Anforderungen	Maschinenbau	Auto	Elektronik	Pharma
Zeit	Innovationszeiten verkürzen	●●	●●●	●●●	●●●
	Funktionalbereiche miteinander verknüpfen	●●	●●	●●	●●
Kosten	Forschungsanteil am Budget sinnvoll einsetzen (make or buy)	●	●	●●	●●●
	Große Anzahl möglicher Projekte reduzieren	●●	●	●●	●●●
Qualität	Komplexität der Projektintegration geeignet managen	●●	●●	●●	●
	Hohe Bedeutung einzelner Projekte beachten	●●	●●●	●●	●●

Legende: ●●● sehr wichtig ●● wichtig ● weniger wichtig

Abbildung 1.3-1: Branchenspezifische Anforderungen des Controllings [11]

Verfügt der Innovationscontroller über eine technische oder naturwissenschaftliche Vorbildung oder zumindest über das entsprechende Verständnis für technische Zusammenhänge, so hat er wesentlich weniger Akzeptanzprobleme bei den Entwicklern; die Konstrukteure und Entwickler sollten umgekehrt betriebswirtschaftlich geschult sein. Controller und Entwickler brauchen eine gemeinsame Sprache des Geldes und der Technik.

Forschungs- und Entwicklungscontrolling sind verschieden zu behandeln; beim Forschungscontrolling ist nur ein begrenzter Einsatz von Terminvorgaben und Reportingvorschriften sinnvoll. Eine unterschiedliche Toleranz gegenüber Fehlschlägen hilft Prioritäten richtig zu setzen.

Schwierig wird die Situation, wenn es noch kein F+E-bezogenes Controlling gibt. Dies ist bei vielen KMU immer noch der Fall. Vorurteile wie: „Controlling begrenzt die kreativen oder wissenschaftlichen Freiräume" oder: „Man kann F+E nicht kontrollieren", verhindern oft eine konstruktive Diskussion. Bei der Einführung eines Controllings sollte man auf eine breite Akzeptanz achten. Das Controlling findet vor allem dann Anerkennung und eine intensive Nutzung, wenn es als kompetente Dienstleistung angeboten wird, mit der Entwickler, Marketing, Produktion und alle Mitarbeiter des Innovationsprozesses ihre Aktivitäten verbessern können.

Die Organisation der Funktion des F+E-Controllings hängt stark vom Unternehmen ab, es gibt keine eindeutigen Gestaltungsempfehlungen. Sicherlich ist die Etablierung einer spezifischen eigenständigen F+E-Controlling-Abteilung nur bei größeren Unternehmen angezeigt. Allerdings lohnt sich der Aufbau eines Controllings im Hinblick auf die skizzierten Aufgabenbereiche auch bei kleineren Unternehmen. Die Anbindung einer F+E-Controlling-Abteilung oder auch eines einzelnen F+E-Controllers erfolgt unterschiedlich. Durch die Eingliederung in den Bereich Finanz- und Rechnungswesen entsteht zwar eine gewisse Neutralität, allerdings besteht die Gefahr, daß man Projekte und F+E-Bereich aus zu großer Distanz, aus reiner „Zahlensicht", beurteilt. Hier bietet eine Anbindung an die F+E-Bereichsleitung Vorteile. Allerdings gilt es hier, die „Bereichsbrille", z.B. bei dem Thema Steuerung des Projektportfolios, zu vermeiden. Diese Gefahr kann man durch Rapportpflicht gegenüber einem interfunktional zusammengesetzten Portfoliomanagement-Board mindern.

1.4 Aufbau des Buches

Die unter 1.2 genannten Themen des Innovationscontrollings werden in dem vorliegenden Buch anhand von Beiträgen aus der Praxis veranschaulicht. Erfolgreiche Unternehmen zeigen, wie sie spezielle Anforderungen meistern und angepaßt auf ihre Unternehmenstätigkeiten und ihre Branche, Methoden und Instrumente zur Planung und Steuerung des Innovationsprozesses einsetzen.

Die Beiträge im Kapitel 2 stellen Aspekte des strategischen F+E-Controllings in den Vordergrund. Darüber hinaus zeigen die Fallbeispiele, wie die Unternehmen versuchen, Strategie und operative Aktivitäten des Controllings zu verzahnen.

Kapitel 3 fokussiert auf die Betrachtung des Projektportfolios. Unter 1.2 angesprochene Aspekte wie Projektkategorisierung oder Portfoliotechniken werden dort dargestellt. Ebenso wird erläutert, wie hochkarätigen Steuerungsgremien sowie einem effizienten Zusammenspiel von Projektteams und Abteilungen hohe Bedeutung zukommt.

Kapitel 4 stellt das Controlling einzelner Projekte in den Mittelpunkt. Planungs- und Kontrollprozesse bezüglich Innovationsprojekten werden beleuchtet. Einen wichtigen Aspekt bei der Projektplanung bildet auch das Target-Costing – die Planung der späteren Produktkosten. Dieses Thema wird in zwei Beiträgen aufgegriffen.

Wie unter 1.2 erläutert wurde, ist der Projekt-Sicht eine gewisse Dominanz beizumessen. Dennoch gilt es, das Controlling von Abteilungen bzw. Standorten nicht zu vernachlässigen, sondern im Gegenteil, die drei Sichtweisen – Projekt, Bereich und Standort – als Gesamtsystem zu verstehen und im Controllingsystem entsprechend abzubilden. Kapitel 5 zeigt hierzu zwei Fallbeispiele aus Unternehmen auf.

Kapitel 6 rückt schließlich weiche Faktoren des Innovationscontrollings ins Licht. Die beiden Beiträge erläutern, wie sehr „soft factors"– wie z.B. eine Vertrauensbasis zwischen Projektteam und Controlling – Freiräume und Anreizsysteme für Teams etc. darstellen und daß bestimmte Controllingstrukturen dem Innovationserfolg entgegenstehen.

Literatur

[1] **Wheelwright, S.C.; Clark, K.B.:** Revolutionizing Product Development, The Free Press, New York 1992.

[2] **Schmelzer, H.J.:** Organisation und Controlling von Produktentwicklungen. Beitrag des wettbewerbsorientierten Entwicklungsmanagements, Stuttgart 1992.

[3] **Hamel, G; Prahalad, C.K.:** Wettlauf um die Zukunft, Wien 1995.

[4] **Boutellier, R.; Völker, R.:** Erfolg durch innovative Produkte, München/Wien 1997.

[5] **Twiss, B.:** Managing Technical Innovation, London 1994.

[6] **Sharpe, Keelin:** F+E - Die Mittel richtig einsetzen, in: Harvard Business Manager 20/6 1998.

[7] **Dinger, H.:** Grenzen und Möglichkeiten des Target-Costing, Diss. der Universität St. Gallen 1999.

[8] **Völker, R.:** Wertorientiertes Controlling der Produktentwicklung, in: krp – Kostenrechnungspraxis 6/1999.

[9] **Specht, G.; Beckmann, Ch.:** F+E-Management, Stuttgart 1996.

[10] **Boutellier, R.; Gassmann, O.; v. Zedtwitz, M.:** Managing Global Innovation, Berlin et al 1999.

[11] **Booz, Allen & Hamilton (Hrsg.):** Integriertes Technologie- und Innovationsmanagement, Berlin 1991.

2 Strategisches Innovationscontrolling

2.1 Überblick

Innovationen haben einen großen Einfluß auf die Stellung des Unternehmens am Markt. Leider vergehen aber zwischen den ersten Ideen und Machbarkeitsstudien und der Markteinführung meistens Wochen bis Jahre: Wochen bei derivativen Produkten unserer Banken, Jahre in der Pharma-Industrie oder etwa beim Bau des neuen Airbus. Strategisches Innovationscontrolling versucht, diese großen Zeitspannen zu überbrücken und für das Management Handlungsvorschläge abzuleiten. Damit hat der Controller zwei Herausforderungen vor sich:

- Er sollte die sehr langfristigen Auswirkungen heutigen Tuns abschätzen, was äußerst schwierig ist.
- Er muß sich bewußt sein, daß gerade in den Anfangsphasen, in den Konzeptphasen der F+E, die Weichen gestellt werden und das Management eigentlich den größten Einfluß hätte.

Trotz dieser großen Schwierigkeiten lassen sich gewisse Grundsätze formulieren:

- Strategie, Produktmanagement und operative F+E-Projekte sollte man integriert angehen.
- Jedes Unternehmen kennt seine Floprate und weiß deshalb, wie viele Projekte in seiner Entwicklungs-Pipeline stecken müssen, damit sie nicht austrocknet (siehe Pharma-Industrie). Diese Erfahrungswerte plus strategische Erfordernisse determinieren das F+E-Budget.
- Plan-Ist-Abweichungen sollte man an strategischen Zielen orientieren (z.B. Leistungsanforderungen, Kostenanforderungen an ein neues Produkt).

Im Zentrum des strategischen F+E-Controllings steht die grundsätzliche Priorisierung von Projekten und Projektkategorien. Die Produkt-Markt-Strategie zeigt ihre Prioritäten mit Marktsegmenten, Wachstumszielen und Produktleistungen. Die technischen Potentiale kann man mit Prognosen und intensivem Technologie-Monitoring abschätzen. Die Unternehmensstrategie zeigt mit Werten, Visionen und vielleicht sogar Kosten, wo das Unternehmen seine Erfolgspositionen aufbauen will.

Damit erhält man im ersten Ansatz eine Aufteilung des F+E-Budgets auf drei Arten von Projekten:

- Grundlagenprojekte zur Absicherung der Kernkompetenzen;
- Technologieprojekte zur Entwicklung neuer Marktpotentiale;
- Produktentwicklungsprojekte zur Absicherung bestehender Produktlinien.

Kleinere Unternehmen haben allerdings Mühe mit diesen Begriffen. Deshalb drängt sich hier eher eine Aufteilung in: Projekte für die existierende Produktgeneration, Projekte für die nächste Generation und Projekte für spätere Generationen auf. Damit kann man auch unternehmensspezifisch auf die verschiedene Dynamik reagieren: Elektronik entwickelt sich rascher als Blech!

Die Beiträge von Oliver Gassmann und Carmen Kobe sowie von Henning Jens stellen strategische Aspekte des Innovationscontrollings in den Vordergrund. Henning Jens von der DASA zeigt, wie F+E und F+E-Controlling mit der Produkt-Markt-Strategie bzw. der Unternehmensstrategie verzahnt werden. Eine wichtige Basis dazu ist die oben erwähnte Dreiteilung von Projekten. Oliver Gassmann von Schindler und Carmen Kobe erläutern, wie ein strategisches Technologiemanagement auf der Basis des Kernkompetenzkonzeptes bei Schindler eingeführt wurde. Beide Beiträge zeigen darüber hinaus, wie wichtig die Integration der strategischen und der operativen Sicht ist und wie diese Integration methodisch durchgeführt werden kann.

2.2 Was muß ein erfolgreiches F+E-Controlling leisten?

Henning Jens, DaimlerChrysler Aerospace Airbus, Hamburg

2.2.1 Einleitung

Im folgenden Beitrag soll die Bedeutung des Zusammenwirkens von strategischer Planung und projektorientiertem F+E-Controlling am Beispiel der DaimlerChrysler Aerospace Airbus beschrieben werden. Insbesondere vor dem Hintergrund der im Flugzeugbau typischen langen Entwicklungszyklen und teilweise gravierender kurzfristiger Marktveränderungen steht die Produktstrategie auf keiner fixen Grundlage. Die daraus resultierenden Risiken für die notwendigen hohen Investitionsvolumen gilt es zu minimieren, indem u.a. die Produktstrategie in einem Regelkreis möglichst eng mit dem Projektcontrolling verknüpft wird, und Schlußfolgerungen aus Veränderungen des Marktes auf kurzen Wegen in die Projektsteuerung einfließen. Für das zentrale Controlling der Entwicklung ergibt sich daraus ein wesentlich stärker von der Projektsicht als von der Bereichssicht geprägtes Instrumentarium.

2.2.2 Die DaimlerChrysler Aerospace Airbus

Die DaimlerChrysler Aerospace AG (DASA) wird als Tochterunternehmen direkt aus dem Vorstand der DaimlerChrysler AG geführt und gliedert sich in die Geschäftsbereiche Raumfahrtinfrastruktur, Raumfahrtsatelliten, Militärflugzeuge, Verteidigung und zivile Systeme, Antriebe Luftfahrt und den Geschäftsbereich Verkehrsflugzeuge, d.h. die DaimlerChrysler Aerospace Airbus GmbH mit dem Hauptsitz in Hamburg.

Die DaimlerChrysler Aerospace Airbus (*DA*) beschäftigt 15 360 Mitarbeiter an sieben Standorten in Deutschland, davon 2106 Mitarbeiter in der Forschung und Entwicklung. Die DA ist mit 5,8 Milliarden DM Umsatz in 1998 der größte Geschäftsbereich der DASA. Gleichzeitig ist die DA mit einem Partneranteil von 37,9 Prozent einer der Hauptgesellschafter der Airbus-Industrie. Diesem europäischen Partnerverbund gehören noch Aerospatiale (Frankreich) mit ebenfalls 37,9 Prozent, British Aerospace (Großbritannien) mit 20,0 Prozent und CASA (Spanien) mit 4,2 Prozent an.

1998 wurden von der Airbus-Industrie insgesamt 229 Flugzeuge ausgeliefert. Der deutsche Bauanteil beinhaltet im wesentlichen die ausgerüsteten Rumpfsektionen, die Tragflächenausrüstung, die Kabinenausstattung, das Seitenleitwerk in CFK-Bauweise und die Endmontage der Modelle A319 und A321 in Hamburg.

Die DaimlerChrysler Aerospace Airbus (DA) ist als Matrix-Organisation strukturiert, in der die Produkt- und Projektmanagements als interne Auftraggeber für die dezentralen Leistungscenter der Entwicklung und Fertigung auftreten. Die interne Beauftragung erfolgt über formalisierte Leistungsvereinbarungen, die, systemisch unterstützt von SAP/R3, ein wesentlicher Bestandteil der Planungs- und Controllingprozesse sind. Insgesamt gliedert sich die DA in 67 Leistungscenter für Entwicklung, Produktion, Dienstleistung und Verwaltung.

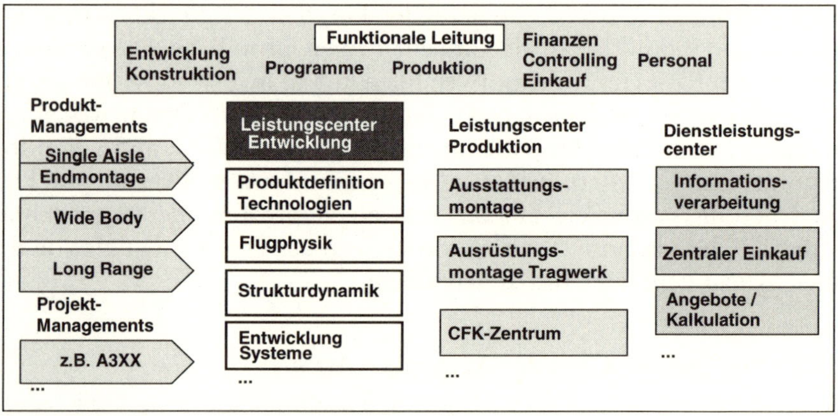

Abbildung 2.2-1: Matrix-Organisation der DaimlerChrysler Aerospace Airbus

Der Entwicklungsbereich ist in zwölf Leistungscentern organisiert. Die Aufteilung der Leistungscenter ist an dem Entwicklungsprozeß eines Flugzeuges ausgerichtet und bietet auf dem internen Markt alle Fähigkeiten an: von der frühen Entwurfsphase über die Entwicklung/Konstruktion bis zu den serienbegleitenden Modifikationsarbeiten. Die Leistungscenter werden über die Leistungsvereinbarungen der Produkt- und Projektleitungen projektorientiert gesteuert und berichten im Rahmen des Bereichscontrollings an das zentrale Unternehmenscontrolling.

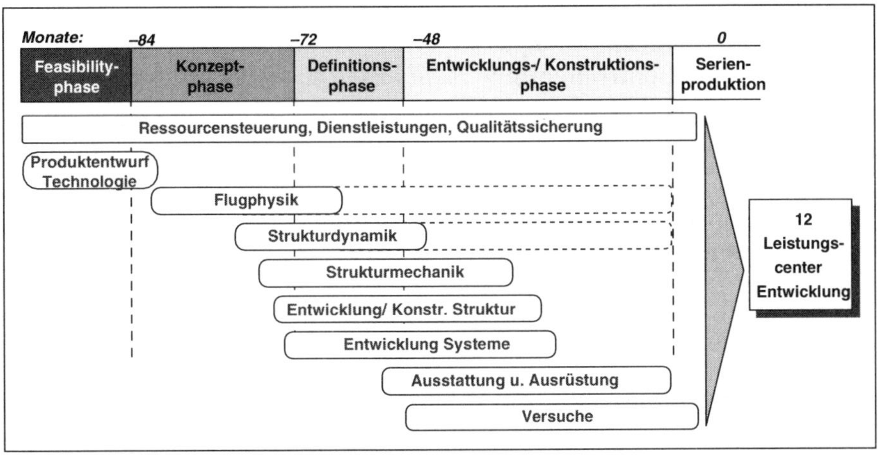

Abbildung 2.2-2: Das Fähigkeitsprofil der Leistungscenter des Entwicklungsbereiches

2.2.3 Zusammenhang zwischen F+E und der Unternehmensstrategie

Spezifika des F+E-Controllings

Aus Sicht des Controllings erscheint der Bereich F+E grundsätzlich schwieriger bewertbar als die Produktion. Die mangelnde Meßbarkeit der Leistung und die fehlende Zuordnung von Ergebnissen in Form von Erlösen innerhalb des F+E-Bereiches erfordert eine stärkere interdisziplinäre Vernetzung von Controlling-Kennwerten aus verschiedenen Unternehmensbereichen.

Ein wesentliches Element zur Bewertung und Steuerung von Aufwänden ist natürlich der Wertschöpfungsbeitrag einer Leistung. Dieser ist aber bei Leistungen im Bereich F+E in der Regel nur in Summe über alle Unternehmensprozesse zu beurteilen. In der Praxis sorgt die klassische funktionale Organisation eines Unternehmens jedoch für eine im Schwerpunkt bereichsbezogene Sicht des Controllings. In dieser Ausschnittsperspektive erscheint die Entwicklung aus der Sicht anderer Unternehmensteile wie ein Bereich ohne Produkt, der nur Mittel verbraucht. Ein Controlling, das entsprechend dieser Logik aufgebaut ist, stellt die periodenbezogene Regulierung des Mittelverbrauchs in den Vordergrund. Ein solches „Bilanzielles Controlling" stellt den produktorientierten, langfristig optimierten Einsatz der F+E-Ressourcen in den Hintergrund.

Welchen Stellenwert hat in diesem Zusammenhang eine enge Verknüpfung der strategischen Planung mit dem F+E-Controlling? F+E ist die Transformation strategischer Ziele in Projekte und schließlich in Produkte. Der F+E-Prozeß ist also die erste Phase der Wertschöpfungskette, in der die Unternehmensstrategie in Form konkreter Projekte physisch greifbar und im Controllingsinne *meßbar* wird.

In dieser Phase liegt die *größte Hebelwirkung für den Erfolg der Strategie* im späteren Produkt. Unter diesem Gesichtspunkt verlagert z.B. auch die Methode des *Target-Costing* den Fokus der Kostensteuerung im Wertschöpfungsprozeß weiter an den Beginn, in die früheste Phase der Produktdefinition. Das *Target-Costing* wurde bei der DA als ein Instrument des Projektmanagements eingeführt. Im Sinne eines optimalen Einsatzes der Entwicklungsressourcen muß dieser Zusammenhang auch im F+E-Controlling abgebildet werden.

Übersetzt man die Aufgabe des Controllings als die Messung gesteckter Ziele an den tatsächlich erzielten Ergebnissen, so gilt nach dieser Definition für den Bereich F+E:

- Die *Ziele* für den F+E-Bereich werden in einer vorgelagerten Phase, der Unternehmensstrategie, definiert.
- Die *Ergebnisse* aus den F+E-Aktivitäten werden wesentlich später in einer nachgelagerten Phase erkennbar: in der Serienproduktion und Absatzphase.

Will man im Sinne einer Steuerung Ziele an Ergebnissen messen, muß man für ein F+E-Controlling die drei Phasen Strategie, F+E und Produktion/Markt integrieren.

Sind diese Phasen in der Unternehmenspraxis organisatorisch getrennt, dann zieht sich diese Trennungslinie auch methodisch durch das Controlling, insbesondere, wenn es stärker auf die Entwicklungs-Fachbereiche und weniger auf die Entwicklungsprojekte ausgerichtet ist.

In der DA ist eine wesentliche Basis für ein leistungsfähiges F+E-Controlling daher die Integration aller Disziplinen der Wertschöpfungskette in einen *geschlossenen F+E-Controlling-Regelkreis.*

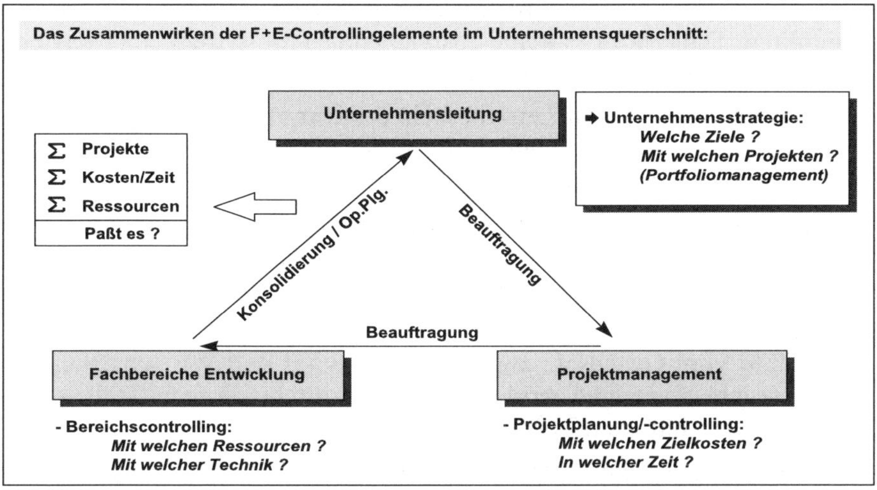

Abbildung 2.2-3: *F+E-Controlling-Regelkreis in der Matrix-Organisation, Prinzipdarstellung*

Folgen mangelnder Strategieanknüpfung von F+E

Die mangelnde Integration von F+E in die strategische Planung, bzw. die mangelnde controllingfähige Verknüpfung mit den in der Strategie definierten Unternehmenszielen, besitzt charakteristische Merkmale, von denen einige in der folgenden Checkliste beispielhaft zusammengefaßt sind:

- F+E erscheint als Gemeinkostenposition aus Sicht der Unternehmensleitung.
- Die Steuerung erfolgt durch jahresbezogene F+E-Budgets bezogen auf Kostenstellen nach Bereichen. Es dominiert die hierarchische Linienorganisation.
- Die Steuerung von Fachabteilungen bzw. Organisationseinheiten steht im Vordergrund. Die F+E-Steuerung durch das Projektmanagement ist weniger ausgeprägt.
- Die Mittelbereitstellung für F+E erfolgt nach dem Tragfähigkeitsprinzip, z.B. in Form umsatzbezogener Quoten.
- F+E hat aus der Sicht anderer Bereiche Umlagecharakter und wird weniger als Summe langfristiger Zukunftsinvestitionen betrachtet.
- Durch die organisatorische Abgrenzung von F+E existiert in der Projektdurchführung weder eine klare Anknüpfung an strategische Leitziele noch ein ausreichender Zugang zu Marktinformationen.
- Die Folgen aus Projektkosten- und Terminüberschreitungen für die Unternehmensziele sind für die Verantwortungsträger nicht transparent.

- Es existiert keine Projektpriorisierung nach strategischen Gesichtspunkten. Daher gibt es keine ausreichende Transparenz über das Gesamtportfolio und kein übergeordnetes Risikomanagement.
- Es herrscht ausgeprägte Unsicherheit der Unternehmensleitung in Entscheidungsprozessen bezüglich der Plazierung, Fortführung oder des Abbruchs von F+E-Projekten.
- F+E erscheint aus Sicht anderer Unternehmensteile als „unkonturiertes Gebilde“, in dem Mittel verschwinden, ertragswirksame Erfolge sich aber nach schwer steuerbaren oder vorhersagbaren Gesetzmäßigkeiten einstellen.
- Das Bild vom Gegensatz zwischen Kreativität und Wirtschaftlichkeit wird von beiden Seiten gepflegt und führt zum berühmten Graben zwischen Wirtschaft und Technik.
- Das Ergebnis ist eine *Mißtrauenskultur*, in der die eine Seite ihre Talente zur *Budget-Akquisition* (Markterfordernisse, technischer Wettbewerb) und die andere Seite ihre Talente zur *Budget-Begrenzung* (Ergebnisbelastung, Kapitalrendite etc.) trainiert.

Bei dieser nach innen gerichteten Orientierung der Bereiche geht leicht die gemeinsame Ansteuerung der nach außen gerichteten strategischen Ziele des Unternehmens verloren.

Die Divergenz zwischen Bereichs- und Unternehmenszielen führt auch zur Fehlallokation von Ressourcen auf der Arbeitsebene, die als sogenannte „Reibungsverluste“ für das Controlling eines Unternehmens nicht erkennbar sind! (Eine Selbststeuerung der Fachbereiche im Sinne der übergeordneten Unternehmensziele ist an dieser Stelle wesentlich wirkungsvoller.)

Die Hervorhebung der trennenden Elemente schlägt sich nicht nur in der Organisation und im Controlling nieder, sondern auch in der Kommunikation. Hier ein paar der häufigsten Bemerkungen:

„Kreativität läßt sich nicht rechnen.“
„Die Entwickler verstehen nichts vom Markt.“
„Kaufleute sind Erbsenzähler, Buchhalter.“
„Entwickler leben auf der grünen Wiese.“
„Forscher lassen sich nicht kontrollieren.“

Integration von F+E in die Strategie

In dem oben beschriebenen Szenario wird deutlich, daß eine wesentliche Voraussetzung für ein wirksames F+E-Controlling die Schaffung eines gemeinsamen Ziel- und Wertesystems im Rahmen der Unternehmensstrategie ist. Ziel ist eine strukturierte und für alle Beteiligten transparente Überleitung von der Unternehmensstrategie zu konkreten F+E-Projekten und -Budgets mit Erfolgs- und Risikopotentialen. Zu diesem Zweck wurden bei der DA die nachfolgend beschriebenen Prozesse für die strategische Planung und das F+E-Controlling definiert:

- F+E wird vollständig in die Unternehmensstrategie integriert durch eine klare Ableitung von technischen, produktstrategischen und wirtschaftlichen Zielsetzungen für das einzelne Projekt sowie für das Gesamtportfolio.
- Diese Zielsetzungen werden in sogenannten „Projektsteckbriefen" als Vertrag zwischen Geschäftsführung und Projektleitung festgehalten und bilden eine gesicherte Plan-Referenz für den gesamten Projektverlauf.
- Im Prozeß der Portfoliooptimierung werden Bewertungs- bzw. Entscheidungsunsicherheiten begrenzt, indem Projekte nach Risiko- /Erfolgs- und Strategiepotentialen vorstrukturiert werden.
- Im Rahmen der Strategieplanung erfolgt eine konsequente Projektpriorisierung durch qualitative und quantitative Nutzwertanalysen. Ergebnis ist ein Projekt-Ranking, das durch die Summe der verfügbaren Ressourcen begrenzt ist.
- Der „Wettbewerb um Ressourcen" findet innerhalb differenzierter Projektkategorien statt, die mit zunehmender Mittelbindung und Marktnähe einen steigenden Anspruch an den Wirtschaftlichkeitsnachweis und die Controlling-Methoden haben. Dieses führt zu einer „fairen" Bewertung aller Projekte nach ihren spezifischen Eigenschaften.
- Soweit möglich, erfolgen die Budgetierung und das laufende Controlling der Projekte nicht periodisch, sondern mit Bezug auf technische Meilensteine. Die Verknüpfung von Kostenverläufen mit technischen Ereignissen ist eine Grundlage für die Akzeptanz auf Projektebene.
- Zusätzlich zum Bereichscontrolling werden in einem bereichsübergreifenden Projektberichtswesen Plan/Soll/Ist-Abweichungen der Fachabteilungen nicht periodenbezogen, sondern im Hinblick auf ihre technischen, wirtschaftlichen und terminlichen Auswirkungen für die bearbeiteten Gesamtprojekte und die Leistungsdaten des zu entwickelnden Endprodukts bewertet.
- Durch die Organisation soll eine stärkere, querschnittliche Integration von F+E unterstützt werden. In der ausgeprägten Matrix-Organisation stellen Projekt- bzw. Produktmanager das fachbereichsübergreifende Bindeglied zwischen Unternehmensstrategie, produktbezogenen Marktinformationen und F+E dar.

Zielsetzung ist es, auch für F+E-Leistungen den Dreiklang *Ziele –› Maßnahmen –› Ergebnisse* über die gesamte Wertschöpfungskette für alle Bereiche transparent nachvollziebar und controllingfähig zu verknüpfen.

2.2.4 Verbindung von Strategie und F+E unter Controlling-Aspekten

Strukturierung des Projektportfolios

Die Überführung des F+E-Projektportfolios in eine controllingfähige Struktur gliedert sich in folgende Teilprozesse:

- Ist-Aufnahme, Strukturierung nach Risiko-/Erfolgspotentialen und strategische Optimierung des F+E-Portfolios;
- Bewertung der eigenen Fähigkeiten in einer Kernkompetenzanalyse;
- Projektpriorisierung durch qualitative und quantitative Nutzwertanalysen;
- Ableitung eines verbindlichen Projekt-Rankings, das auch eine Grundlage für mögliche spätere Portfoliobereinigungen darstellt;
- Projektkategorisierung nach Strategie- und Controllingmerkmalen.

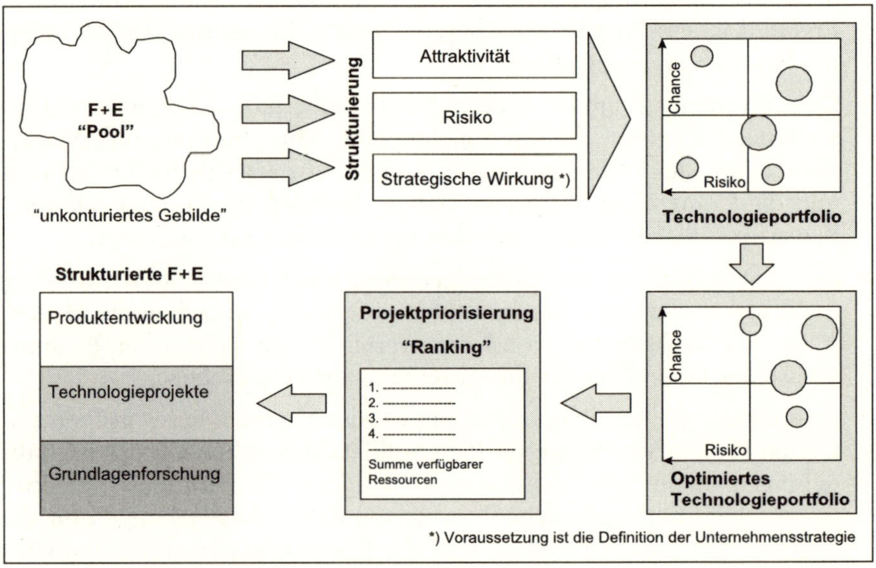

Abbildung 2.2-4: Strukturierung des F+E-Portfolios

Bewertung der eigenen Fähigkeiten in einer Kernkompetenzanalyse

Für den Aufbau und die laufende Anpassung des F+E-Portfolios bieten definierte Kernkompetenzen, die in interdisziplinären Gremien ermittelt und in der Strategie verbindlich festgeschrieben wurden, eine wichtige Entscheidungshilfe.

- Sie bieten eine Orientierung bei der strategischen Ausrichtung der eigenen Fähigkeiten bzw. einer langfristigen Gestaltung der Entwicklungstiefe.
- Sie liefern bei Auslastungsspitzen Restriktionen/Präferenzen für kurzfristige, flexible Make-or-Buy-Entscheidungen ohne kritischen Know-how-Abfluß.
- Sie liefern eine Basis für F+E-Investitions- und Desinvestitionsstrategien.
- Sie sind eine Eingangsgröße bei der Bewertung des strategischen Nutzwertes von Projekten und damit bei der Optimierung des F+E-Technologieportfolios.

Merkmale von Kernkompetenzen:

- Sie leisten einen erheblichen Beitrag zum Kundennutzen des Produkts.
- Sie werden vom Kunden als deutliches Differenzierungsmerkmal wahrgenommen.
- Sie werden nur vom eigenen Unternehmen beherrscht.
- Sie sind nicht produktspezifisch und damit produktübergreifend verwertbar.
- Sie sind sehr schwer zu imitieren (hohe Komplexität, „lange" Lernkurve etc.) und stellen ein längerfristiges Differenzierungsmerkmal zu Wettbewerbern dar.

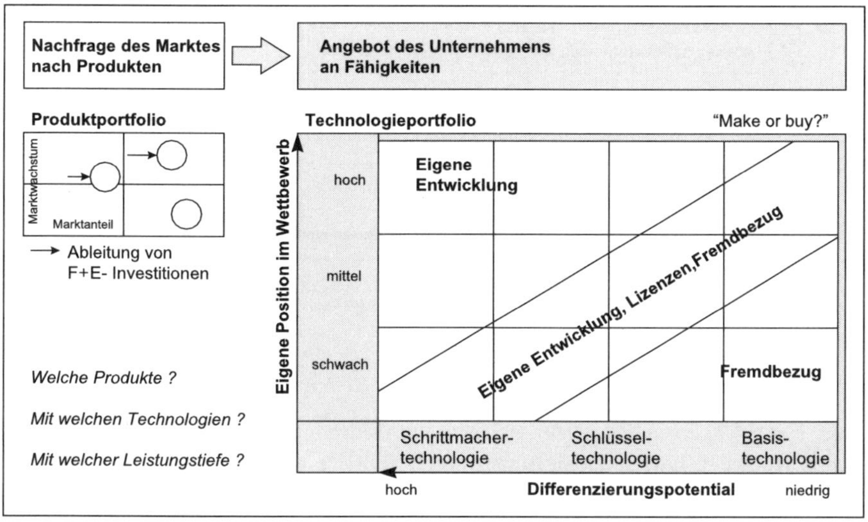

Abbildung 2.2-5: Technologieportfolio und Wertschöpfungstiefe

Kategorisierung von Projekten nach strategischen Merkmalen

Im Rahmen der Produktstrategie leiten sich aus dem Lebenszyklus eines Produkts drei prinzipielle Zielfelder für den Einsatz von Ressourcen in F+E-Projekten ab: Der Ausbau bestehender technologischer Kompetenzen, die Erschließung neuer Marktchancen sowie die Sicherung und der Ausbau bestehender Produkte. Diese Ziele bilden eine Grundlage, um Projekte im Sinne einer strategischen Schwerpunktbildung zu kategorisieren. Für das Projektportfolio der DA erwies sich die Differenzierung von drei Projektkategorien als sinnvoll (Abbildung 2.2-6).

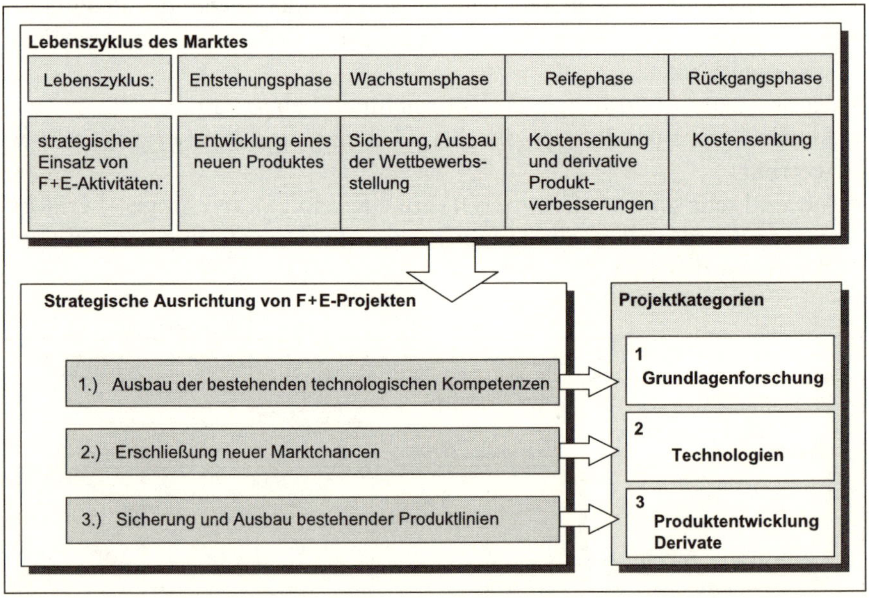

Abbildung 2.2-6: Kategorisierung von Projekten nach strategischen Merkmalen

Kategorisierung von Projekten nach Risiko-Merkmalen

Die *Ressourcen-Allokation* in den jeweiligen Projektkategorien erfolgt nach Risiko-Chance-Gesichtspunkten. Dabei werden in der DA ca. 80 Prozent der gesamten F+E-Mittel in weniger als zehn Projekten der Kategorie 1 gebunden, und 5 Prozent der Mittel verteilen sich auf mehr als 50 Themen der Grundlagenforschung in Kategorie 3.

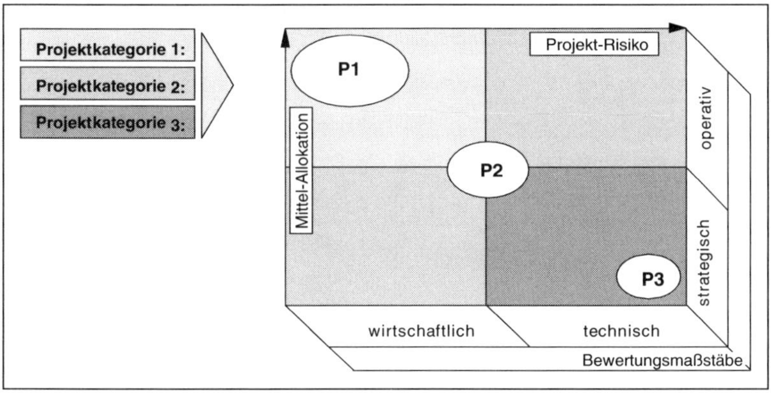

Abbildung 2.2-7: Kategorisierung von Projekten nach Risiko-Merkmalen

Kategorisierung von Projekten nach Controlling-Merkmalen

Für die Projekte des optimierten F+E-Portfolios gelten innerhalb der jeweiligen definierten Projektkategorien auch unterschiedliche Anforderungen an das Controlling.

Bei der DA ergeben sich je nach Projektkategorie spezifische Controlling-Grundlagen für die Wirtschaftlichkeitsbetrachtung, die Mittelzuweisung und das Risikomanagement. Beispielsweise werden für seriennahe Themen Projektbewertungen über den Net-Present-Value oder andere Cash-Flow-basierte Kennwerte durchgeführt, während serienferne Themen in qualitativen Nutzwertanalysen ein relatives Ranking erhalten. Auf diese Weise ergeben sich auch für Projekte, für die keine ausreichend sicheren Erlösannahmen getroffen werden können, Entscheidungsmaßstäbe, die in den späteren Projektreifephasen durch quantitative Methoden abgelöst werden.

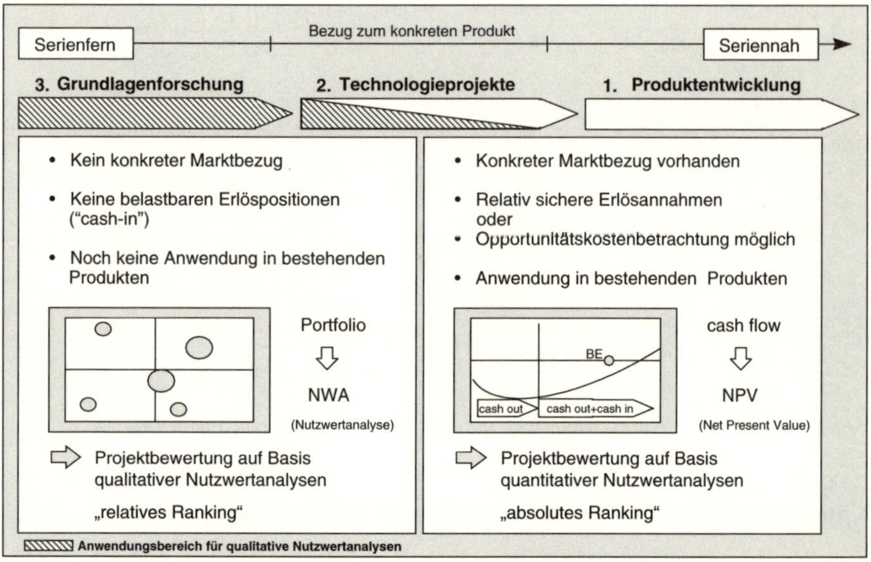

Abbildung 2.2-8: Qualitative versus quantitative Bewertung von Projekten

Neben der Budgetierung erfolgt auch die Kostenplanung innerhalb der jeweiligen Projektkategorie mit teilweise unterschiedlichen Instrumenten, wie in der nachfolgenden Grafik dargestellt. Die Kostenplanung für die Kategorie 1 erfolgt in einer bauteilbezogenen Zielkostenrechnung (Target-Costing). Das Ergebnis sind Zielkosten für Entwicklungs- und Fertigungskosten auf der Basis von Erfahrungswerten, Benchmarks und Kundenanforderungen, die soweit möglich über eine Funktionswertanalyse auf die Produktkomponenten übertragen werden. Die Kostenplanung für Projekte in der Kategorie 2 und 3 erfolgt mit parametrischen Methoden auf der Basis von Erfahrungswerten aus Vorgängerprojekten, da hier noch keine entsprechend belastbaren Marktdaten vorliegen.

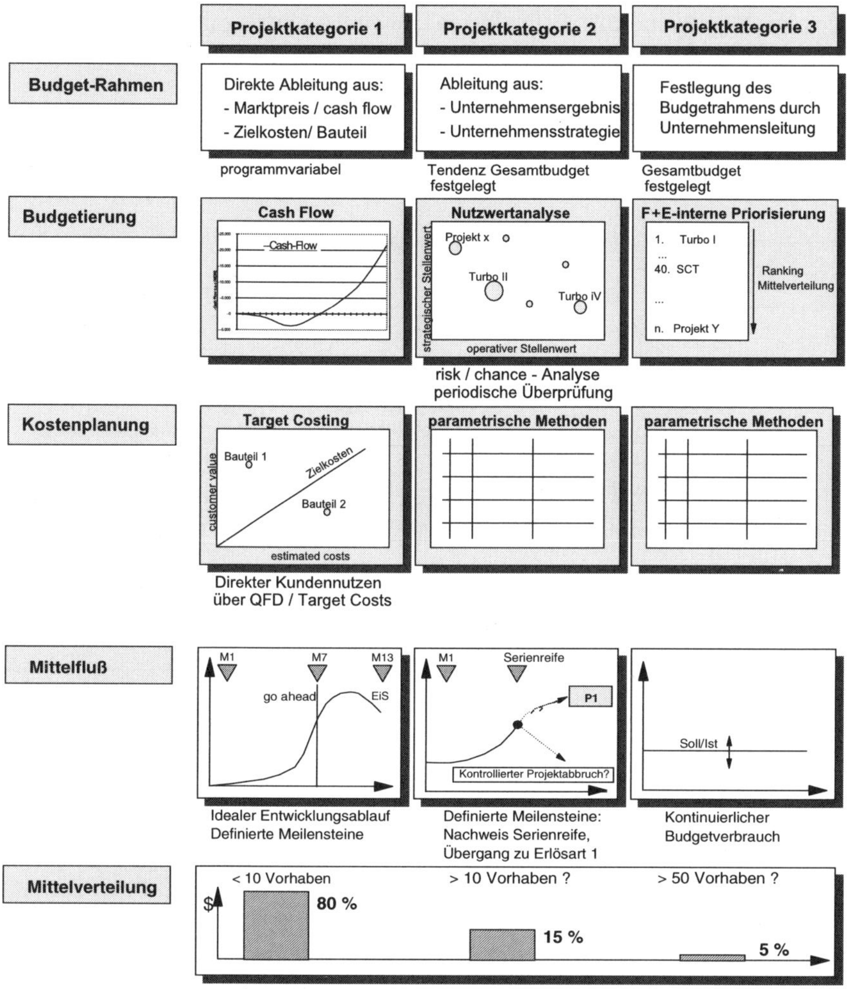

Abbildung 2.2-9: Kategorisierung von Projekten nach Controlling-Merkmalen bei der DA

Vergleichbar mit dem Lebenszyklus der Produkte ergibt sich innerhalb des F+E-Portfolios durch die Kategorisierung auch ein Lebenszyklus für F+E-Projekte, der durch ein Controlling begleitet wird, daß der jeweiligen Reifephase angepaßt ist. Wie in einer „Projekt-Bundesliga" können sich Projekte für den Aufstieg in die nächste Kategorie bewerben.

Die erste Hürde sind qualitative Nutzwertanalysen, die einen mittelbaren Marktbezug voraussetzen und bei denen im Rahmen eines begrenzten Gesamtbudgets ein relatives Projekt-Ranking entscheidet. Die letzte Hürde setzt den Nachweis eines belastbaren „Business Case“ mit einer geforderten Mindestkapitalrendite voraus. Diese kann jedoch in Abhängigkeit von der individuellen Risikodisposition des Projekts noch nach oben variieren.

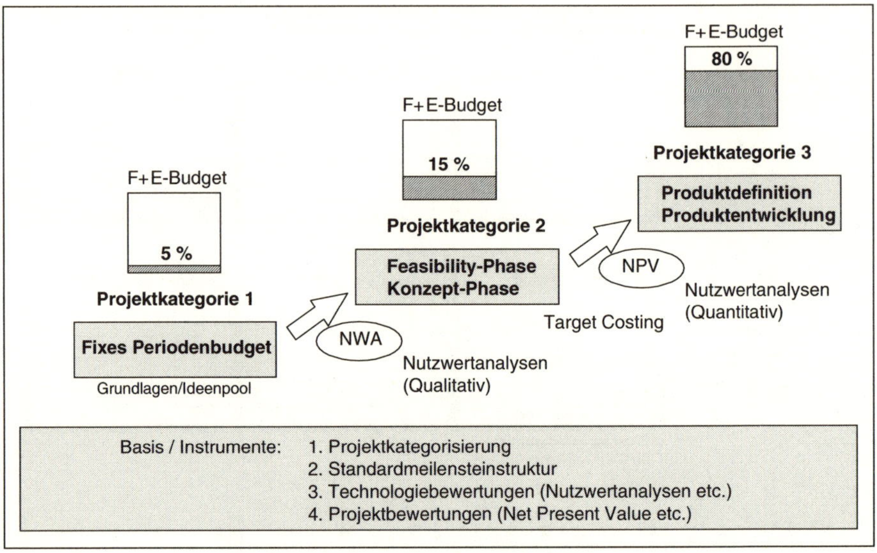

Abbildung 2.2-10: Darstellung eines „Projektlebenszyklus“ innerhalb des Gesamtportfolios

Strategische Bedeutung des Projektberichtswesens

Der F+E-Controllingregelkreis der DA wird durch ein Standard-Projektberichtswesen geschlossen, in dem alle Projekte der Kategorie 1 und 2 (95 Prozent des F+E-Portfolios der DA) quartalsweise in einheitlicher Form Kennwerte zum Projektstatus, Produktzielen und Veränderungen in den Projektprämissen (strategisch, wirtschaftlich, technisch) darstellen. Dahinter steht als Leitbild die Realisierung eines „Portfolio-Cockpits“ für die Geschäftsleitung. Strategische Korrekturen und neue Erkenntnisse aus laufenden Projekten sind in einer Feedback-Schleife verbunden und ermöglichen iterative Anpassungen. Insbesondere vor dem Hintergrund der für den Flugzeugbau typischen sehr langen Entwicklungszyklen und hohen Investitionsrisiken sind noch bis weit in die eigentliche Entwicklungsphase hinein Veränderungen der Marktsituation und der Kundenprofile zu berücksichtigen. Diese müssen frühzeitig als Steuerungsimpuls sowohl für das Projektportfolio als auch für die Einzelprojekte an die maßnahmenverantwortlichen Bereiche durchgereicht werden.

2.2.5 Fazit

Kern eines aussagefähigen F+E-Controllings ist die enge organisatorische und methodische Anbindung an die strategische Planung und eine stark projektorientierte Controllingausprägung, die auch die unterschiedlichen Anforderungen der einzelnen Lebenszyklen eines Projekts berücksichtigt.

Erst dann führt Controlling nicht nur zur frühzeitigen Selektion der richtigen Projekte, sondern auch zur richtigen Steuerung der Projekte in ihrer jeweiligen spezifischen „Reifephase" bis hin zum marktfähigen Endprodukt. Insbesondere bei langen Entwicklungszeiten muß ein leistungsfähiges Projektberichtswesen auch die Wertschöpfungskette Strategie-Projekt-Produkt zusammenhängend controllingfähig abbilden.

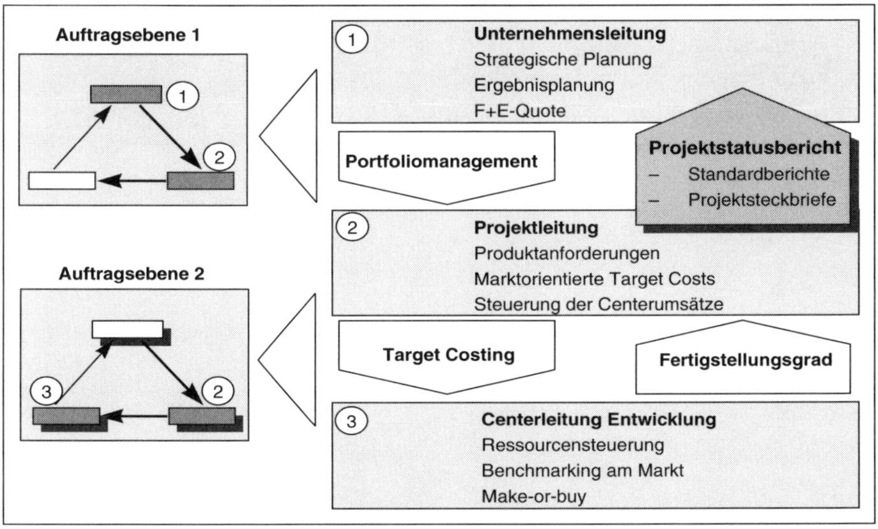

Abbildung 2.2-11: Schließen des F+E-Controllingregelkreise durch das Projektberichtswesen

Wesentliche Problembereiche

- Integration Strategie-F+E-Produkt/Markt
- Priorisierung von Projekten
- Verzahnung von strategischem und operativem F+E-Controlling

Erfolgsfaktoren

- Selbststeuerung der Bereiche unterstützt durch zentrales Controlling
- Ingenieure in der Entwicklung kennen Unternehmensstrategien im Detail und können so die Auswirkungen ihrer Arbeit abschätzen
- Grundsätzliche Aufteilung der F+E-Mittel in drei Blöcke: Grundlagen, Technologie, Produkte
- Projekteinteilung und -priorisierung über geeignete Kategorien

2.3 Ganzheitliches F+E-Controlling und Management neuer Technologien

Oliver Gassmann, SchindlerLifts, Ebikon;
Carmen Kobe, St. Gallen

2.3.1 Schindler – horizontale und vertikale Mobilität

Jeden Tag fahren weltweit fast eine Milliarde Menschen mit Aufzügen, Rolltreppen und Schienenfahrzeugen made by Schindler. 1997 erarbeitete Schindler mit 38100 Mitarbeitern einen Umsatz von 6,362 Millionen CHF.

Der Hauptsitz der Schindler-Gruppe ist in Ebikon, in der Zentralschweiz. In Folge der konsequenten Globalisierung hat Schindler weltweit 30 Produktionsstandorte und mehr als 1000 Repräsentationen in über 100 Ländern. Schindler wächst vor allem durch Akquisitionen. Seit 1937 ist Schindler in Südamerika aktiv. Das erste Joint-Venture mit Jardine Matheson in Hong Kong wurde 1972 gegründet. Heute bringt der asiatische Markt mehr als zwei Drittel des weltweiten Umsatzes mit Neuinstallationen von Aufzügen und Rolltreppen.

Schindler ist weltweiter Marktführer für Rolltreppen und zweiter im Aufzugsgeschäft. Die F+E muß diesen hohen Anforderungen gerecht werden, indem sie innovative Produkte bereitstellt. Dies erfordert einen effizienten Produktentwicklungsprozeß und eine fokussierte F+E-Organisation. Konzentration auf Kernkompetenzen, strategisches Management neuer Technologien und eine effektive Vorentwicklung sowie straff geführte Entwicklungsprozesse mit hoher Transparenz sind hier die Erfolgsfaktoren.

2.3.2 Anforderungen an das F+E-Controlling im Innovationsprozeß

Die Aufgaben des F+E-Controllings haben sich gewandelt. Früher beschränkte sich das F+E-Controlling auf ex-post Zahlenverarbeitung, wie zum Beispiel Festlegung und Überprüfung der Einhaltung von Zeit und Budgetvorgaben [1]. Heute steht die den Innovationsprozeß begleitende Bereitstellung entscheidungsrelevanter Informationen im Mittelpunkt. Dabei werden nicht nur Entwicklung, sondern auch Technologiemonitoring und Vorentwicklung mit berücksichtigt. Hoch innovatives Vorentwicklungs- und Technologiemanagement erfordert jedoch andere Instrumente als straff organisierte Routineprozesse wie Produktpflege.

Das **Technologiemonitoring** kann als die „Wolkenphase“ [2] des Innovationsprozesses bezeichnet werden. Jedoch kann auch hier recht systematisch und strukturiert vorgegangen werden. Aus verschiedensten Quellen werden Anregungen gesammelt, die Ideen für neue Entwicklungsprojekte bringen. Es werden nicht nur neue Technologien beobachtet, sondern auch der sich ändernde Bedarf der potentiellen Kunden, die Aktivitäten der Wettbewerber sowie anstehende Probleme aus dem bestehenden Geschäft. Aufgabe eines Technologiemanagements ist es hier, Entscheidungshilfe zu geben, welche Projekte weiterverfolgt werden sollen.

Vorentwicklungsprojekte haben zum Ziel, die Anwendbarkeit einer neuen Technologie oder die Machbarkeit eines neuen Produktkonzeptes abzuklären. Dies kann bis zur Entwicklung eines physischen Prototypen reichen. Kennzeichen dieser Projekte ist, daß ihr Ablauf kaum strukturiert und ihre Ergebnisse wenig vorhersagbar sind. Deshalb ist es wichtig, regelmäßig die Zielerreichung der Vorentwicklungsprojekte zu überprüfen. Hierbei wird ständig entschieden, ob das Projekt weitergeführt oder beendet wird („Stop-or-Go-Decision“). Projektperformance-Messungen wie prozentuale Projektzielerreichung („Percent-complete“ oder „Earned-Hours“) machen hier aufgrund der hohen Unsicherheiten keinen Sinn. Darüber hinaus werden weiche Instrumente eines strategischen Technologiecontrollings in der Phase des Technologiemonitorings und der Vorentwicklung eingesetzt, um zu beantworten, welche Projekte aus technologischer Sicht gestartet oder weitergeführt werden sollen (*Effektivität*).

In **Entwicklungsprojekten** kommen idealerweise nur Technologien zum Einsatz, deren Machbarkeit und Beherrschbarkeit bereits in der Vorentwicklungsphase überprüft wurden. Produktentwicklung und Technologieentwicklung sind klar zu trennen, sowohl organisatorisch als auch hinsichtlich der Controlling- und Steuerungsinstrumente. Der Produkt-Entwicklungsprozeß ist dadurch sehr viel besser planbar. Infolgedessen können Zeit, Budget und Kapazität sowohl auf Projektebene als auch auf F+E-Bereichsebene detaillierter geplant und überprüft werden *(Effizienz)*.

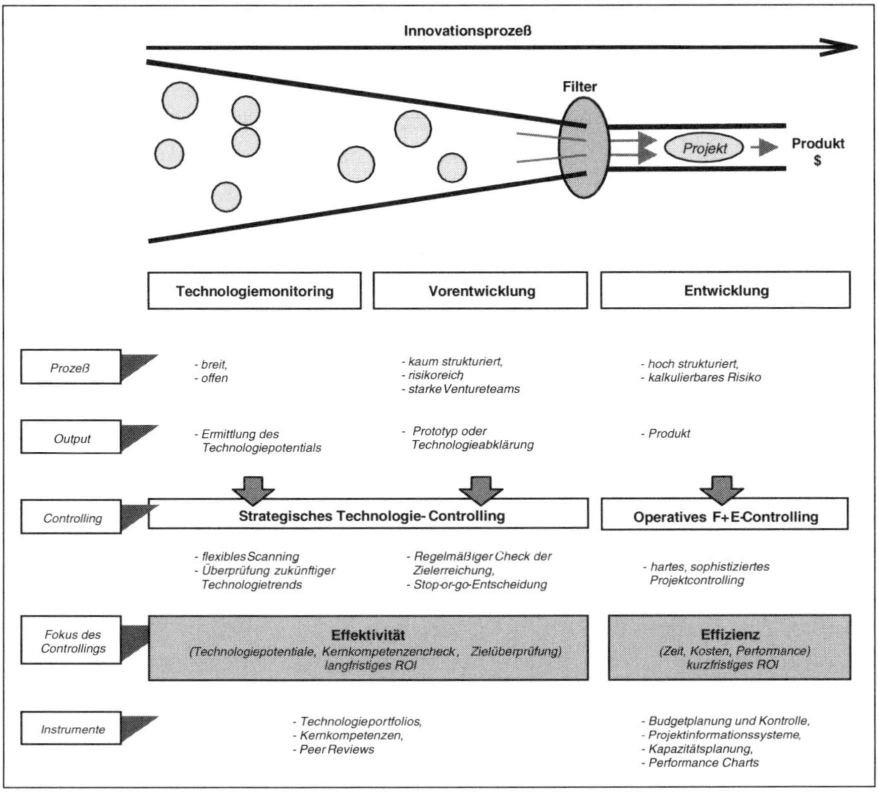

Abbildung 2.3-1: Effektivität und Effizienz im Innovationsprozeß

2.3.3 Strategisches Technologiemanagement

Das strategische Management neuer Technologien ist bei Schindler in dem eigenständigen Bereich „R+D Technology Management" zusammengefaßt. In diesem Kompetenzzentrum findet Schindlers Vorentwicklung, Wettbewerbsanalyse und strategisches Technologiemanagement statt. Letzteres umfaßt die Bereiche Technologiemonitoring, Wissensmanagement, Benchmarking und Kernkompetenzentwicklung. Auf die Kernkompetenzen soll hier vertieft eingegangen werden, da diese die Grundlage für die Auswahl neuer Technologien darstellen.

Konzentration auf Kernkompetenzen

Im Jahr 1997 wurden das erste Mal Schindlers technologische Kernkompetenzen systematisch bestimmt. Das Ziel war, die knappen F+E-Ressourcen auf den Gebieten einzusetzen, in denen Schindler den größten

Wettbewerbsvorteil hat. Alle anderen Entwicklungsaktivitäten können auch von externen Partnern bearbeitet werden.

Die Identifikation, Pflege und der Ausbau der Kernkompetenzen erlaubt es Schindler, sich von den Wettbewerbern abzuheben. Während einige Technologien leicht extern eingekauft werden können, sind unternehmensspezifische Fähigkeiten mit der gesamten Organisation verflochten. Letztere wurden in einem langwierigen Prozeß erworben und stellen somit das kritische Element der internen Kompetenzen dar. Die Identifikation der Kernkompetenzen ist die Voraussetzung für jede strategische Entscheidung.

Kernkompetenzen sind dadurch gekennzeichnet, daß sie:

- einen Wettbewerbsvorteil darstellen,
- über einen langen Zeitraum entwickelt wurden,
- schwierig zu imitieren sind und
- auf implizitem Wissen basieren[3].

Zunächst müssen also die aktuellen Kernkompetenzen ermittelt werden. Anschließend werden auf der Basis von systematischen Technologievorhersagen und Bewertungen die zukünftigen Kernkompetenzen bestimmt. Basierend auf einer Gap-Analyse zwischen bestehenden und zukünftigen Kernkompetenzen werden Aktionen definiert, um die angestrebten Kompetenzen (Technologien, Fähigkeiten und Wissen) zu entwickeln.

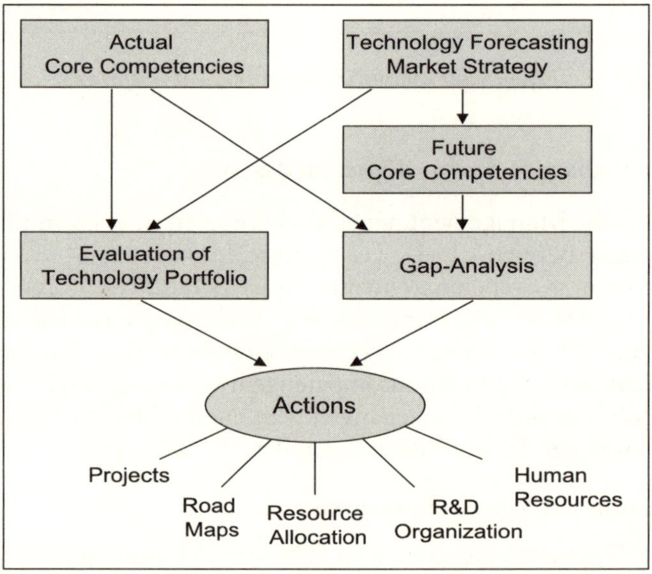

Abbildung 2.3-2: Abgleich der Soll- und Ist-Kernkompetenzen

Identifizierung von Kernkompetenzen und Technologieportfolio

Der Prozeß zur Bestimmung der Kernkompetenzen, so wie er am Institut für Technologiemanagement entwickelt und auf die Belange von Schindler angepaßt wurde, besteht aus acht Schritten:

1. Strategie

Zu Beginn jedes strategischen Projekts ist es wichtig, sich die normativen Ziele des Unternehmens bewußt zu machen. Die Werte, Visionen und mittelfristigen Ziele Schindlers wurden hierzu im Navigator-Handbuch zusammengefaßt.

2. Ziele

Über die Ziele des Projekts muß Einvernehmen herrschen. Ansonsten besteht die Gefahr, daß die Ergebnisse der Analyse durch Eigeninteressen und Abteilungsdenken beeinflußt werden. Außerdem legt eine frühe Kommunikation der Ziele den Grundstein für die darauffolgenden Aktionen.

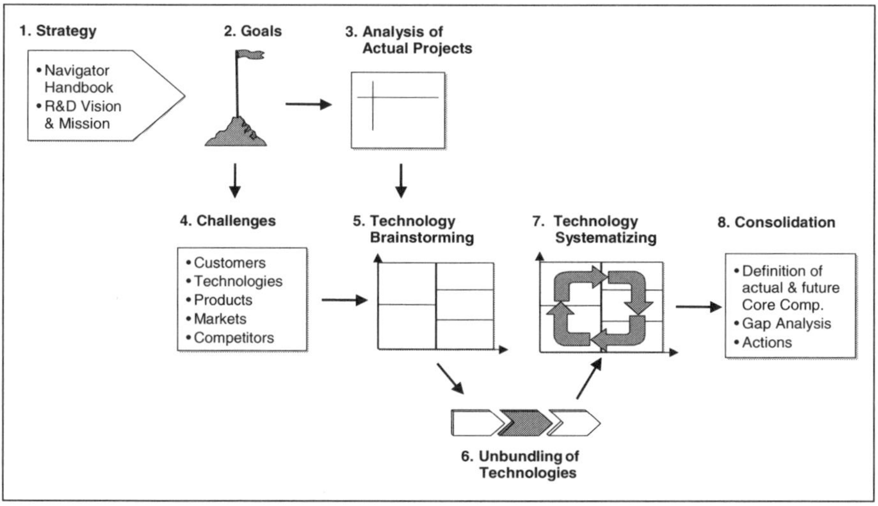

Abbildung 2.3-3: Prozeß der Kernkompetenzermittlung

3. Analyse der aktuellen Projekte

Aus der Analyse der aktuellen Projekte lassen sich sowohl die laufenden als auch zukünftige Kernkompetenzen ableiten. Außerdem sollte analysiert werden, welche Entwicklungsaktivitäten extern bearbeitet werden und warum.

4. Herausforderungen

Schritt 4 und 5 werden normalerweise in einem Brainstorming bearbeitet. Basierend auf dem 5-Kräfte-Modell Porters werden das strategische Umfeld, Wettbewerber, Kunden, Zulieferer, neue Wettbewerber und Substitut-Technologien betrachtet.

5. Technologie-Brainstorming

Im Schritt 5 suchen die Teilnehmer des Workshops technologische Kompetenzen, mit denen den identifizierten Herausforderungen begegnet werden kann. Die Technologien und Fähigkeiten werden in ein Technologieportfolio eingetragen (Abbildung 2.3-4). Die Teilnehmer des Workshops müssen Einvernehmen über jede eingetragene Kompetenz erzielen. Dafür ist es wichtig, die Bedeutung der beiden Dimensionen des Portfolios genau zu verstehen. Die vertikale Achse gibt die strategische Bedeutung einer technologischen Kompetenz an. Als Maßstab wird dabei der Beitrag herangezogen, den die vorhandene technologische Kompetenz leisten kann, um den in Schritt 4 identifizierten Herausforderungen zu begegnen. Die horizontale Achse gibt die Verfügbarkeit der Technologie für das Unternehmen und die Stärke des Unternehmens auf diesem Gebiet an.

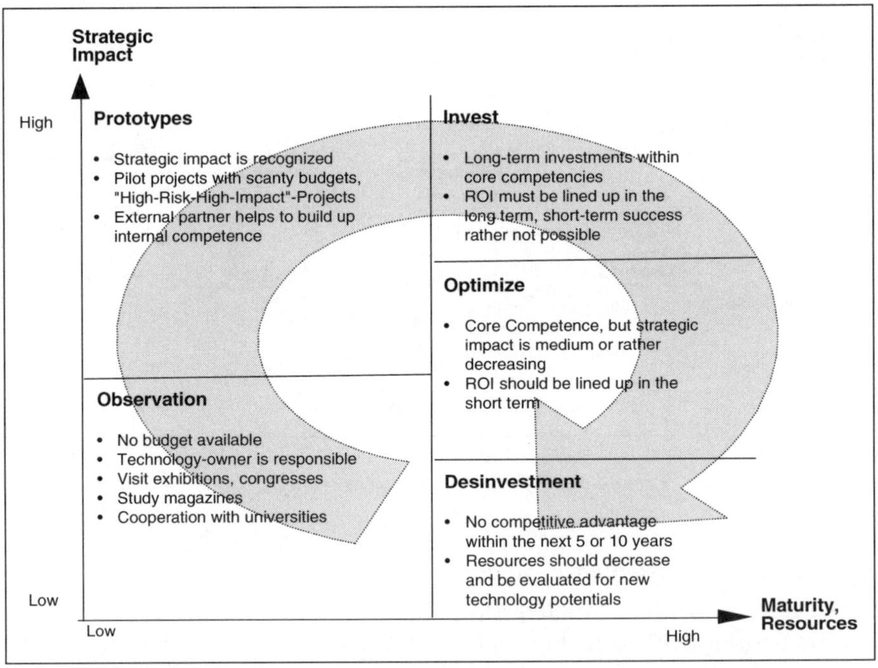

Abbildung 2.3-4: Technologieportfolio für das Management neuer Technologien

6. *Technologie-Unbundling*

Wenn Technologien zu abstrakt aufgeführt werden (z. B. Software-Technologien), dann sind sie noch weiter zu spezifizieren (z. B. objektorientierte Programmierung, C++). Dieser Schritt soll sicherstellen, daß sich alle aufgeführten Technologien auf demselben Level befinden.

7. *Technologie-Systematisierung*

In diesem Schritt wird das Technologieportfolio vervollständigt. Üblicherweise repräsentiert das Technologieportfolio dann erst den Status quo. Deshalb sollte auch noch eine zweite Version erstellt werden, die aufzeigt, wie es in drei bis fünf Jahren aussehen soll.

8. *Konsolidierung*

Der letzte Schritt ist die Definition der Kernkompetenzen. Ziel ist es, alle Technologien und Fähigkeiten zu finden, die zu einer Kernkompetenz gehören, und diese einheitlich zu beschreiben.

Der Prozeß darf nicht bei der Analyse stehenbleiben. „Paralyse durch Analyse“ ist zu vermeiden; vom Top-Management unterstützte Aktionen müssen folgen. Abgeleitet aus den erarbeiteten Kernkompetenzen werden Technologie-Roadmaps und Ressourcenallokation beeinflußt. Bei Schindler wurde Ende 1997 die F+E weltweit reorganisiert und weiter gestrafft. Die funktionsorientierte F+E (Software, Elektronik, Mechanik) ist in eine modulorientierte F+E (Steuerung, Antrieb, Schacht, Kabine) mit starker Projektorientierung umgewandelt worden. Innovationsmarketing und Technologiemanagement wurden eingeführt.

Systematisches Monitoring neuer Technologien

Das Kernkompetenzen-Projekt hatte einen äußerst positiven Einfluß auf die Effizienz und die Effektivität der zentralen Forschung und Entwicklung. Die Kompetenzen sind nun ständig zu verfeinern, anzupassen und weiterzuentwickeln.

Eine zu restriktive Fokussierung auf bestehende Kernkompetenzen kann jedoch zu Starrheit führen. Gerade in der F+E müssen jedoch systematisch und flexibel neue Technologien betrachtet werden. Während die operativen F+E-Kompetenzzentren sich stark auf die Kernkompetenzen fokussieren, untersucht Schindlers Technologiemanagement in einem ständigen Screening-Prozeß Potentiale neuer Technologien. Im Technologieportfolio sind dies die Felder „Observation“ and „Prototypes“.

Nach zunehmendem Konkretisierungsgrad werden hier folgende Aktivitäten durchgeführt: Technology Scanning, Technology Monitoring, Technology Evaluation, Feasibility Studies and Product Concepts (Abbildung 2.3-5). Der Output dieses Prozesses variiert mit dem strategischen Potential und dem geschätzten Zeithorizont: Neue Technologien, welche kurz- und mittelfristig noch eine begrenzte Bedeutung für das Unternehmen haben, werden lediglich aktiv beobachtet (z. B. Konferenzen, kleinere Studien mit Universitäten). Bei Technologien mit hohem Potential bezüglich Kundennutzensteigerung oder Kostensenkung werden Machbarkeitsstudien durchgeführt. Der Output besteht aus Funktionsmustern oder Prototypen. Bei radikalen Systeminnovationen können auch Gesamtkonzepte für Produkte erarbeitet werden.

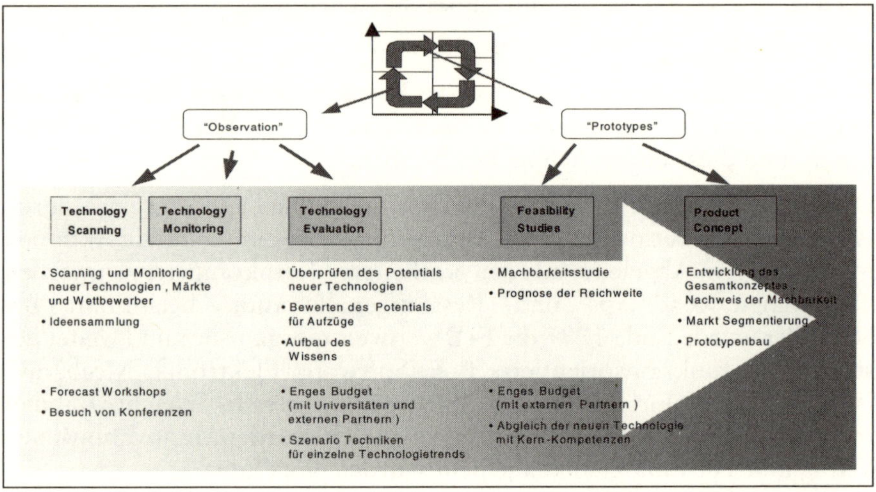

Abbildung 2.3-5: Technologie-Tunnel für die Evaluation neuer Technologien bei Schindler

2.3.4 Operatives F+E-Controlling

Das operative F+E-Controlling soll die Effizienz in der F+E sicherstellen. Um Zeit, Kosten und Performance sowohl auf Projekt- als auch auf F+E-Bereichsebene darzustellen, kommen bei Schindler verschiedene Werkzeuge zum Einsatz. Im Zentrum stehen der Figure-of-Merit für die Projekt-Start-Entscheidung, die POP-Charts und PCP-Listen für das operative Projektcontrolling, das Cockpit-Chart für das F+E-Bereichscontrolling sowie das Capacity-Chart für das Ressourcenmanagement. Diese ermöglichen eine schnelle und frühzeitige Übersicht über Abweichungen von Planwerten und ermöglichen so schnelles Gegensteuern durch das F+E-Management.

Projekt-Start-Entscheidung: Figure-of-Merit

Nach positivem Verlauf der Vorstudien und hinreichender Unterstützung der Projektidee wird ein Projektantrag erstellt, aufgrund dessen entschieden wird, ob und wann das Entwicklungsprojekt gestartet wird. Dieser Projektantrag enthält eine Produktrentabilitätsrechnung. Gerade wenn es sich um völlig neue Anwendungen handelt und sich ein dominantes Design noch nicht herausgebildet hat, sind Umsatzprognosen oft sehr unsicher. Daher wird die Rentabilitätsrechnung durch qualitative Informationen ergänzt.

Die Produktrentabilitätsrechnung enthält als wichtigste Kenngröße die Figure-of-Merit (FOM, Einkommenskennzahl). Sie ist ein Maß für die Gewinnerwartungen im Verhältnis zu den Projektaufwendungen. Reamortisationszeit und Projektrisiko fließen ebenfalls in die Berechnung ein.

Die Figure-of-Merit setzt sich aus folgenden Größen zusammen (Abbildung 2.3-6):

- **Barwert der Projekterträge (BEN):** Alle erwarteten Projekterträge vom Jahre t_1, in dem das Projekt abgeschlossen wird, bis zum Jahre t_2, in dem voraussichtlich die Verkaufszeit des entwickelten Produkts endet, werden auf das Jahr t_1 abgezinst und summiert.
- **Barwert der Projektkosten (COST*):** Alle Projektkosten ab Projektstart t_0 bis Projektende t_1 werden auf das Jahr t_1 aufgezinst und summiert. Die „Sunk Costs" sollen nicht in die Berechnung eingehen, werden also wieder abgezogen. Als Sunk Costs versteht man bereits entstandene Kosten, die auch durch Projektabbruch nicht mehr rückgängig gemacht werden können (z.B. Kosten für Vorstudien).
- Für die Berechnung der Barwerte COST* und BEN wird der **Zinssatz i*** benutzt. Er wird berechnet aus den aktuellen Kapitalkosten zuzüglich der Zuschläge für das unternehmerische Risiko und das Projektrisiko. Das Projektrisiko wird unterteilt in technisches Risiko, Zeitrisiko und Marktrisiko.
- Der **Kapitalwiedergewinnungsfaktor** wird als Hilfsgröße eingeführt um der Komplexität, die durch eine lange Projektlaufzeit oder eine lange Verkaufszeit entsteht, Rechnung zu tragen. Je länger die Zeit zwischen Projektstart und Verkaufsende ist, um so kleiner wird der Kapitalwiedergewinnungsfaktor, also auch der Figure-of-Merit. Das Zeitrisiko des Projekts geht also nicht nur über den Zinssatz i*, sondern zusätzlich noch in den Kapitalwiedergewinnungsfaktor in die Berechnung ein.

- Der bei der Berechnung des Kapitalwiedergewinnungsfaktors benutzte **Zinssatz i** wird aus den aktuellen Kapitalkosten plus Aufschlag für das unternehmerische Risiko berechnet.
- Der Kapitalwiedergewinnungsfaktor wird ins Verhältnis gesetzt mit dem **Kapitalwiedergewinnungsfaktor eines Referenzprojekts.**

(Zur Berechnung von Barwerten und Kapitalwiedergewinnungsfaktoren siehe auch Haberstock [4].)

Anhand des Figure-of-Merit kann eine Rangliste aller laufenden und beantragten Projekte erstellt werden. Ein schlechter FOM ist ein Knock-out-Kriterium. Zusammen mit der Ressourcenplanung und Einbeziehung der strategischen Ziele bietet die FOM die Grundlage für die Entscheidung, welche Projekte gestartet werden sollen.

$$FOM = \frac{BEN}{COST^*} \cdot \frac{K_{t2-t0}}{K_{ref}}$$

FOM:	Figure - of - Merit, Einkommenskennzahl

$$NPV = BEN - COST$$

NPV:	Barwert des Projektes im Jahre t1 kumulativ über die Entwicklungs- und Verkaufszeit [CHF]
t0:	Projektstart
t1:	Ende der Entwicklungszeit, Start der Verkaufszeit
t2:	Ende der Verkaufszeit
BEN:	Barwert im Jahre t1 der kumulierten Projekterträge der gesamten Verkaufszeit, berechnet durch Abzinsung
COST:	Barwert im Jahre t1 der kumulierten Projektkosten, berechnet durch Aufzinsung

$$COST^* = COST - SC = \left(\sum_{j=t0}^{t1} cost_j \cdot (1+i^*)^{(t1-j)} \right) - SC$$

$$BEN = \sum_{j=t1}^{t2} \frac{ben_j}{(1+i^*)^{(t2-t1)}}$$

SC:	Sunk Costs (Barwert im Jahre t1)
COST*:	Barwert im Jahr t1 der noch anfallenden Projektkosten
j:	Index für Jahre
$cost_j$:	Projektaufwendungen im Jahr j
ben_j:	Projekterträge im Jahr j
i*:	Kalkulationszinssatz für die Berechnung von BEN und COST
i:	Kalkulationszinssatz für die Berechnung von K

$$K_{t2-t0} = \frac{i}{1-(1-i)^{-(t2-t0)}}$$

K_{t2-t0}:	Kapitalwiedergewinnungsfaktor
K_{ref}:	Kapitalwiedergewinnungsfaktor des Referenzprojektes

Abbildung 2.3-6: Berechnung der Figure-of-Merit

Projektcontrolling: POP-Charts

Der Controller erstellt auf Grundlage der Informationen, die er von den F+E-Abteilungsleitern erhält, monatlich je ein POP-Chart für die zentralen Entwicklungsprojekte.

Das POP-Chart enthält Informationen über:

- Projektaufwände einschließlich der Abweichungen zwischen geplanten Stunden und tatsächlichen Stunden („Earned Hours"),
- Projektstatus: o.k. (grün); kritisch (gelb) oder Zielverfehlung (rot),
- Frühwarnsignale qualitativer Art,
- Aktionsvorschläge zur Behebung von Soll-Ist-Abweichungen.

Das F+E-Management nutzt dieses Frühwarnsystem regelmäßig, um rechtzeitig gegensteuern zu können. Entwicklungsprojekte sind durch hohe Unsicherheit gekennzeichnet. So kann es auch bei bester Planung vorkommen, daß ein Projekt kritisch ist. Wichtig ist jedoch ein rechtzeitiges Gegensteuern, welches beim Projektstatus „kritisch" erfolgt. Nur bei schlechtem Projektmanagement, bei dem die Projektschwierigkeiten nicht offengelegt werden, wechselt der Status direkt von Grün nach Rot. Ein guter Projektmanager meldet Probleme rechtzeitig. Maßnahmen, wie Aufbau von Fallback-Lösungen, Suche von Zweitlieferanten oder Fokussierung der Projektressourcen, können so mit Unterstützung des F+E-Management-Teams eingeleitet werden.

Einmal im Monat werden die wichtigsten Kennzahlen des gesamten F+E-Bereiches in neun Grafiken zusammengestellt. Diese Darstellung soll – ähnlich wie im Flugzeug das Cockpit – eine komprimierte, übersichtliche Auskunft über die „Betriebszustände" der Projekte sowie des F+E-Bereiches insgesamt geben.

Cockpit-Controlling

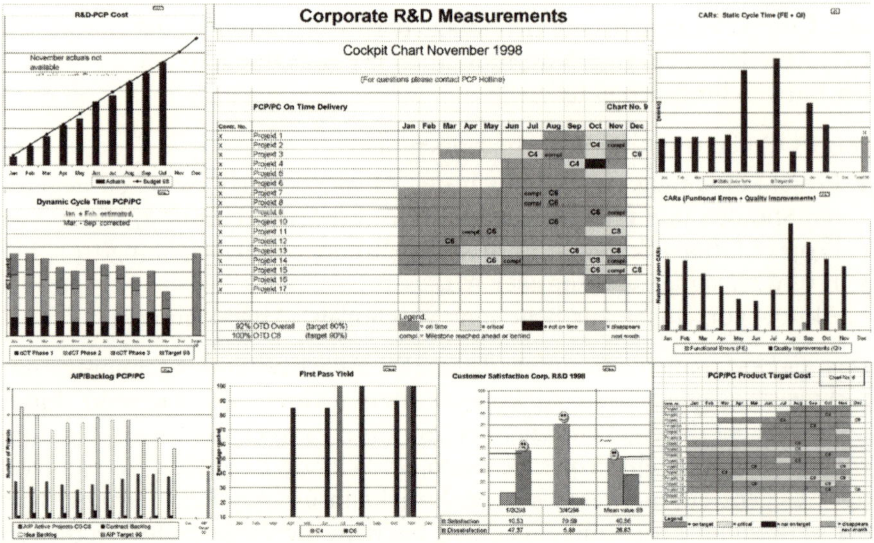

Abbildung 2.3-7: Schindlers Cockpit-Controlling: Visualisierung wesentlicher Kenngrößen auf einen Blick

Im einzelnen werden durch das Cockpit-Controlling folgende Kennziffern betrachtet:

1. Status der Projekte: Im Zentrum des Projektcontrollings steht die Einhaltung des Zeitplans („**On Time Delivery**"). Dies spielt bei Entwicklungsprojekten eine große Rolle, da ein verspäteter Markteintritt zu enormen Kosten führt. Entgangener Umsatz, Verzögerung in der Produktion und das Nachsehen hinter der Konkurrenz werden deutlich stärker gewichtet als das Fehlen einer Funktionalität beim Produkt. Der Status der Projekte wird sehr einfach dargestellt, genauso wie im POP-Chart: grün = Projekt im Zeitplan; gelb = Projekt ist kritisch und rot = Projekt hat den Meilenstein nicht erreicht. Das Management kann klar gegensteuern.

2. F+E-Gesamtbudget: Die Einhaltung des **F+E-Budgets** gewinnt in Zeiten knapperer Ressourcen wieder stärker an Bedeutung. Hier werden akkumuliert die aufgelaufenen Ist-Kosten dem Soll-Budget gegenübergestellt.

3. Bei der „**Dynamic Cycle Time**" wird die durchschnittliche Projektlaufzeit auf Ebene der Arbeitspakete gemessen. Diese Kennzahl mißt den Projektfortschritt und ergibt sich aus den Projektberichten (MS-

Project). Geplante Leistung wird hier dem Projektfortschritt gegenübergestellt („Planned Effort / Earned Hours").

4. Entwicklungskapazitäten sind in der Regel zu 150 Prozent ausgelastet. Dies führt zu Verzögerungen, Ineffizienzen und Demotivation der Mitarbeiter. Um die Zahl der parallel laufenden Aktivitäten in der Entwicklung zu reduzieren, wurde die Kennzahl „**Action-in-Progress**" (AIP) eingeführt. Hier wird die Anzahl der laufenden Projekte, der genehmigten Projekte in Backlog und der Projektideen gemessen. Anzustreben ist eine niedrige Zahl parallel laufender Projekte, verbunden mit einer hohen Zahl an Ideen für neue Projekte.

5. Bei ständiger Reduktion der Entwicklungszeiten besteht die Gefahr, daß Meilensteine durchgedrückt werden, ohne die erforderlichen Funktionalitäten und Qualitätsmerkmale erfüllt zu haben. Nacharbeit, zusätzliche Varianten durch spätere Releases und aufwendige Koordination sind die Folge. Um hier entgegenzusteuern, wurde die Messung von „**First Pass Yield**" eingeführt. Diese Kennzahl mißt den Erfüllungsgrad der Projekte bei Passieren eines Meilensteines. Hohe Erfüllung beim ersten Mal ist gefragt.

6. Corporate R+D arbeitet im Auftrag der Konzerngesellschaften für die Entwicklung von Kernkomponenten, welche global eingesetzt werden. Es gibt somit nur interne Kunden. Da diese aber grundsätzlich auch die Möglichkeit haben, ihre Entwicklungsleistung extern zu vergeben, rückt der Kundenfokus drastisch in den Mittelpunkt: „**Customer Satisfaction**" wird hier in internen Umfragen zweimal jährlich in standardisierter Form abgefragt.

7. Neben den Zeitplänen stehen die Einhaltung der geplanten Produktkosten im Vordergrund. Die Aufzugsindustrie steht in einem harten Kostenkampf, bei dem kostengünstige Produkte statt Over-Engineering gefragt sind. Ähnlich dem Projektstatus werden daher die „**Target Costs**" in der Ampelvisualisierung aufgezeigt: Zielkosten eingehalten (grün), kritisch (gelb) oder nicht im Ziel (rot).

8. Die Anzahl der Verbesserungsanträge („**CARs**" – Corrective Action Requests), aufgeteilt nach funktionellen Fehlern und Qualitätsverbesserungen, werden gemessen, um korrektive Aktionen bei fehlerhaft entwickelten Produkten rechtzeitig einzuleiten. Dabei sind funktionelle Fehler mit erster Priorität auszumerzen.

9. Da in jedem Falle eine schnelle Bearbeitung von nicht ganz korrekten Produkten notwendig ist, wird zusätzlich noch die durchschnittliche Bearbeitungszeit der Verbesserungsanträge („**CAR Static Cycle Time**") gemessen und regelmäßig dem F+E-Management-Team rapportiert.

Ein Großteil der Daten wird von den Projektleitern in das System eingegeben. Der zeitliche Aufwand und die nachträgliche Aufbereitung durch das F+E-Controlling ist daher begrenzt. Die Cockpit-Charts stehen jedem Mitarbeiter zur Verfügung, sind aber vor allem konzipiert, dem F+E-Management schnellen Überblick über die Entwicklung des F+E-Bereiches zu geben.

F+E-Ressourcenplanung: Capacity-Chart

Die Kapazitätsplanung soll Engpässe im F+E-Bereich vermeiden, um so zu gewährleisten, daß die Projekte in den geplanten Zeiten durchgeführt werden können. Die Planung der Ressourcenbeanspruchung durch die Projekte reicht zwölf Monate in die Zukunft. Die Bedarfe aller Projekte werden konsolidiert. Die Zeitplanung für neue Projekte kann zuverlässig durchgeführt werden, da bekannt ist, wann welche Ressourcen zur Verfügung stehen.

Dadurch zeigt das F+E-Management der Konzernleitung klar und anschaulich auf, wo Kapazitätsengpässe vorliegen. Wenn keine Kapazitäten mehr frei sind, werden eher Projekte abgelehnt, anstatt daß unhaltbare Terminversprechen gegeben werden. In den vergangenen drei Jahren hat Schindler durch ein zielgerichtetes Ressourcenmanagement die Anzahl laufender F+E-Projekte auf ein Zehntel (!) reduziert. Die Effizienz konnte deutlich gesteigert werden.

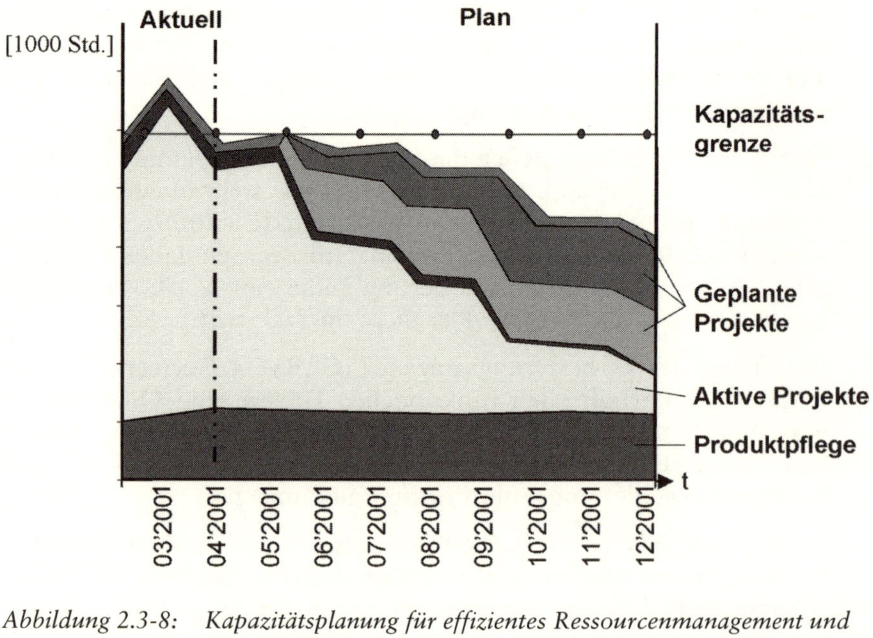

Abbildung 2.3-8: Kapazitätsplanung für effizientes Ressourcenmanagement und klare Prioritäten

2.3.5 Fazit

Das strategische Management von neuen Technologien und das operative F+E-Controlling bei Schindler zeigen, daß ein ganzheitliches Controlling notwendig ist. Hochinnovative Technologie- und Produktstudien der Vorentwicklung stellen andere Anforderungen an das Management als die der Routine folgenden Weiterentwicklungsprojekte. Beide Bereiche haben eine hohe Bedeutung: Kurzfristig müssen die Projekte innerhalb der bestehenden Kernkompetenzen straff geführt zu definiertem Output führen. Langfristig müssen neue Technologien zum Sprung auf die nächste S-Kurve verhelfen. Gegenwärtige Potentialausnutzung und Potentialaufbau für die Zukunft des Unternehmens müssen in ausgewogenem Verhältnis stehen.

Im strategischen Bereich bedeutet dies ein systematisches Scannen der Umwelt; Potentiale und Risiken von neuen Technologien müssen abgewägt werden. Im operativen Bereich ist ein integriertes Controlling von Kosten, Zeit und Performance erforderlich. Verändert kann nur werden, was meßbar ist. Ein wichtiges Element ist die Visualisierung der Kenndaten. Einfache Darstellungen bieten stufengerechte Information; gleichzeitig wird eine Verschleierung durch Komplexität verhindert.

Eine Trennung von Vorentwicklung und Entwicklung erhöht die Wahrscheinlichkeit von Durchbruchinnovationen. Nachteile wie das „Not-invented-here"-Syndrome werden durch erhöhte Innovationsraten überkompensiert. Wichtig ist ein klar geführter Wissenstransfer über Job Rotation und frühzeitigen Einbezug von Gatekeeper der Entwicklungsabteilungen.

Die aufgezeigten Instrumente haben bei Schindler zu einer drastischen Verbesserung von Effektivität und Effizienz des Innovationsprozesses geführt.

Wesentliche Problembereiche

- Ermittlung der Kernkompetenzen
- Technologiemanagement als eigene Abteilung
- Systematisches Monitoring neuer Technologien
- Operatives F+E-Controlling mit Kennzahlen
- Ressourcenplanung

Erfolgsfaktoren

- Institutionalisiertes Technologiemanagement hilft, langfristige Zielsetzungen zu erreichen.
- Detaillierte Erfassung der Kernkompetenzen hilft, Prioritäten phasengerecht zu setzen.
- Konzentration auf einige wenige Kennzahlen hilft, Termine auch in der F+E einzuhalten.
- Weniger Projekte erhöht die Planbarkeit.

Literatur

[1] **Horváth, P.:** Instrumente des F+E-Controllings, in: Zahn, Erich (Hrsg.): Handbuch des Technologiemanagements, Stuttgart 1994.

[2] **Gassmann, O.:** Kreativer Freiraum für Entwickler, in: io-management, Nr. 7/8 1997.

[3] **Prahalad and Hamel:** The Core Competence of the Corporation, in: Harvard Business Review, Vol. 68, 3, Mai/Juni 1990.

[4] **Haberstock, L.:** Einführung in die Verfahren der Investitionsrechnung, Anhang zum Vorlesungsskript Betriebswirtschaftliche Steuerlehre IV, 6. Aufl., Hamburg 1992.

3 Controlling des Projektportfolios

3.1 Überblick

Aus der Gesamtsicht eines Unternehmens bzw. eines Geschäftsbereiches steht die Betrachtung des F+E-Programms im Mittelpunkt. Die Planung und Steuerung des Projektportfolios setzt zunächst voraus, daß zwischen verschiedenen Projekttypen unterschieden wird und Interdependenzen zwischen Projekten betrachtet werden. Die Autoren Robert Hauber und Fritz Schmid von der DaimlerChrysler AG zeigen am Beispiel der PKW-Entwicklung, wie wichtig die Trennung von Technologie- und Serienentwicklung ist. Jeder Projekttyp benötigt spezielle Vorgehensweisen des Controllings.

Zur Planung und Steuerung des Projektportfolios ist nicht nur das „richtige“ Methodenset wichtig. Um die Ressourcen effizient und effektiv zu allozieren, wird vor allem ein durchsetzungsfähiges Portfolio Management Board benötigt, das den vielversprechenden Projekten „Vorfahrt“ einräumt; ebenso von Bedeutung ist das Zusammenspiel von Projektmanagement und Linien. Beide Themen behandelt der Beitrag von Dr. Alfons Wunschheim von Hoffmann La Roche.

Einen zentralen Aspekt der Ausführungen von Carsten Knobel und Dr. Werner Gerhardt von der Firma Henkel bilden die Portfolioansätze. Gerade in Branchen wie Chemie oder Pharma gilt es, zwischen einer Vielzahl von Projektideen Auswahlentscheide zu treffen und geeignete Priorisierungen vorzunehmen. Vor diesem Hintergrund hat Henkel ein Methodenset entwickelt, welches verschiedene Beurteilungsaspekte wie Projektattraktivität, -risiken oder Time-to-Market berücksichtigt.

3.2 Controlling von Technologie- und Serienentwicklungsprojekten in der Mercedes-Benz-Pkw-Entwicklung der DaimlerChrysler AG

Robert Hauber, Fritz Schmid, DaimlerChrysler AG, Stuttgart

3.2.1 Einleitung

Die Strukturen und Rahmenbedingungen in der Automobilindustrie haben sich in den vergangenen Jahren grundlegend verändert und stellen alle Anbieter vor völlig neue Herausforderungen. Der Wandel, der *nachfrageseitig* in einer schnellen Veränderung der Kundenwünsche sowie einer geringeren Akzeptanz langer Produktlebenszyklen zum Ausdruck kommt und sich *angebotsseitig* in einer Expansion der Produktlinien, neuen Entwicklungs- und Produktionsphilosophien, einem raschen technologischen Wandel und einer schnellen Technologiediffusion manifestiert, zwingt die Automobilhersteller zu neuen Antworten und neuen Prioritäten. Die Reaktion des Premium-Anbieters Mercedes-Benz auf die veränderten Rahmenbedingungen kann jedoch nicht darin bestehen, scheinbar erfolgreiche Patentrezepte anzuwenden. Vielmehr muß das Geschäftsfeld Mercedes-Benz-Pkw der DaimlerChrysler AG seine Antworten und Prioritäten im Zusammenhang mit und aus seiner individuellen Basisstrategie heraus ableiten.

In den folgenden Ausführungen wird dargestellt, wie ein angepaßtes Management und Controlling von Einzelprojekten bei einem Premium-Anbieter entscheidend dazu beitragen kann, den veränderten Realitäten Rechnung zu tragen.

Ausgangspunkt dafür bilden die strategischen Grundpositionen in der Automobilindustrie, die kurz dargestellt werden. Anschließend werden die Vorteilhaftigkeit einer Trennung von Technologie- und Serienentwicklungsprojekten erläutert und die daraus resultierenden Handlungsoptionen aufgezeigt. Des weiteren werden projektspezifische Controllingmechanismen der Mercedes-Benz-Pkw-Entwicklung vorgestellt.

Das Geschäftsfeld Mercedes-Benz-Pkw erzielte 1997 einen Umsatz von 53 Milliarden DM. Anders als die DaimlerChrysler-Forschung, die zentral organisiert ist, sind die über 8500 Mitarbeiter der Pkw-Entwicklung in das Geschäftsfeld Mercedes-Benz-Pkw eingegliedert. Jährlich werden über 3 Milliarden DM alleine für die Entwicklung neuer Mercedes-Benz-Pkws und Aggregaten aufgewendet.

3.2.2 Strategische Grundpositionen

Wesentliche Unterscheidungsmerkmale der Pkw-Anbieter im Hinblick auf die Innovationsstrategie sind die Länge der Innovationszyklen und die Triebkräfte der Innovationen. Die strategischen Grundpositionen können daher in vier Gruppen typologisiert werden (Abbildung 3.2-1):

Marktgetriebene Anbieter

Die Gruppe *marktgetriebene Anbieter* ist durch kurze Innovationszyklen, insbesondere kurze Entwicklungszeiten, einer konzentrierten Ausrichtung auf Kundenbedürfnisse, einer starken Priorisierung von Kosten und einer Bereitschaft, Modeströmungen aufzugreifen, charakterisiert. Repräsentativ für diese Gruppe stehen die *asiatischen Anbieter*, aber auch die Massenanbieter in Europa und den USA, die japanische Philosophien, insbesondere Produktions- und Entwicklungsmethoden, in Benchmarkingprojekten gelernt und erfolgreich adaptiert haben. Erfolgsentscheidend für diese Produzenten ist die Fähigkeit, *in kurzen Innovationszyklen*, abgeleitet aus den aktuellen Kundenwünschen, neue Automobile zu entwickeln und *bestehende Technologien* zu integrieren.

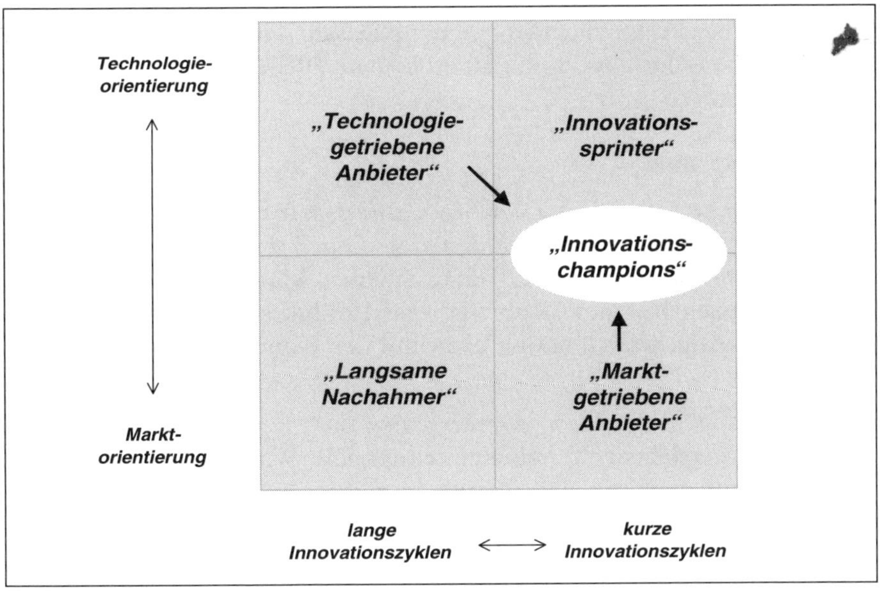

Abbildung 3.2-1: Typologisierung strategischer Grundpositionen

Technologiegetriebene Anbieter

Die Gruppe *technologiegetriebener Anbieter*, zu denen das Geschäftsfeld Mercedes-Benz-Pkw der DaimlerChrysler AG in der Vergangenheit zählte, bietet technologisch innovative Produkte an, die aus vergleichsweise langen Innovationsprozessen hervorgehen. Typische Vertreter dieser Gruppe sind die deutschen Premium-Anbieter, deren Erfolg vor allem von *einer kontinuierlichen Generierung und Kombination einzigartiger innovativer Technologien* abhängt. Die teilweise sehr lange Dauer der Entwicklungsprozesse, in denen die Prozesse Technologieentwicklung und Serienentwicklung eng miteinander verzahnt sind, ist häufig die Folge zahlreicher Iterationsschleifen, die notwendig sind, wenn serienreife Technologien aufgrund unzureichender Prinzip- und Konzepttauglichkeit noch nicht in die Serienentwicklung integriert werden.

Langsame Nachahmer

Neben diesen beiden Gruppen gibt es die Gruppe *langsamer Nachahmer*. Diese Hersteller zeichnen sich durch relativ lange Entwicklungszeiten aus und einer schwach ausgeprägten Fähigkeit, innovative Technologien in Automobilkonzepte zu integrieren. Lange Entwicklungszeiten sind die Folge fehlender Prozeßbeherrschung, häufiger Änderungsschleifen und fehlenden Projektmanagements. Exemplarisch dafür können britische und amerikanische Automobilbauer in den 70er und 80er Jahren genannt werden.

Innovationssprinter

Die strategische Ausrichtung der *Innovationssprinter* zeichnet sich durch kurze Innovationszyklen aus, in denen neueste Technologien in ein Produkt integriert werden und als erste auf den Markt gebracht werden. Charakteristisch für diese Anbieter sind Produkte, die zwar technologisch hochwertig, jedoch häufig nicht mit den Kundenbedürfnissen konform sind.

In der Vergangenheit waren die Strategien der „marktgetriebenen“ und „technologiegetriebenen“ Anbieter erfolgreich. Während die „marktgetriebenen Anbieter“ mit preiswerten Produkten vor allem den Massenmarkt bedienten, gelang es den „technologiegetriebenen Anbietern“, wie etwa dem Geschäftsfeld Mercedes-Benz-Pkw, immer wieder Kunden anzusprechen, die bereit waren, für innovative Produkte mit neuen Technologien einen Premium-Zuschlag zu bezahlen. Durch das Nebeneinander dieser beiden Gruppen waren der Massenmarkt und das Premiumsegment klar voneinander getrennt. Diese relativ starre Marktaufteilung veränderte sich allerdings zu dem Zeitpunkt, als die „marktgetriebenen Anbieter" und die „technologiegetriebenen Anbieter" die einseitigen Strategien in „Sowohl als auch"-Strategien umwandelten. Dies zeigte sich in den unterschiedlichen Versuchen japanischer Anbieter, mit innovativen Technologien oder Modellen zu Beginn der 90er Jahre die Markthoheit der Premium-Anbieter anzugreifen. Zum anderen konnten auch „technologiegetriebene Anbieter" wie z.B. Porsche und BMW durch einschneidende Verkürzungen der Entwicklungszeiten die Reaktionsgeschwindigkeit auf Veränderungen in den Kundenwünschen erhöhen.

Im Gegensatz zu den „markt-" und „technologiegetriebenen" Anbietern erwies sich die strategische Grundposition der langsamen Nachahmer in der Vergangenheit als existenzgefährdend. Neue Produkte, die weder spezielle Kundenbedürfnisse befriedigen, noch technische Finessen besitzen, die vom Kunden geschätzt werden, sind nicht in der Lage, sich vom übrigen Angebot zu differenzieren. Die Krise der amerikanischen Automobilunternehmen in den 80er Jahren und der Verlust der Selbständigkeit der britischen Automobilunternehmen waren die Folge eines verfehlten Innovationsmanagements.

Die strategische Grundposition der „Innovationssprinter" kann zwar in manchen Projekten zum Erfolg führen, ist aber keine hinreichende Bedingung für erfolgreiches Innovieren, wie dies gelegentlich behauptet wird[1]. Es gilt in diesem Zusammenhang zu beachten, daß das Primat, mit einer Technologie als erster am Markt zu sein, alleine noch nicht ausreicht, um erfolgreich zu sein. Die Vierradlenkung ist ein typisches Beispiel dafür, daß anspruchsvolle Technologien, die als erste am Markt sind, nicht immer einen zusätzlichen registrierbaren Kundennutzen erbringen.

In die *attraktivste Grundposition* dringt ein Anbieter indessen vor, der in der Lage ist, den Produktentstehungsprozeß sowohl schnell als auch unter Berücksichtigung der Veränderungen des Marktes und der Technik abzuwickeln. Dieser ist dann in der Lage, überragende Produkte anzubieten, die eine definierte Zielgruppe ansprechen. Darüber hinaus kann er in kurzer Zeit flexibel auf Markt- und Technologieentwicklungen reagieren und im Rahmen einer Mehrmarkenstrategie wahlweise das Premium- und das Massensegment bedienen. Diese Chancenpotentiale sind die Ursache dafür, daß nicht nur das Geschäftsfeld Mercedes-Benz-Pkw, sondern auch die anderen erfolgreichen Automobilhersteller darum bemüht sind, sich von der bisherigen strategischen Grundposition in das Feld der *Innovationschampions* zu bewegen. Voraussetzung dafür ist allerdings die Fähigkeit, Technologie- und Serienentwicklungsprojekte zu Beginn deutlich zu trennen und zu einem geeigneten Zeitpunkt zusammenzuführen. Da diese beiden Arten von Projekten einer Steuerung nach unterschiedlichen Prinzipien bedürfen, sind dafür spezifische Controllingmechanismen erforderlich.

3.2.3 Separation von Technologie- und Serienentwicklungsprojekten

F+E-Vorhaben besitzen alle Merkmale, die allgemein ein Projekt charakterisieren. Dem Controlling von Einzelprojekten kommt daher im Rahmen des Innovationsmanagements eine wichtige Bedeutung zu.

Innerhalb der Entwicklung können zwei Arten von Projekten unterschieden werden, die verschiedene Merkmale und Grundstrukturen besitzen (Abbildung 3.2-2):

Zum einen gibt es *Technologieprojekte*, deren Ziel darin besteht, die Relevanz von Erfindungen zu erkennen und neue Technologien oder neue Fahrzeugkonzepte zu entwickeln, die in spätere Serienentwicklungsprojekte und zukünftige Produkte eingehen. Technologieprojekte zeichnen sich durch eine geringe Standardisierbarkeit der Prozesse, eine geringe Vergleichbarkeit mit anderen Projekten sowie beträchtlichen Realisierungsrisiken hinsichtlich einer rechtzeitigen technischen Umsetzung aus.

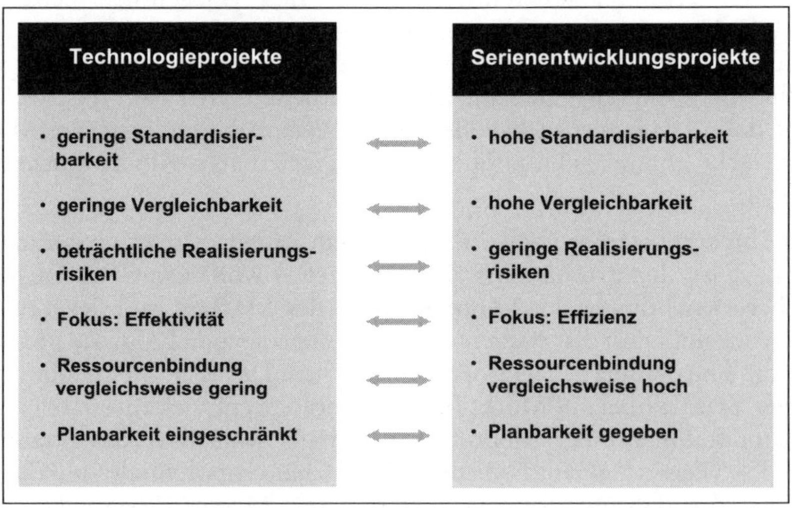

Abbildung 3.2-2: Differenzierungsmerkmale von Technologie- und Serienentwicklungsprojekten

Zum anderen gibt es *Serienentwicklungsprojekte*, deren Ziel darin besteht, serienreife Produkte zu entwickeln. Diese Art von Projekten zeichnet sich durch geringe Realisierungsrisiken, direkten Marktbezug, einen vergleichsweise hohen Standardisierungsgrad und – daraus resultierend – durch eine relativ gute Vergleichbarkeit aus. Letzteres ist insbesondere im Hinblick auf eine auf Erfahrungen basierende Projektplanung bedeutsam.

Bei der Abstimmung zwischen diesen beiden Projekttypen gibt es prinzipiell zwei unterschiedliche Alternativen (Abbildung 3.2-3).

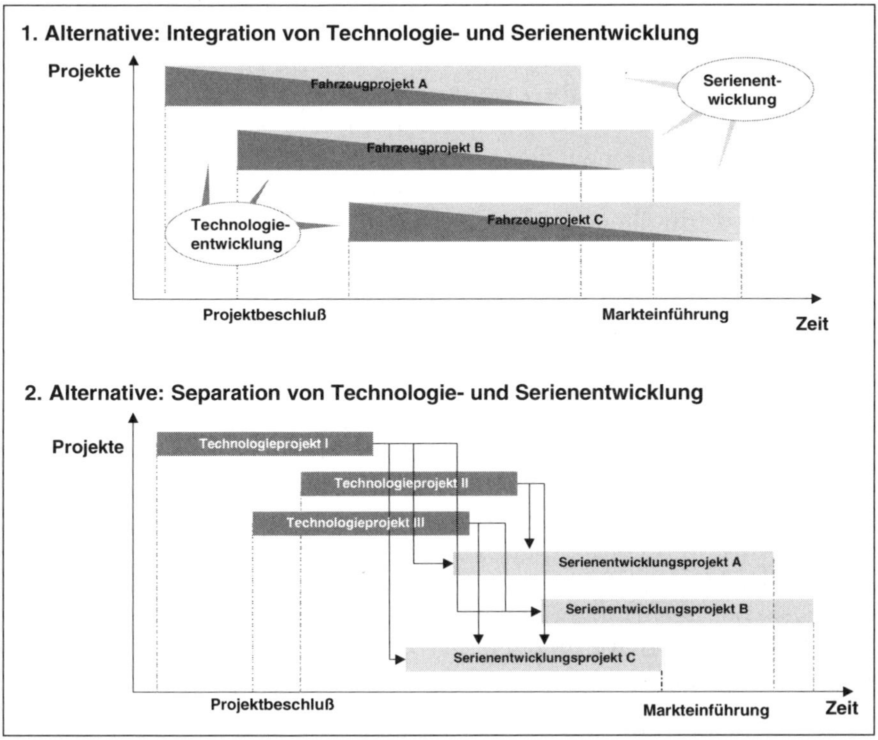

Abbildung 3.2-3: Alternativen zur Koordination unterschiedlicher Projekttypen

Die *erste Alternative* beinhaltet eine *enge Verzahnung von Technologie- und Serienentwicklung*, eine Philosophie, die innerhalb der DaimlerChrysler AG, Geschäftsfeld Mercedes-Benz-Pkw, sehr stark verbreitet war. Technologieprojekte werden dabei innerhalb der Serienentwicklung abgearbeitet. Dies bedeutet, daß zum Zeitpunkt des Projektbeschlusses

Unsicherheiten diverser Technologien bezüglich ihrer technischen Realisierung in Kauf genommen werden. Dabei besteht die Gefahr, daß der „kritische Pfad" eines Serienentwicklungsprojekts durch die Nichterreichung eines Meilensteins innerhalb eines Technologieprojekts beträchtlich verzögert wird und im schlimmsten Fall eine Verschiebung des Markteinführungstermins erforderlich wird.

Die *zweite Alternative* beinhaltet eine *klare Trennung von Technologie- und Serienentwicklung*. Ein Übergang einer neuen Technologie in ein Serienentwicklungsprojekt erfolgt hierbei erst zu einem Zeitpunkt, an dem eine *Prinzip- und Konzepttauglichkeit* nachgewiesen werden kann. Dadurch werden die Unsicherheiten bezüglich einer Realisierung minimiert.

Der wesentliche Unterschied gegenüber der ersten Alternative besteht in einer unterschiedlichen Vorgehensweise an einem zentralen Meilenstein: dem *Zeitpunkt der Verabschiedung des Rahmenheftes* eines Serienentwicklungsprojekts, also dem Zeitpunkt, an dem die Produkteigenschaften und die Innovationen, die in das Produkt eingehen, definiert werden. An diesem Meilenstein muß festgelegt werden, welches Fahrzeugkonzept und welche Technologien in das Serienentwicklungsprojekt eingehen, damit das Projekt in einzelne Teilprojekte zerlegt werden kann, die daraufhin *parallel abgewickelt* werden können. Ohne Nachweis einer Konzepttauglichkeit ist die Gefahr groß, daß das Gesamtprojekt aufgrund von Verzögerungen eines einzelnen Technologieprojekts in Verzug gerät oder gar scheitert. Es gilt indessen zu beachten, daß in der zweiten Alternative die Technologien zum Zeitpunkt des Projektbeschlusses nicht fertig entwickelt, sondern lediglich konzepttauglich sein müssen. Dadurch kann eine maximale Parallelisierung von Abläufen bei minimaler Gefährdung der Meilensteine gewährleistet werden. Eine vollständige Entwicklung vor dem Zeitpunkt des Projektbeschlusses hätte zur Folge, daß bei der Markteinführung die Technologien bereits veraltet sind. Wie eine weltweite Benchmarking-Studie der Daimler-Benz AG ergab, trennen die weltbesten Automobilentwickler Technologieprojekte deutlich von den Serienentwicklungsprojekten.

Eine komplette Festlegung der Technologien, die später im Fahrzeug enthalten sind, ist – dies muß einschränkend erwähnt werden – nicht immer bereits zum Zeitpunkt des Projektbeschlusses notwendig. Für Komponenten, deren Integration in das Produkt keinen bedeutenden Abstimmungsaufwand mit dem Fahrzeug erfordert, ist eine Entscheidung auch zu einem späteren Zeitpunkt möglich. Selbst während des Marktzyklus können aktuelle Modelle mit neuen Komponenten im Rahmen einer Modellpflege aufgewertet werden. Aber auch für die Entwicklung dieser Komponenten ist eine Ausgliederung aus den Serienentwicklungsprojekten vorzuziehen.

Die Trennung und Parallelisierung von Technologie- und Serienentwicklung eröffnet folgende Vorteile:

- Eine *straffe Rückwärtsterminierung* der einzelnen Teilprozesse innerhalb der Serienentwicklung wird möglich. Standardisierte und vergleichbare Abläufe ermöglichen eine gesicherte Projektion von Planungswerten aus der Vergangenheit in die Zukunft. Die Entwicklung des eigentlichen Fahrzeugs erfolgt dadurch auf gesicherten Grundlagen. Die Vorgehensweise in der Serienentwicklung wird planbar und kalkulierbar. Zeit- und kostenintensive Abstimmungs- und Änderungsschleifen entfallen.
- Die *Reduzierung der Unsicherheitsfaktoren* ermöglicht eine effizientere Abwicklung des Serienentwicklungsprojekts. Der Einsatz moderner Projektmanagementmethoden wie z.B. „Heavyweight Project Management“, „Simultaneous Engineering“, „Target-Costing, Quality Gates“, „rechnergestützte Simulationen“ etc. [2] führt zu drastischen Verkürzungen der Serienentwicklungsphase. Neben Zeitgewinnen können dramatische Kosteneinsparungen erzielt werden, zumal ein Großteil der Kosten heute noch in der Serienentwicklungsphase anfällt.
- *Planbare Abläufe* sind zudem eine Voraussetzung für eine erfolgreiche Integration der Zulieferer in den Entwicklungsprozeß. Angesichts einer Entwicklungstiefe von meist unter 50 Prozent in der Automobilindustrie wird deutlich, wie bedeutsam ein reibungsloses Zusammenspiel zwischen Produzenten und Zulieferern ist.
- Ein weiterer Nutzen, den eine schnellere Abwicklung eines Serienentwicklungsprojekts mit sich bringt, besteht in der *gewonnenen Flexibilität*, schneller auf veränderte Kundenwünsche und Marktanforderungen eingehen zu können. Je kürzer die Zeitspanne zwischen der Verabschiedung des Lastenheftes und dem Zeitpunkt der Markteinführung ist (Time-to-Market), desto weniger „veralten“ Produktkonzeptionen aufgrund sich wandelnder Kundenbedürfnisse. In diesem Zusammenhang muß berücksichtigt werden, daß ein Automobil, das heute konzipiert und etwa vier Jahre später am Markt eingeführt wird, danach noch ca. acht Jahre produziert wird und mindestens weitere zehn Jahre auf den Straßen gefahren wird. Dies bedeutet, daß die Entscheidungen bezüglich der Produktgestaltung eine Reichweite von über 20 Jahren besitzen können und unterstreicht, daß einerseits Produktkonzepte langfristig und nachhaltig angelegt sein müssen, und andererseits diese Zeitspanne nicht durch eine ausgedehnte Entwicklungsphase zusätzlich verlängert werden sollte.

Neue strategische Perspektiven

Für die strategischen Grundpositionen (Abbildung 3.2-1) bietet die Trennung von Technologie- und Serienentwicklung völlig neue Perspektiven:

Der *technologiegetriebene Anbieter* (z.B. Geschäftsfeld Mercedes-Benz-Pkw) kann die Serienentwicklungszeit bedeutend verkürzen und dadurch den Zeitpunkt der detaillierten Festlegung des Produktkonzeptes (z.B. Gestaltung der Karosserie und des Interieurs) näher an die Markteinführung legen, was insbesondere eine *schnellere Reaktionsfähigkeit* gegenüber aktuellen Entwicklungen bei den Kundenbedürfnissen ermöglicht. Die Berücksichtigung aktueller Trends in den Fahrzeugkonzepten ermöglicht eine Steigerung der Attraktivität der Produkte.

Der ursprünglich „technologiegetriebene Anbieter" erweitert dadurch seine einseitig auf technologische Innovationen ausgerichtete Strategie. Der bisherige Wettbewerbsvorteil, der durch überlegene Technologiekonzepte entstand, kann durch einen Wettbewerbsvorteil aufgrund einer markt- und kundengetriebenen Produktgestaltung ergänzt werden. Dies ist besonders wichtig, um neue Kundengruppen ansprechen und neue Marksegmente bedienen zu können.

Für den *marktgetriebenen Anbieter* bietet sich durch eine Trennung von Technologie- und Serienentwicklung neben der bisherigen strategischen Ausrichtung die Möglichkeit, durch *Aufbau technologischer Kompetenzen* neues Terrain zu betreten. Dies erfordert aber von Unternehmen, bei denen Technologieentwicklung vor allem bei den Zulieferern stattfindet, einen Neuaufbau von Kompetenzen innerhalb des eigenen Unternehmens, da Technologien der Zulieferer meistens allen Automobilherstellern zur Verfügung stehen und technologischer Vorsprung daher nur von sehr kurzer Dauer ist. Technologieentwicklung im eigenen Haus erfordert aber auch eine stärkere Ressourcenausstattung der F+E über längere Zeiträume hinweg. Obwohl es vielen Unternehmen schwerfällt, ist dies eine unabdingbare Voraussetzung für anhaltenden technologischen Vorsprung. Dies erklärt auch, warum das Geschäftsfeld Mercedes-Benz-Pkw mit 3 Milliarden DM und einer F+E-Intensität von 5,7 Prozent im Vergleich zu relevanten Wettbewerbern überdurchschnittlich hohe Aufwendungen in der F+E tätigt[3]. Findet der Aufbau technologischer Kompetenzen in ausgewählten Technologiefeldern tatsächlich statt, eröffnet dies die strategische Perspektive, nicht nur den bisherigen Massenmarkt zu bedienen, sondern wahlweise auch in den Premium-Markt vorzustoßen, in dem der Kostendruck geringer ist und deutlich höhere Renditen möglich sind.

3.2.4 Projektspezifisches Controlling

Die Trennung von Technologieentwicklung und Serienentwicklung erfordert ein an den Besonderheiten der Projektarten angepaßtes Projektcontrolling. Im folgenden werden zuerst die zentralen Steuerungsgrößen erläutert. Anschließend wird die projektspezifische Controllingmethodik des Geschäftsfelds Mercedes-Benz-Pkw vorgestellt.

Die relevanten Zielgrößen im Rahmen des Controllings von Einzelprojekten sind die Effektivität und die Effizienz (Abbildung 3.2-4).

Der zentrale Leistungsmaßstab für Entwicklungsprojekte innerhalb der DaimlerChrysler AG ist deren *Beitrag zum Unternehmenswert* (Shareholder Value). Aufwendungen für Forschung und Entwicklung sind nichts anderes als Investitionen. Diese Investitionen legitimieren sich letztlich nur durch höhere Renditen als in vergleichbaren Investitionsalternativen. Infolgedessen sind der Net Present Value (NPV) und die Internal Rate of Return (IRR) die übergeordneten Leistungsmaßstäbe jedes Projekts. Für jedes Projekt innerhalb der DaimlerChrysler AG ist daher eine Internal Rate of Return vor Steuern von mindestens 12 Prozent festgelegt.

Generierung von Unternehmenswert

Es gilt zu beachten, daß der Wert aus Sicht des Unternehmens innerhalb der F+E auf zwei Wegen erzielt werden kann: Zum einen über eine Steigerung der Effektivität (neue Produktprojekte oder Technologieprojekte sowie Varianten und Produktkonzepte mit positiven NPV), zum anderen kann die Generierung von Unternehmenswert durch eine Steigerung der F+E-Effizienz erfolgen. Werttreiber sind in diesem Zusammenhang eine höhere Entwicklungsqualität, kurze Entwicklungszeiten und ein richtiger Zeitpunkt für einen Markteintritt sowie niedrige Kosten. Bei den Kosten sind sowohl die Entwicklungskosten als auch die Produktionskosten zu berücksichtigen, da insbesondere in der Automobilindustrie ein Großteil der Lebenszykluskosten in der Entwicklung determiniert werden. Empirische Untersuchungen gehen davon aus, daß ca. 80 Prozent der Lebenszykluskosten in der Serienentwicklung festgelegt wird [4].

Sowohl die Effektivität als auch die Effizienz sind durch das Innovationscontrolling simultan zu berücksichtigen. Dabei werden die Schwerpunkte bei der Technologie- und Serienentwicklung im Geschäftsfeld Pkw des Geschäftsfelds Mercedes-Benz-Pkw unterschiedlich gesetzt.

Das Controlling muß der Verschiedenartigkeit der beiden Projektarten Technologie- und Serienentwicklung Rechnung tragen. Der Aufbau von Kompetenzen in Technologieprojekten und die effiziente Umsetzung eines Lastenheftes in einem Serienentwicklungsprojekt erfordern unterschiedliche Controllingmechanismen.

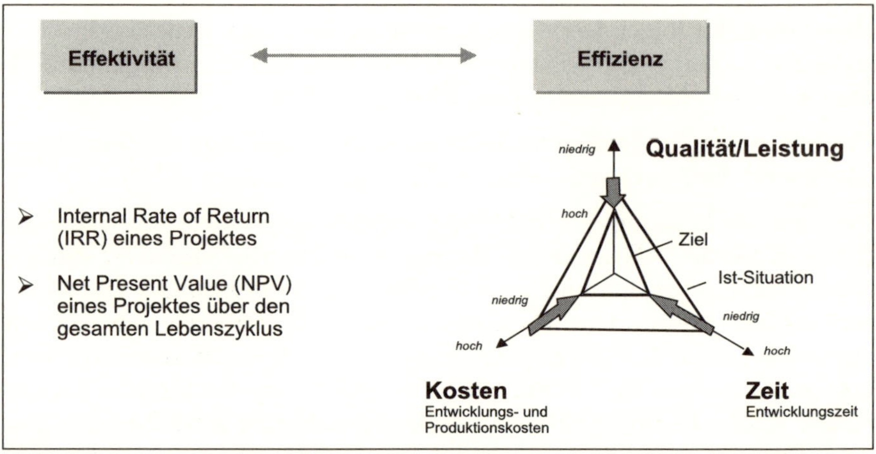

Abbildung 3.2-4: Zielgrößen in der Entwicklung

Während Iterationsschleifen in einem Serienentwicklungsprojekt als zeitintensiv und ressourcenvergeudend gelten, sind diese in einem Technologieprojekt geradezu erforderlich, um die Reife der Technologie zu erhöhen. Technologieprojekte bestehen aus zahlreichen Trial- and Error-Schleifen, in denen in kleinen Schritten die Technologie verfeinert und verbessert wird. Sowohl das Ergebnis als auch die Geschwindigkeit sind nur bedingt vorhersehbar und planbar. Bei Serienentwicklungsprojekten hingegen sind sowohl die Ziele als auch die Geschwindigkeit und die dazu erforderlichen Ressourcen planbar. Der Fortschritt des Projekts erfolgt durch eine eher lineare Abwicklung einzelner Schritte.

Grundsätzlich unterschiedlich ist auch das Fuzzy Front End[5], d. h. die Planung und der Start der beiden Projektarten. Während die Ziele sowohl hinsichtlich der Produktanforderungen als auch hinsichtlich der Entwicklungszeit und der Entwicklungskosten innerhalb eines Serienentwicklungsprojekts klar definiert sind, besitzen die Pläne von Technologieprojekten, bedingt durch technologische Unsicherheitsfaktoren, eine deutlich geringere Prognosegenauigkeit. In Serienentwicklungsprojekten sind eindeutige Zielvereinbarungen für die Umsetzung der Zielvorgaben des Lastenheftes, die zeitliche Einhaltung der Meilensteine und die Einhaltung der Budgets möglich. In Technologieprojekten, in denen die Ziele häufig nur qualitativ formuliert werden können und eine Ressourcenplanung mit hoher Verbindlichkeit nicht möglich ist, ist eine quantitative

Steuerung des Projekts an Zielvorgaben und deren Einhaltung wenig sinnreich. In diesem Kontext gilt zu beachten, daß mit sinkendem Verbindlichkeitsgrad die Steuerbarkeit eines Prozesses abnimmt.

In Serienentwicklungsprojekten steht beim Geschäftsfeld Mercedes-Benz-Pkw *eine ergebniszielorientierte Steuerung* im Hinblick auf die *Effizienz* im Vordergrund. Die Planbarkeit von Prozessen und die relative Vergleichbarkeit zu anderen Objekten ermöglichen den Aufbau eines straffen, operativen Projektcontrollings basierend auf Ablauf- und Kostenplänen, Meilenstein-Trendanalysen, Soll-Ist-Vergleichen, Wirtschaftlichkeitsanalysen, internen Benchmarks etc.[6].

Stabile und verläßliche Pläne ermöglichen eine Fortschrittskontrolle an den Meilensteinen bezüglich der Zielgrößen Zeit, Kosten und Qualität. Eine besondere Rolle bei der Steuerung von Serienentwicklungsprojekten des Geschäftsfelds Mercedes-Benz-Pkw nehmen *Quality Gates* ein. Quality Gates sind Meilensteine, an denen bereichs- und ressortübergreifend die termingerechte und vollständige Qualität der vereinbarten Leistungen mit Lieferanten und Leistungsempfängern anhand von gemeinsam definierten Meßgrößen nach einheitlichen Methoden bewertet und bei Erfüllung über den weiteren Fortgang bzw. bei Nichterfüllung über die weiteren Maßnahmen oder den Abbruch entschieden wird. Eine kontinuierliche Bewertung des Projektfortschrittes besitzt in der Pkw-Entwicklung angesichts der Vielzahl der in einem Projekt involvierten Mitarbeiter sowie der engen Verzahnung mit unterschiedlichen Zulieferern eine wichtige Funktion, um frühzeitig Probleme zu identifizieren und Handlungsbedarfe zu ermitteln. Entscheidend im Hinblick auf den späteren wirtschaftlichen Erfolg des Projekts ist zudem eine methodische Unterstützung der Zielplanung und Zielerreichung der Produktlebenskosten.

Im Zusammenhang mit der Planung und Steuerung von *Technologieprojekten* steht hingegen eine Ausrichtung der Projekte im Hinblick auf die *Effektivität* im Vordergrund. Der Erfolg eines Technologieprojektes äußert sich nicht primär in einer schnellen und ressourcenschonenden Umsetzung einzelner Prozeßabschnitte. Der Erfolg besteht vielmehr in dem *Wertbeitrag*, den eine neue Technologie für ein zukünftiges Produkt und seine Kunden leistet. Aufwendungen für neue Technologien werden deshalb daran gemessen, ob und in welchem Maße sie die Attraktivität und den Wert eines späteren Produkts steigern und das Unternehmen in die Lage versetzen, höhere Preise bzw. höhere Umsätze am Markt zu erzielen.

Einrichtung von Projekthäusern

Erfolgsentscheidend bei der Entwicklung neuer Konzepte und Technologien ist das frühzeitige Erkennen erfolgversprechender Ideen und Technologiefelder sowie eine Selektion und Fokussierung der Ressourcen auf strategische Technologiefelder. Für zentrale Technologieprojekte werden daher im Geschäftsfeld Mercedes-Benz-Pkw sogenannte Projekthäuser eingerichtet. Der Grundgedanke von Projekthäusern besteht in einer Stärkung des Projektgedankens, d.h. die Mitarbeiter aus der Forschung, Vorentwicklung und Serienentwicklung werden für einen begrenzten Zeitraum räumlich zusammengeführt, mit einem zentralen Budget ausgestattet und von einem Projektleiter gebrieft und gesteuert. Für Technologieprojekte, die aufgrund einer geringeren Größe in den Linienfunktionen abgewickelt werden, werden die Mittelprioritäten entsprechend der kundenrelevanten Produktanforderungen ermittelt und die Ressourcen dementsprechend allokiert.

Neben einer zielgerichteten Ressourcenausstattung sind *Technologieprojekte nach „logistischen" Erwägungen* zu steuern. Dabei gilt es sicherzustellen, daß die Technologien zum richtigen Zeitpunkt, d.h. zum Zeitpunkt des Projektbeschlusses eines Modells hinsichtlich einer Prinzip- oder Konzepttauglichkeit abgesichert sind und just-in-time in die Serienentwicklungsprojekte integriert werden können. Dies besitzt im Geschäftsfeld Mercedes-Benz-Pkw insbesondere bei der Entwicklung der Spitzenmodelle (z. B. S-Klasse) eine überragende Bedeutung, da bei diesen Modellen der Premium-Anspruch gegenüber dem gesamten Wettbewerb unter Beweis gestellt werden muß.

Insgesamt besitzen in Technologieprojekten die Planung und Selektion sowie die Budgetierung eine wesentlich höhere Relevanz als steuernde und kontrollierende Aktivitäten, die hier von untergeordneter Bedeutung sind. Eine fortlaufende Überwachung ist zwar auch in Technologieprojekten erforderlich. Der primäre Zweck besteht dabei jedoch nicht in einer Überprüfung von Zeit- und Kostenvorgaben, sondern vielmehr in einer Messung des Projektfortschritts und einer fortlaufenden Prüfung hinsichtlich einer möglichen Weiterverwendung innerhalb der Serienentwicklung.

3.2.5 Fazit

Management und Controlling von Technologie- und Serienentwicklungsprojekten besitzen im Hinblick auf die Sicherung der Wettbewerbsfähigkeit eine übergeordnete Relevanz. In den vorigen Kapiteln wurden ausgehend von den strategischen Grundpositionen der Automobilindustrie die Bedeutung und die Chancenpotentiale, die aus einer deutlichen Trennung von Technologie- und Serienentwicklungsprojekten im Hinblick auf eine flexible strategische Ausrichtung des Unternehmens hervorgehen, aufgezeigt. Anschließend wurden projektspezifische Controllingmechanismen am Beispiel des Geschäftsfelds Mercedes-Benz-Pkw skizziert, die unterschiedliche Zielsetzungen und Merkmale der beiden Projektarten berücksichtigen.

Diese Gestaltungsansätze resultieren ausschließlich aus branchenspezifischen Erfahrungen der Automobilindustrie. Es kann davon ausgegangen werden, daß in anderen Branchen, in denen innerhalb der Produktentwicklung der Anteil konstruktiver Tätigkeiten hoch ist, ähnliche Problemstellungen existieren. Die Autoren gehen davon aus, daß der Austausch spezifischer Erfahrungen verschiedener Branchen angesichts zahlreicher ungelöster Fragen innerhalb des Innovationscontrollings auch in Zukunft wichtige Ansatzpunkte für kontinuierliche Verbesserungen liefern wird.

Wesentliche Problembereiche

- Time-to-Market immer wichtiger
- Technologische Abklärungen gefährden Serienprojekte

Erfolgsfaktoren

- Entkopplung von Technologie- und Serienprojekten
- Unterschiedliche Beurteilungsmaßstäbe: Effektivität bei Technologie- und Effizienz bei Serienprojekten

Literatur

[1] **Seifert, H. u. Steiner, M.:** F+E: Schneller, schneller, schneller, in: Harvard Business Manager, 17, 1995, 2, S. 16–22.

[2] **Clark, K. B.; Fujimoto, T.:** Automobilentwicklung mit System. Strategie, Organisation und Management in Europa, Japan und USA, Frankfurt/Main 1992.

[3] Geschäftsbericht der Daimler-Benz AG 1997.

[4] **Werner, H.:** Strategisches Forschungs- und Entwicklungscontrolling, Wiesbaden 1997.

[5] **Khurana, A.; Rosenthal, S. R.:** Integrating the Fuzzy Front End of New Product Development, in: Sloan Management Review, Winter 1997.

[6] **Schmelzer, H. J.:** Organisation und Controlling von Produktentwicklungen, Stuttgart 1992.

3.3 Project-Driven-Budgeting

Alfons O. Wunschheim, ehem. Hoffmann La Roche AG, Basel

3.3.1 Einleitung

Hoffmann La Roche ist ein international tätiges Unternehmen der Branche Pharma/Chemie. Die Unternehmensbereiche sind Pharma, Diagnostika, Vitamine und Feinchemikalien sowie Duftstoffe. Der Jahresumsatz betrug 1998 24,7 Milliarden sFr. Über ein starkes internes Wachstum in den USA und Europa sowie über Akquisitionen (Syntech in USA und Boehringer Mannheim) wurde Roche einer der erfolgreichsten Konzerne auf den Märkten für Health Care. Von den fast 66000 Beschäftigten sind über 8000 im Bereich F+E tätig. Hauptumsatzträger ist der Bereich Pharma mit über 14 Milliarden sFr. Umsatz weltweit. Die F+E-Quote von Roche Pharma der letzten Jahre betrug rund 20 Prozent – was im Vergleich zu Konkurrenzunternehmen (15 Prozent im Durchschnitt) einen Spitzenwert darstellt. Im folgenden soll der Unternehmensbereich Pharma näher betrachtet werden.

Der kontinuierliche Druck auf die Pharmapreise als Konsequenz von staatlichen Eingriffen, beschleunigtem Wechsel von Proprietory-Drugs zu Generika, verstärktem Konkurrenzdruck sowie laufend zunehmenden Forschungs- und Entwicklungskosten pro Produkt haben einen erheblichen Einfluß auf die Ertragslage der sogenannten „innovativen" Pharma-Gesellschaften. Dieser Einfluß führt zu einer Limitierung der F+E-Budgets, obwohl von diesen Bereichen jeweils mehr und qualitativ anspruchsvollere Produkte gefordert werden. Um diesem Druck adäquater entsprechen zu können, muß das bisherige Kostenstellen-Denken mit einem Projekt-Denken nicht ergänzt werden, vielmehr muß dem Projekt-Denken Vorrang eingeräumt werden. Die folgenden Ausführungen beziehen sich vorwiegend auf den Budgetprozeß in der „klinischen" Phase der pharmazeutischen Entwicklung, also auf Projekte, in denen neue Medikamente bereits stufenweise am Menschen erprobt werden.

Für das Verständnis der weiteren Zusammenhänge ist es wichtig, die folgenden Begriffe vorab zu erläutern:

Drug Development Plan

Für jedes Projekt wird ein Drug Development Plan (DDP) erstellt, der gemäß dem International Drug Development System (IDDS) die Aktivitäten beschreibt und festlegt, die nötig sind, um den nächsten Entscheidungspunkt (Decision-Point) zu erreichen.

IDDS

Jede Entwicklungssubstanz durchläuft ein Programm, das entsprechende Aktivitäten/Untersuchungen und Weiterentwicklungen vorsieht, damit der Markt gemäß einem Targetprofil erreicht werden kann. Dieses Programm ist in Phasen unterteilt, in denen klare Vorgaben zu erreichen sind.

Diese Phasen sind:

- NPRP stage (New Product Research Proposal) – Phase 0
- EIM stage (Entry-into-Man) – Phase 1
- FDD stage (Full Development Decision) – Phase 2
- Pre-NDA stage (New Drug Application) – Phase 3
- NDA filing stage
- Post NDA filing stage

Am Ende jeder Phase ist ein Entscheidungspunkt, an dem bestimmt wird, wie weit das Targetprofil eingehalten ist und ob das Projekt in die nächste Phase promoviert wird.

Targetprofil

Es bestimmt das Ziel (therapeutischen Einsatz und Wirkung) und den Umfang eines Projekts und berücksichtigt das kompetitive und regulatorische (Zulassungs-) Umfeld sowie die Markterwartungen. Das Targetprofil dient als Standard für die Bewertung der im Entwicklungsprozeß erzielten/gefundenen Daten.

Projektmanagement

Dieses besteht aus einer Gruppe von speziell ausgebildeten Mitarbeitern, die als Projektleiter fungieren und direkt dem Leiter der Entwicklung unterstellt sind.

Projektteams

Sie setzen sich aus Repräsentanten aller Funktionen zusammen, deren Mitarbeit in der entsprechenden Projektphase geboten ist. Sie werden von einem Projektleiter geführt, der zwar Chef des Teams ist, aber nicht Vorgesetzter der Teammitglieder.

3.3.2 Strategische Planung und der Rahmen für das F+E-Budget – Top-down

Der Zielsetzungsprozeß beginnt mit dem jährlich neu erarbeiteten 5-Jahres-Plan, in dem auch Umsatzziele erarbeitet werden. Die Umsatzziele setzen sich zusammen aus dem Umsatz bereits bestehender Produkte und dem Umsatz neu einzuführender Produkte. Insofern enthält der 5-Jahres-Plan Vorgaben für Produkteinführungen. Da die Zeitspanne von der Entdeckung bis zur Einführung eines pharmazeutischen Produkts im Rückblick der letzten Jahre zwischen mindestens fünf und im Durchschnitt eher bei acht bis zehn Jahren liegt, muß der Planungshorizont über den 5-Jahres-Plan hinaus erweitert werden. Aus dem langfristig geplanten Umsatzanteil neuer Produkte läßt sich rechnerisch der zu erreichende Output der F+E-Tätigkeit bestimmen.

Auf der Gegenseite der Gleichung stehen die Ertragsziele und damit der finanzielle Rahmen, der für F+E zur Verfügung stehen soll. Roche investiert hier seit mehreren Jahren nur in Therapiegebiete, die ein hohes Wertpotential besitzen. Ebenfalls werden im Rahmen der strategischen Ausrichtung Me-too-Produkte nicht angestrebt. Gemäß vorab festgestellten Zielen für Forschung einerseits und Entwicklung andererseits sowie der innerhalb der Entwicklung zu erledigenden Aufgaben (gemäß IDDS) wird die Zuteilung der Mittel an F+E vorgenommen.

Jahresbudgets für "F" und "E"

Das 1. Planjahr des 5-Jahres-Plans ist der Rahmen für das Budget, das für die Forschung nach Therapeutischen Gebieten, Forschungszentren und Projekten und für die Entwicklung nach Projekten aufgeteilt wird. Projekte werden zwar auch geografisch (Entwicklungszentren) geplant, der globale Charakter der Projekte erfordert und erlaubt jedoch flexible Handhabung.

"E" trägt alle Kosten der Projekte, die offiziell in das Entwicklungsportfolio aufgenommen wurden oder während des Budgetjahres zur Aufnahme anstehen. Zusätzlich fallen die Kosten der Infrastruktur und der projektunterstützenden Tätigkeiten an. Alle anderen Kosten laufen zu Lasten der „Forschung". Der finanzielle Rahmen für Entwicklung wird primär ohne Rücksicht auf das Entwicklungsportfolio festgelegt; daher müssen die Entwicklungsaktivitäten schrittweise an den finanziellen Rahmen angepaßt werden.

3.3.3 Budgetierungsprozeß – Bottom-up

Als erstes werden die Projektbudgets erstellt, bei denen die einzelnen Aktivitäten gemäß DDP nach Personalbedarf und allen sonstigen Kostenelementen, aufgeteilt nach leistungserbringenden Kostenstellen, ermittelt werden. In der finanziellen Bewertung sind Zuschläge für Support-Tätigkeiten und indirekte Kosten (z. B. Raumkosten, Informatik etc.) via Prozentzuschläge oder Vollkosten-Mannjahre enthalten. Die Summe ist der geschätzte Totalaufwand des Projekts für die Budgetperiode.

Factoring

Bei der Festlegung der durchzuführenden Aktivitäten in den Einzelprojekten wird vorerst unterstellt, daß alles nach Plan läuft (Full Success). Die meisten Projekte unterliegen einem Decision Point während der Budgetperiode. Die Wahrscheinlichkeit der erfolgreichen Überwindung dieser Hürde ist <100 Prozent und hängt statistisch von der jeweiligen Projektphase ab (Attrition). So gehen wir aufgrund gemachter Erfahrungen davon aus, daß z. B. nur ca. 50 Prozent der Projekte den Übergang von Phase 1 (Entry-into-Man) in die Phase 2 schaffen. Unter Factoring verstehen wir nun die Applikation dieser Wahrscheinlichkeitsprozente auf die budgetierten Kosten und den Personalbedarf für die Zeit nach dem Decision Point. Die Budgetkosten eines Projekts setzen sich daher aus den vollen Budgetkosten vor plus den Factored Cost nach dem Decision Point zusammen.

Gesamtportfolio

Die Summe aller Factored Projekts ergibt den Budgetbedarf für die Entwicklung, der nun dem Budgetrahmen gegenübergestellt wird. Eine Überschreitung des vorgegebenen Rahmens führt zuerst zu einer Überprüfung der Einzelprojekte (Annahmen, Kosten) und eventueller Überarbeitung/ Korrektur. Führt dies noch nicht zum Zielrahmen, wird das Projektportfolio revidiert und nochmals auf seine Zusammensetzung und Risiko-Verteilung überprüft. Wichtig ist: Bei Kürzungsbedarf werden nicht Einzelprojekte aliquot gekürzt, sondern es erfolgt die Absetzung von ganzen Projekten. Details der im Rahmen des Gesamtbudgets genehmigten Einzelbudgets sind verpflichtende Budgetvorgaben für die leistungserbringenden Kostenstellen, d.h. diese müssen wie vereinbart budgetiert werden.

Kapazitätsplanung

Wie wir gesehen haben, besteht das Gesamtportfolio aus der Summe der mit dem Budgetrahmen abgestimmten Einzelprojekte, die factored wurden und deren genehmigte Vorgaben zum Budget-Input werden. Die Basis für die Projekttätigkeiten ist der DDP und das daraus resultierende

Projektbudget, aufgeteilt nach Fachabteilungen (= Kostenstellen). Der für die Entwicklung reservierte Personal- und Kostenrahmen innerhalb der Fachabteilungs-Budgets ist die Summe aller factored Projektbudgets per Kostenstelle. Dies ist gleichzeitig die Entwicklungskapazität, die von allen Fachabteilungen verbindlich bereitzustellen ist.

3.3.4 Steuerung des Projektportfolios – Zusammenspiel der Kräfte

In jedem Projekt sind Spezialisten der Fachabteilungen vertreten, die für die Erreichung der nächsten Ziele maßgeblich sind. Die Aktivitäten des Projekts werden entsprechend der Phase gemäß Drug Development Plan vom Team in Zusammenarbeit mit den Fachabteilungen erarbeitet und festgelegt. In diesem Prozeß spielen die Funktionsrepräsentanten eine Schlüsselrolle. Unter Fachabteilung verstehen wir z. B. die Abteilungen für Toxikologie, Metabolismus/Pharmakokinetik, Galenische Entwicklung, Chemische Entwicklung, Pharmakologie, Klinische Studien etc. Die Fachabteilungen beraten die Projektteams und bestimmen die Art, den Umfang und die Tiefe der nötigen Tätigkeiten für jedes Projekt und zwar

- in der Erarbeitung des Drug Development Plans,
- bei der Überarbeitung der DDPs vor jedem Budget,
- im Moment der Durchführung der geplanten Tätigkeiten.

Das Projektteam ist für das Gesamtprojekt verantwortlich. Diese Verantwortung umfaßt die Definition der nötigen Entwicklungsschritte in Zusammenarbeit mit den Fachabteilungen, die Koordination der verschiedenen Fachabteilungen bezüglich der durchzuführenden Tätigkeiten eines Projekts, die bestmögliche Erzielung der geplanten Ergebnisse sowie die Einhaltung des Zeitplans und des Kostenrahmens. Die betreffende Fachabteilung ist für den fachspezifischen Teil des Projekts verantwortlich. Diese Verantwortung umfaßt die Erarbeitung des wissenschaftlichen Konzeptes, die Tiefe und den Umfang der Studien und Versuche, die Wahl und den Einsatz der nötigen Mittel sowie fachspezifisches Trouble-Shooting und Problem-Solving.

Wie bereits zu erkennen ist, wird die Entwicklung aller Projekte, abgesehen vom (kleinen) Projektmanagement, ausschließlich von Fachabteilungen durchgeführt. Die Mittelverantwortung ist eine gemeinsame, d.h. sie wird vom Projektteam und den involvierten Fachabteilungen gemeinsam getragen. Das Projektteam trägt also die Verantwortung für das Gesamtprojekt, während die Fachabteilungen für die genehmigten Tätigkeiten und entsprechenden Budgets verantwortlich sind. Trotzdem ist der Budgetrahmen nur eine Leitlinie für Personaleinsatz und Kosten, denn in pharmazeutischen Entwicklungsprojekten steckt zuviel Ungewisses und

Unvorhersehbares. So können einzelne Tätigkeiten und ihre Resultate zu weiteren Abklärungen Anlaß geben, die zu einem Mehrbedarf an Personal und/oder Kosten führen.

Da das Prinzip der Time-to-Market prioritär ist, werden unvorhergesehene Aufwendungen für ein Projekt in Absprache zwischen Projektteam und Fachabteilung vereinbart. Es gilt primär der Grundsatz "Project first, Budget second". Erfolgreiche Projekte dürfen nicht aus budgetären Überlegungen gebremst werden. Das evtl. daraus resultierende Problem der Einhaltung des Gesamt-Budgetrahmens muß auf Ebene des Gesamtportfolios gelöst werden.

Die Steuerung des Gesamtportfolios obliegt dem Portfoliomanagement-Board. In diesem Gremium sind insbesondere die Leiter der wesentlichen Funktionalbereiche (Entwicklung, Marketing, Produktion) von Roche Pharma vertreten. Dieses Board genehmigt die Projektbudgets und muß bei Ressourcenkonflikten zwischen Projekten entscheiden. Zuletzt obliegt dem Gremium auch die Aufgabe, den Budgetrahmen gesamthaft einzuhalten. Hier gilt es, Projekte, die sich im Zeitablauf kritisch entwikkeln, abzubrechen: Wie schon erwähnt, verwendet die Pharmaindustrie den Begriff der Attrition (Projekttod). Dieser kann ein natürlicher sein, nämlich dann, wenn Versuchsergebnisse zeigen, daß aus der untersuchten Substanz (Wirkstoff) aus inhärenten Problemen, wie z.B. nicht vermeidbare Toxizität, kein Produkt für den Markt erzeugt werden kann. Es gibt aber auch die forcierte Attrition; diese findet statt, wenn aus Überlegungen, die nicht notgedrungen mit der Substanz zu tun haben, ein Projekt nicht weiter verfolgt wird. Zu dieser Kategorie gehören auch Projektabsetzungen aus budgetären Gründen.

Zur Steuerung des Gesamtportfolios in der beschriebenen Weise ist ein zentrales F+E-Controlling unabdingbar. Hier fließen die Informationen über die Projektstände und die ausgegebenen sowie noch notwendigen Kosten der Projekte zusammen. Auf dieser Basis können rasche und fundierte Entscheide über Art und Weise von Projektfortführungen sowie über Projektabbrüche zwischen Portfoliomanagement-Board, Projekten und F+E-Controlling getroffen werden

Wie erwähnt ist der Budgetrahmen eine in Geld ausgedrückte Leitlinie, die sich zwar aus Personal(-kosten) und sonstigen Kosten zusammensetzt, aber über die in „Geld" verfügt werden kann. Es liegt in der Verantwortung der Fachabteilungen, ob und letztendlich welche Tätigkeiten wo und wie realisiert werden. Die Fachabteilungen entscheiden daher, ob eine Tätigkeit mit internen oder externen Ressourcen ausgeführt wird. Dabei gilt die Faustregel: Problemlösungen – intern (Bewahrung von Know-how), gut definierbare Routinearbeiten – extern.

Kritische Punkte bei der Planung und Steuerung der Entwicklungsprojekte sind:

- Qualität der Projektmanager: Die kritischen Punkte dieses Vorgehens liegen vor allem in der Qualität der Projektmanager; gesucht sind breit denkende, organisatorisch begabte „Manager“ mit wissenschaftlichem Verständnis und Erfahrung im Drug Development.
- Teamarbeit mit Fachabteilungen: Die Expertise muß intern dort gesucht werden, wo sie ist und auf Vertrauensbasis beruhen.
- Rechtzeitige Organisation des Materialflusses: Durch immer komplexere Moleküle müssen immer längere Lead-Zeiten in Kauf genommen und berücksichtigt werden.
- Koordination der Fachabteilungen: Laufend kürzer werdende Entwicklungszeiten machen eine Überlappung von verschiedensten Aktivitäten nötig, aber auch immer komplexer.

3.3.5 Fazit

Das Modell des Project-Driven-Budgeting (PDB) ist zwar auf verschiedene Organisationsformen von Forschung und Entwicklung anwendbar, funktioniert aber dort am besten, wo eine globale, weltweite Verantwortung über beide Bereiche in einer Hand liegt. Damit sind Mittelverschiebungen zwischen „Forschung“ und „Entwicklung“ im engeren Sinn, zwischen verschiedenen Forschungs- und Entwicklungszentren und zwischen Kostenstellen unbürokratisch möglich, was die Zusammenarbeit der einzelnen Funktionen nicht unmaßgeblich erleichtert.

- Limitierte Budgets zwingen zu strengerer Selektion;
- Project-Driven-Budgeting hilft bei der Selektion und ist Maßgabe für die Bottom-up-Budgetierung;
- Basis für Project-Driven-Budgeting sind Drug Development Plan sowie die effiziente Zusammenarbeit mit Fachabteilungen;
- Alle „aktiven“ (selektionierten) Projekte müssen voll nach ihrem jeweiligen Bedarf unterstützt werden. Die Time-to-Market ist wesentliche Zielsetzung;
- Mittels PDB werden die im Budgetzeitraum benötigten Kapazitäten per Fachabteilung ermittelt. Diese dienen als obligatorischer Budgetinput und ermächtigen die Fachabteilungen zu entsprechendem Vorgehen (Kapazitätsanpassung / Mittelverfügbarkeit);
- Budgetüberschreitungen von Einzelprojekten sind unproblematisch. Es gilt der Grundsatz: „Project first, Budget second“;
- Einhaltung des Budgetrahmens wird auf Ebene des Gesamtportfolios überwacht und kann bei globaler Verantwortung für F+E durch nicht ausgeschöpfte Mittel der „Forschung“ gegebenenfalls unterstützt werden.

Wesentliche Problembereiche

- Viele internationale Projekte
- Time-to-Market als wesentliche Zielgröße
- Zusammenspiel Linien und Projekte
- Kapazitätsengpässe
- Hohe technologische Risiken in Projekten

Erfolgsfaktoren

- Konzentration der Ressourcen auf lukrative Therapiegebiete
- Dominanz der Projektbudgetierung
- „Projects first, Budgets second"
- Hochkarätiges Portfoliomanagement
- Rasche Abbrüche von Risikoprojekten

3.4 Portfoliomanagement zur effizienten Auswahl von Projekten

Werner Gerhardt, Carsten Knobel, Henkel, Düsseldorf

3.4.1 Innovationsmanagement bei Henkel

Die Henkel-Gruppe besteht aus über 340 Firmen, die 1998 einen Nettofremdumsatz von 21,3 Milliarden DM erwirtschaftet haben. Mit ca. 56 600 Mitarbeitern stellt die Gruppe in ihren sechs Produktbereichen (Chemieprodukte, Hygiene, Metallchemie, Klebstoffe/Chemisch-technische Markenprodukte, Kosmetik/Körperpflege, Wasch-/Reinigungsmittel) ca. 10000 Produkte her.

Kürzere Produktlebenszyklen und aggressiver Wettbewerb auf zunehmend gesättigten Märkten haben dazu geführt, daß neben Kapital und Arbeit die Fähigkeit zu innovieren ein wesentlicher Wettbewerbsfaktor geworden ist. Die Forderungen an Forschung und Entwicklung eines Unternehmens sind nie größer gewesen als heute. Gerade als Spezialist für angewandte Chemie räumt Henkel-Innovationen eine Schlüsselposition ein. Effektive und effiziente Forschungs- und Entwicklungsleistungen sowie deren rasche Umsetzung in marktfähige Produkte sind notwendige Voraussetzungen für eine dauerhafte Sicherung der globalen Wettbewerbsfähigkeit. Durch Entwicklung und unter konsequenter Anwendung von Managementinstrumenten in den verschiedenen Phasen des Innovationsprozesses hat das F+E-Management von Henkel auf die geänderten Rahmenbedingungen reagiert und sich für die Zukunft eine erfolgversprechende Grundlage geschaffen.

In den 50er und 60er Jahren bestand das Innovationsmanagement hauptsächlich in der Schaffung eines günstigen Forschungsumfeldes. Eigene F+E-Strategien sowie deren Integration in eine Gesamtunternehmensstrategie waren weitgehend nicht vorhanden. Die Ergebnisse aus F+E waren oft Zufallsprodukte, da es Ziele und Prioritäten nicht immer gab und über F+E ein „Schleier der Undurchsichtigkeit" lag.

Die systematische Entwicklung von F+E-Strategien führte zu mehr Transparenz und zu klar definierten Zielen und Prioritäten in F+E. Dies ist die Voraussetzung für ein sinnvoll arbeitendes Projektmanagement mit Projektbudgets und Meilensteinen für die Erfolgsmessung.

Mit der neuen Generation des Innovationsmanagements werden bei Henkel die gesetzten Ziele noch effizienter erreicht. Die eingesetzten Instrumente zielen grundsätzlich auf eine objektive Bewertung bzw. Kontrolle der Effizienz und Effektivität von F+E-Projekten ab, um so zu einer schnelleren und besseren Entscheidungsfindung zu gelangen. Folgendes Zitat markiert dieses Umdenken: „Eine stärker am Markt orientierte Organisation – die Forscher arbeiten häufig eng mit den Produktmanagern zusammen – soll helfen, zu rationalen und schnelleren Entscheidungen über wichtige Forschungsprojekte zu kommen. Da unsere Forschungsmittel begrenzt sind, müssen wir stärker auf die effiziente Verwendung der Budgets achten.“[1]

Die nachfolgende Beschreibung der in F+E eingesetzten Instrumente dokumentiert, wie die Anforderungen an Forschung und Entwicklung in der Henkel-Gruppe sichergestellt werden.

3.4.2 F+E-Strategie

Die F+E-Strategie ist in die Gesamtstrategie des Unternehmens eingebettet und setzt die langfristige Marschrichtung von Henkel fest. Sie ist Grundlage für Effektivität, Effizienz und Koordination.

Basisziel ist die Schaffung von Wettbewerbsvorteilen und Sicherung der Wettbewerbsfähigkeit durch wissenschaftliche Expertise auf den Kerngebieten der Henkel-Gruppe. Durch F+E sollen die Grundlagen für innovative, ökologisch sichere und möglichst schutzfähige Produkte sowie Konzepte und Know-how für chemisch-technische Problemlösungen geschaffen werden. Das Öko-Leadership wird angestrebt.

Der Weg zum Ziel führt über eine zweckorientierte und angewandte Forschung mit enger Markt- und Kundenorientierung. Dabei konzentriert sich Henkel auf den Ausbau der Kernkompetenzen und der technologischen Führerschaft auf Kerngebieten. Zusätzlich werden Optionen zur Erschließung neuer Marktsegmente in angestammten Geschäftsfeldern geschaffen. Die ökologische Führungsposition wird z.B. durch die verstärkte Nutzung nachwachsender Rohstoffe ausgebaut.

Auf die zunehmende Notwendigkeit zur Innovationsfähigkeit hat Henkel mit Dezentralisierung von F+E reagiert. 80 Prozent des F+E-Budgets ist direkt dem operativen Geschäft zugeordnet, womit das Potential für marktnahe Entwicklungen gegeben ist. Der zentralen Forschung sind 20 Prozent des Budgets zugeordnet. Um auch diese Forschungsarbeiten im Sinne von „Seamless Innovation“ eng an das operative Geschehen zu binden, werden über drei Viertel dieses Budgets in enger Absprache mit den Auftraggebern entschieden, und ein Viertel wird in Regie der Forschung für Explorative Forschung genutzt.

3.4.3 F+E-Portfoliomanagement

F+E-Portfoliomanagement ist bei Henkel Teil des Planungsprozesses. Es ist für Henkel bei der Analyse und Planung von F+E-Programmen ein ebenso wichtiges Instrument, wie es das Geschäftsfeld-Portfolio für die Bestimmung strategischer Optionen eines Unternehmens seit den 60er und 70er Jahren ist. Dabei gilt es, für alle laufenden F+E-Aktivitäten einschließlich neuer Vorschläge interne und externe Erfolgsfaktoren systematisch zu untersuchen.

Das F+E-Portfoliomanagement wurde bei Henkel 1992 eingeführt. Entscheidend und Voraussetzung dafür war die aktive Unterstützung durch das Top-Management. Ausgangsbasis waren umfangreiche Literaturrecherchen und ein intensiver Kontakt mit anderen Unternehmen und Beratern. Unternehmensintern wurden diese Ansätze weiterentwickelt und anschließend durch das Unternehmensbereichscontrolling Forschung/Technik sowie durch das Konzerncontrolling implementiert. Nach einem erfolgreichen Pilotprojekt in einem Unternehmensbereich wurde die Anwendung des F+E-Portfoliomanagements sukzessive auf andere Bereiche ausgedehnt. Dabei wurden die gemachten Erfahrungen zur weiteren Optimierung genutzt.

Portfolios können dem Management die Entscheidungen nicht abnehmen, jedoch unterstützen sie das Management bei der Entscheidungsfindung. Die wesentlichen Ziele, die mit der Anwendung von F+E-Portfoliomanagement verbunden sind, lauten:

- Systematische Bestandsaufnahme der derzeitigen F+E-Landschaft (Ist-Portfolio).
- Abgleich der strategischen F+E-Schwerpunkte mit dem Ist-Portfolio und Ableitung von Maßnahmen zur Erreichung des Soll-Portfolios.
- Strategisch orientierte Zuordnung knapper F+E-Ressourcen im Hinblick auf die Förderung von Entwicklungs- und Kerngeschäften.
- Für das F+E-Portfoliomanagement bei Henkel haben sich aus der Vielzahl der in der Literatur angeführten Möglichkeiten drei grundsätzliche Portfolio-Darstellungen als besonders nützlich herauskristallisiert.

Markt/Technologie-Portfolio

In diesem Portfolio (Abbildung 3.4-1) wird dargestellt, welchen Neuheitsgrad die laufenden Projekte haben und auf welchen Zielmarkt sie ausgerichtet sind. Es zeigt das Verhältnis zwischen „offensiver" (neue Märkte, neue Produkte) und „defensiver" (Absicherung bestehender Märkte, Line Extension) Forschung.

Ziel ist die Überprüfung, ob die derzeitigen Projekte die F+E-Strategie der betrachteten Organisationseinheit optimal unterstützen oder ob Anpassungen notwendig sind.

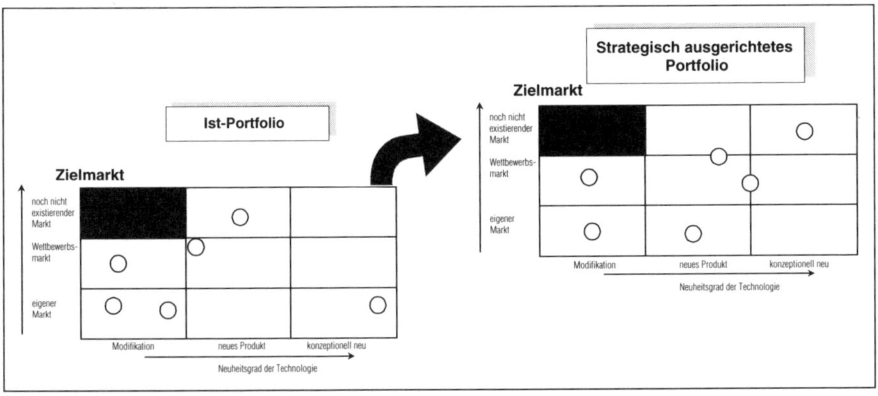

Abbildung 3.4-1: Markt/Technologie-Portfolio

Attraktivität/Risikoportfolio

Mit Hilfe dieses Portfolios wird das Chance/Risiko-Verhältnis von geplanten bzw. laufenden F+E-Vorhaben veranschaulicht.

Auf der Basis eines für das Unternehmen einheitlichen Katalogs für Attraktivitäts- und Risikokriterien werden die Risiken aus der Vermarktbarkeit und der technischen Realisierbarkeit der jeweiligen Attraktivität gegenübergestellt. Der Attraktivität werden acht Kriterien zugeordnet: Marktvolumen, Marktwachstum, zusätzlich erreichbarer Umsatzanteil, zusätzliches Renditepotential, Differenzierungspotential, Dauerhaftigkeit des Wettbewerbsvorsprungs, Vermarktungsressourcen und Beitrag zu Öko-Leadership. Das Risiko faßt sechs Kriterien aus den Bereichen technologisches Know-how, potentielle Nutzungsdauer, Wettbewerbssituation, Sicherheit der technischen Zielerreichung, Sicherheit der wirtschaftlichen Zielerreichung und Time-to-Market zusammen. Ein Auszug aus dem Kriterienkatalog ist in Abbildung 3.4-2 dargestellt.

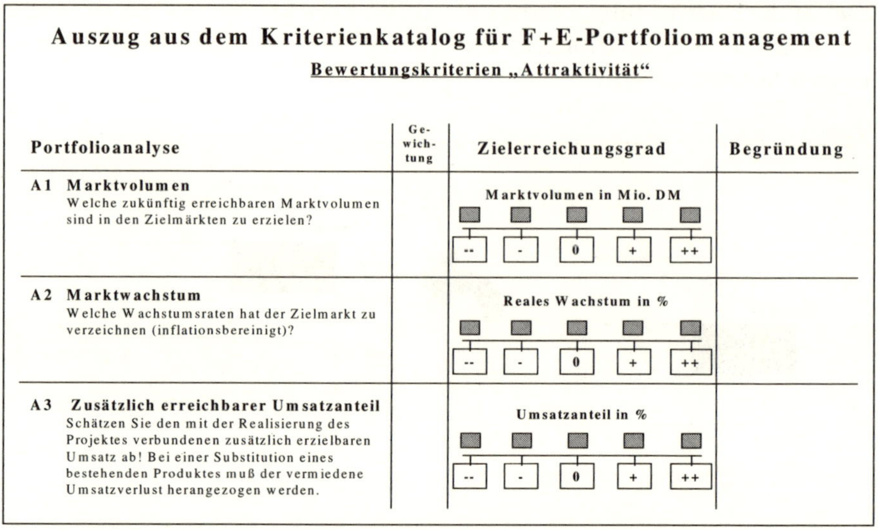

Abbildung 3.4-2: Kriterienkatalog für F+E-Portfoliomanagement

Die individuellen Besonderheiten jeder Organisationseinheit werden durch geschäftsspezifische Bewertungsmaßstäbe und Skalierungsbandbreiten berücksichtigt. Die Evaluierung wird durch interdisziplinäre Teams vorgenommen. Um eine Vergleichbarkeit über mehrere Perioden zu gewährleisten, werden die einmal für die jeweilige Unternehmenseinheit festgelegten Maßstäbe und Skalierungen beibehalten.

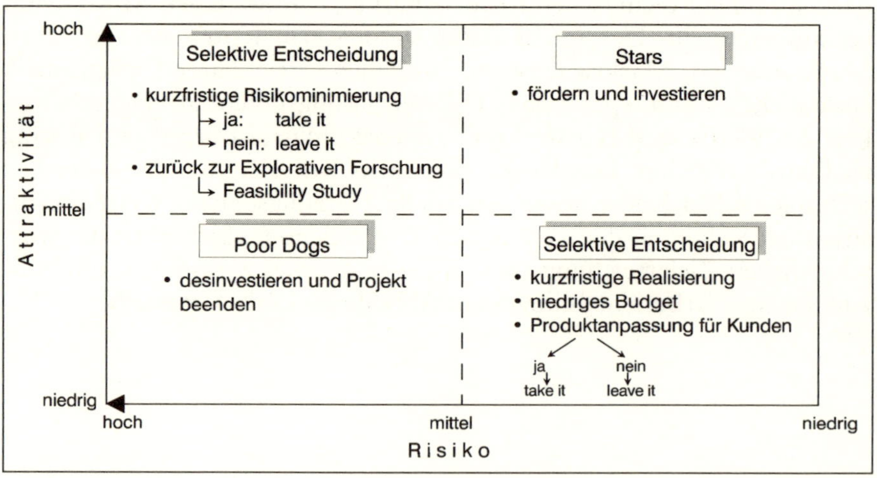

Abbildung 3.4-3: Gesamt Attraktivität/Risikoportfolio

Das Attraktivität/Risikoportfolio (Abbildung 3.4-3) ist in vier Quadranten eingeteilt, die die möglichen Kombinationen aus Attraktivität und Risiko repräsentieren. Als „Stars“ werden besonders förderungswürdige Projekte mit hoher Attraktivität und niedrigem Risiko bezeichnet. „Poor dogs“ sind Projekte mit niedriger Attraktivität und hohem Risiko. Hier ist zu desinvestieren. Bei Projekten mit hoher Attraktivität aber gleichzeitig hohem Risiko ist selektiv vorzugehen. Oftmals empfiehlt sich eine Überarbeitung des Konzepts oder die Rückkehr zur explorativen Forschung, um Risiken zu minimieren oder Produktverbesserungen vorzunehmen. Projekte mit niedriger Attraktivität und geringem Risiko werden durchgeführt, wenn sie kurzfristig zu realisieren sind oder nur ein niedriges Budget benötigen. Außerdem kann die Durchführung bei einer Produktanpassung für einen wichtigen Kunden notwendig sein.

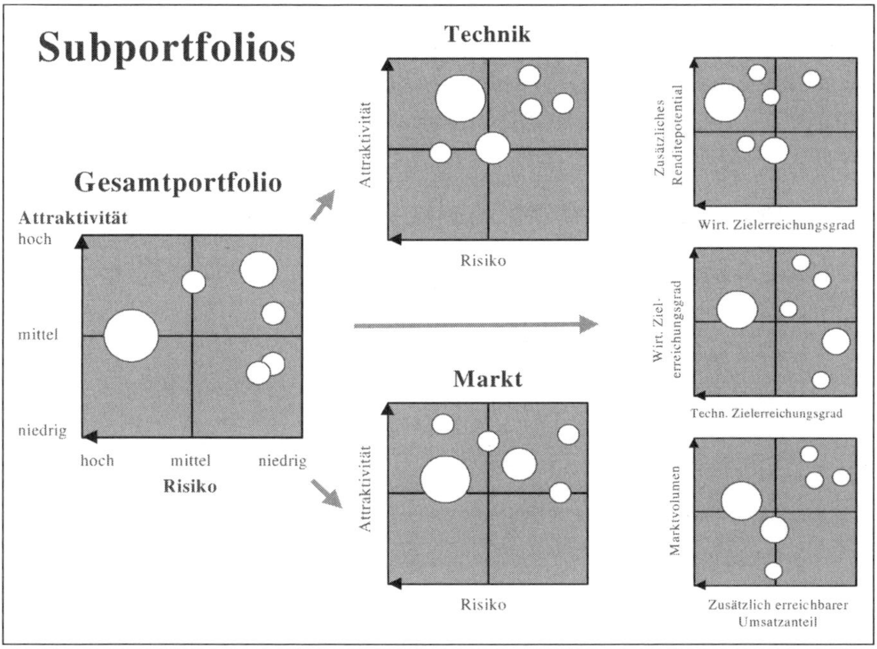

Abbildung 3.4-4: Subportfolios

Neben der Darstellung eines vollständigen Attraktivität/Risikoportfolios bezogen auf alle relevanten Kriterien lassen sich auch Sub- und Einzelportfolios aus der Bewertung ableiten. Grundsätzlich bietet sich dafür die Aufgliederung des Gesamtportfolios in ein Markt- und ein Technikportfolio an. Dadurch werden Effekte sichtbar gemacht, die sonst bei einer Gesamtbetrachtung durch andere Einflüsse überlagert worden wären.

Einzelportfolios sind dann sinnvoll, wenn spezielle Einzelkriterien sehr wichtig für die Entscheidungsfindung sind. Ebenso kommt es vor, daß Projekte in Gesamt- oder Subportfolios sehr nah beieinander liegen. Dann ist es ratsam, bestimmte Einzelportfolios zu betrachten, um Prioritäten festzusetzen.

Time-to-Market-Portfolio

Neben der übersichtlichen Darstellung von Informationen zur Innovationsgeschwindigkeit spiegelt das Time-to-Market-Portfolio (Abbildung 3.4-5) die zeitliche Bearbeitung/ Fertigstellung der Produktinnovationen wider.

Mit der Zeitpunktangabe des Transfers des Forschungsergebnisses an die operativen Einheiten läßt sich eine ganzheitliche F+E-, Marketing- und Produktionsplanung gewährleisten. Durch zusätzliche Aufsplittung der Zeiträume bis zur Markteinführung in bezug auf die Technologiereife kann festgestellt werden, in welchem Zeitraum die Projektergebnisse in den Markt eingeführt werden.

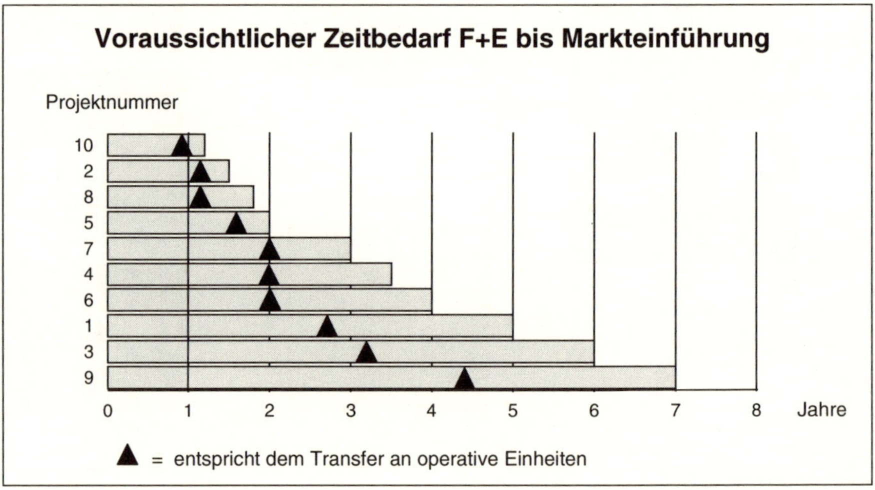

Abbildung 3.4-5: Time-to-Market-Portfolio

Ziel des Time-to-Market-Portfolios ist es, Kapazitätsengpässe und damit mögliche Innovationsstaus zu vermeiden. Darüber hinaus läßt sich auch die Kapitalbindung für F+E-Investments ableiten.

Praktische Anwendung von F+E-Portfolioanalysen bei Henkel

F+E-Portfolioanalysen können nie die Wirklichkeit exakt abbilden. Dafür sind die Daten zu hoch aggregiert, und die Quantifizierung der Kriterien ist oftmals mit großen Unsicherheiten behaftet. Daher setzt Henkel seine F+E-Portfolioanalysen immer nur zur Entscheidungsunterstützung ein, niemals können sie dem Management die Entscheidung abnehmen.

Anwendung findet die F+E-Portfolioanalyse grundsätzlich bei der Entscheidungsunterstützung zum Start bzw. zum Abbruch von Projekten (Take it or leave it). Da normalerweise das nachgefragte Budget aufgrund der Vielzahl potentieller Projekte das zu verteilende Budget übertrifft, ist eine optimale Auswahl und Ressourcenallokation notwendig. Beispielsweise können anhand von Attraktivität/Risiko-Subportfolios risikoreiche Projekte mit geringer Attraktivität identifiziert und aussortiert werden. Ebenso lassen sich attraktive Projekte erkennen, die aufgrund ihres niedrigen Risikos für eine Durchführung in Frage kommen. Um Fehlurteile zu vermeiden, sollte man die Untersuchung nicht auf ein einzelnes Portfolio beschränken, sondern eine differenzierte Betrachtung über unterschiedliche Sub- und Einzelportfolios anstellen.

Meist reichen die vorhandenen Kapazitäten nicht aus, um alle zur Durchführung ausgewählten Projekte gleichzeitig zu realisieren. Daraus ergibt sich ein weiteres wichtiges Einsatzfeld von Portfoliomethoden, die Prioritätensetzung bei der Bearbeitungsreihenfolge von Projekten. Nach erfolgter Clusterung der Projekte in Segmente erfolgt innerhalb dieser Segmente die Priorisierung anhand eines Attraktivität/Risikoportfolios.

Neben der Entscheidungsunterstützung im operativen Bereich kommt der F+E-Portfolioanalyse auch eine planerische Funktion zu. Inhaltlich unterscheidet sich dabei die Vorgehensweise nicht von Go/Kill-Entscheidungen bzw. Priorisierungsentscheidungen.

Auf internationaler Ebene sind Portfoliobewertungen für Henkel wichtiger Bestandteil von Workshops für übergreifende Themen. So kann ein Gesamtüberblick über F+E-Aktivitäten gegeben werden. Auf diese Weise kann Doppelarbeit vermieden und die Umsetzung der einzelnen Geschäftsstrategien sichergestellt werden.

3.4.4 F+E-Projektmanagement

Wertigkeit, Auswahl und Reihenfolge von Produkt- und Verfahrensinnovationen werden durch das F+E-Portfoliomanagement in die richtigen Bahnen gelenkt. Die Steigerung der Effizienz wird durch ein an die spezifischen Erfordernisse von Henkel angepaßtes und eingeführtes F+E-Projektmanagement sichergestellt.

Das Projektmanagement verbindet Komplexität, Flexibilität, fachübergreifende und kreative Zusammenarbeit mit Aspekten wie Budget- und Terminvorgaben. Es unterstützt marktorientierte und schnelle Produktentwicklung und trägt damit entscheidend zum Unternehmenserfolg bei. Außerdem schafft das Projektmanagement durch fachübergreifende Zusammenarbeit und durch gemeinsame Erfolgserlebnisse eine höhere persönliche Zufriedenheit und Akzeptanz der Beteiligten.

Ein Vorhaben wird bei Henkel im Rahmen eines F+E-Produkts bearbeitet, wenn eine bestimmte Komplexität (d.h., wenn mindestens drei Organisationseinheiten unterhalb der Ressortebene beteiligt sind) überschritten wird. Die Arbeitsthemen müssen eine inhaltlich in sich geschlossene Zielsetzung besitzen und einen innovativen Charakter haben. Ein Projekt ist außerdem zeitlich befristet (in der Regel länger als ein Jahr) und läßt sich klar vom normalen Tagesgeschäft abgrenzen.

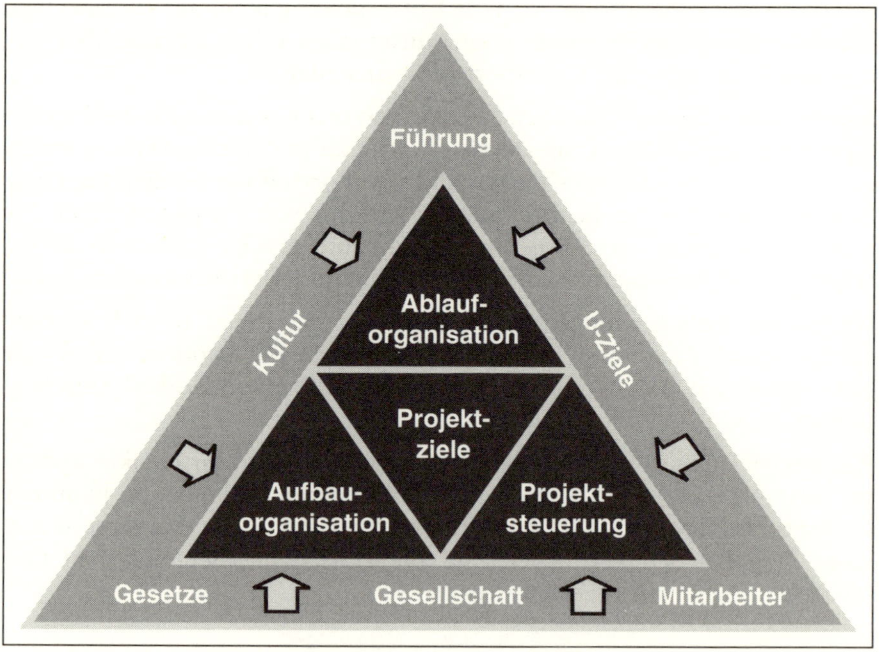

Abbildung 3.4-6: F+E-Projektmanagement bei Henkel

Das F+E-Projektmanagement umfaßt bei Henkel im wesentlichen die vier Elemente Aufbauorganisation, Projektziele, Ablauforganisation und Projektcontrolling (Abbildung 3.4-6).

Aufbauorganisation

Mit der Aufbauorganisation wird die spezifische Ausprägung der zeitlich befristeten Zusammenarbeit zwischen der Entscheidungs- und der Steuerungsebene sowie der operativen Ebene (Projektteam einschließlich Projektleiter) geregelt.

Abbildung 3.4-7: Aufbauorganisation

Henkel verwendet grundsätzlich das Matrix-Projektmanagement. Die Projektmitarbeiter bleiben disziplinarisch ihren Linienvorgesetzten unterstellt, sind aber fachlich dem Projektleiter zugeordnet. In Ausnahmefällen (z.B. bei besonders umfangreichen Projekten) kann auch das reine Projektmanagement angewandt werden. Dabei sind die Mitarbeiter aus der Linienorganisation herausgelöst und direkt dem Projektleiter unterstellt.

Das Projekt ist in drei Ebenen organisiert: der Entscheidungsebene, der Steuerungsebene und der Operativen Ebene (Abbildung 3.4-7). Das Projekt beginnt mit dem Auftrag des Entscheidungsgremiums an das Projektteam. Das Steuerungsgremium ist das Bindeglied zwischen Auftraggeber und Projektteam. Es legt Prioritäten zwischen Linie und Projekt fest und stimmt die Projektkoordination ab. Die operative Ebene ist verantwortlich für die eigentliche Projektdurchführung.

Projektziele

Projekte sind erfolgreicher, wenn ihnen klare, eindeutige Ziele zugrunde liegen. Der Zielvereinbarungsprozeß zwischen dem Auftraggeber und dem Projektteam ist wichtiger Baustein für den Projekterfolg. Bei der Festlegung der Ziele werden verschiedene Einflußfaktoren berücksichtigt wie Kundenwünsche, Geschäftsstrategien, Gesetze, Gesellschaft sowie Ideen und Visionen. Klare und verständliche Ziele, die von allen Beteiligten gemeinsam erarbeitet und unterstützt werden, sind Grundlage für eine erfolgreiche Projektdurchführung. Im F+E-Vorschlag und im F+E-Projektantrag werden die Ziele erarbeitet und in schriftlicher Form fixiert. Sie sind als Vertrag zwischen Auftraggeber und Projektteam anzusehen.

Der F+E-Vorschlag wird von demjenigen formuliert, der die entsprechende Idee hatte. Er kann aus jeder Hierarchiestufe und Organisationseinheit innerhalb von Henkel kommen. Der F+E-Vorschlag beginnt mit der Kurzbeschreibung des geplanten Projekts. In ihm ist die Zielsetzung und die Vorgehensweise darzulegen. Anschließend sind die beteiligten Organisationseinheiten zu benennen, die für die Durchführung benötigt werden. Als letzten Punkt enthält der F+E-Vorschlag die geschätzten Termine und Kosten. Kostenträger sind die Organisationseinheiten, die die geplanten Ergebnisse nutzen.

Der F+E-Projektantrag ist Grundlage für die Entscheidung über die Durchführung eines Projekts. Er ist prinzipiell als detaillierte Ausarbeitung und Erweiterung des F+E-Vorschlags anzusehen. Zunächst wird der Projektgegenstand näher eingegrenzt. Wie beim F+E-Vorschlag werden die Ziele definiert. Es lassen sich wissenschaftlich-technische und wirtschaftliche Ziele unterscheiden. Anschließend wird das Projektumfeld näher untersucht. Hier sind der Stand der Technik sowie die Wettbewerbssituation, Marktsituation und Patentsituation zu beleuchten.

In der Projektbeschreibung werden der Projektablauf, die Kosten und Termine sowie die Teammitglieder vorgeschlagen. In der Wirtschaftlichkeitsrechnung wird auf die zugrundeliegenden Annahmen, die erwarteten Kosten sowie den wirtschaftlichen Nutzen des Projekts eingegangen. Die Ausarbeitungstiefe der Projektantragskomponenten hängt von der Projektkomplexität und Projektbedeutung ab. Je höher die Komplexität und je größer die Bedeutung, desto genauer sollten die Ausführungen zu den einzelnen Komponenten sein.

Ablauforganisation

Die Ablauforganisation beinhaltet die „Tools“ des Projektmanagements und ihre projektspezifische Anwendung. Ein sofortiges Losarbeiten muß unbedingt vermieden werden. Eine sorgfältige Planung ist Voraussetzung für einen effektiven Ablauf des Projekts. Abbildung 3.4-8 zeigt den möglichen Ablauf eines Projekts von der Idee bis zur Markteinführung.

Entwicklungsphasen eines F+E-Projekts

- Visionen, Ideen
- Projektvorschlag/Projektantrag
- Genehmigung
- Projektplan
- Ermittlung der Struktur des Projekts
- Planung des Ablaufs (detaillierter Balkenplan)
- Festlegung von Meilensteinen
- Definition von Arbeitspaketen (AP)
- Zusammenführung der Ergebnisse der Arbeitspakete
- Produktformulierung/Verfahrensimplementierung
- Übergabe an Marketing/Produktion
- Einführung in den Markt/etc.

Abbildung 3.4-8: Entwicklungsphasen eines F+E-Projekts

Der F+E-Projektplan faßt alle für die Durchführung notwendigen Punkte eines Projekts zusammen. Er beinhaltet die Organisation und den fachlichen Inhalt des Projekts sowie die präzise Beschreibung des Ablaufs. Ein guter Projektplan beantwortet folgende Fragen:

- Wer ist für welche Aufgaben verantwortlich?
- Was muß getan werden?
- Welches Budget ist verfügbar?
- Welches Ergebnis wird erwartet?
- Wann wird das Ergebnis erwartet?
- Wer benutzt die Ergebnisse wofür?

Für die Ausarbeitung des F+E-Projektplans hat sich bei Henkel eine Toolbox bewährt. Die wichtigsten Instrumente sind Arbeitspakete, Projektstrukturpläne, Projektablaufpläne mit Meilensteinen, Balkenpläne und Kostendiagramme (Abbildung 3.4-9). MS-Project dient dabei der effizienteren Gestaltung dieser Werkzeuge durch Unterstützung bei Planung, Verfolgung, Visualisierung und Berechnung relevanter Daten und Vorgänge.

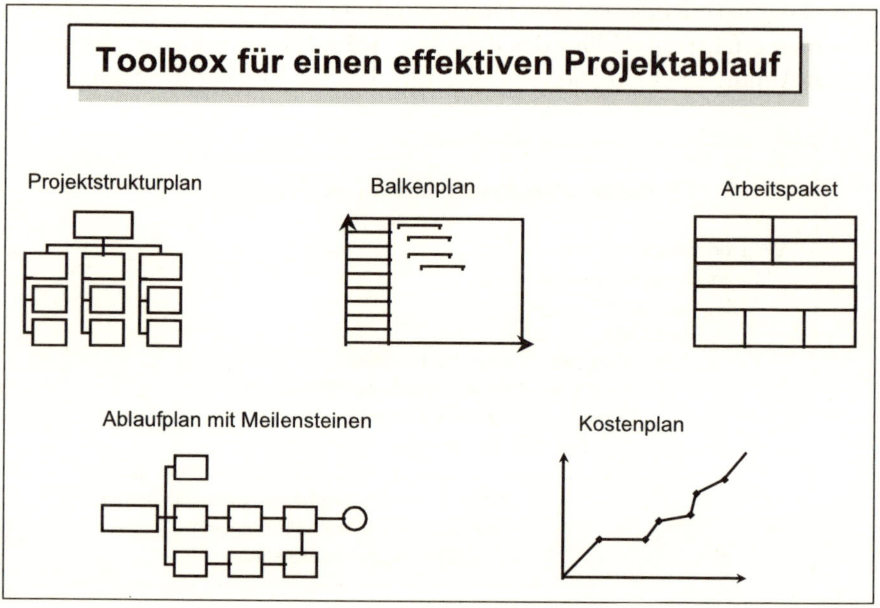

Abbildung 3.4-9: Hilfsmittel beim Projektmanagement

Arbeitspakete repräsentieren die kleinsten in sich geschlossenen Arbeitsmengen eines PROJEKTSProjekts und sind bei Henkel ein wesentliches Instrument zur Durchführung und Steuerung von Projekten. Der Projektleiter delegiert die jeweiligen Tätigkeiten an seine Teammitglieder, die dann eigenverantwortlich für die Durchführung zuständig sind. Eine genaue Spezifizierung des Arbeitspakets ist notwendig und beinhaltet Stichtage, Kosten und andere relevante Informationen.

Der *Projektstrukturplan* faßt alle Arbeitspakete hierarchisch in einer Übersicht zusammen. Er beschreibt das, was getan werden muß, nicht die Art und Weise, wie die jeweilige Aufgabe zu lösen ist. Ziel ist es, das Arbeitsvolumen so zu strukturieren, daß das Gesamtprojekt möglichst transparent und eine Aufwandsabschätzung ermöglicht wird. Gleichzeitig unterstützt der Projektstrukturplan die Zeitplanung, die Budgetierung und die Berichterstattung.

Ein sehr anschauliches Instrument zur Darstellung des Projektablaufs, der Reihenfolge und Abhängigkeiten der Arbeitspakete ist der *Balkenplan*. Er kann mit Terminen, Kosten und Kapazitäten versehen werden. Der Balkenplan ermöglicht einen schnellen Überblick über Arbeitspakete, Zeiträume/Termine, Kosten, Kapazitäten und Projektfortschritt.

Im *Projektablaufplan* wird beschrieben, in welcher Reihenfolge die im Strukturplan definierten Arbeitspakete zu bearbeiten sind. Er gibt darüber Auskunft, ob eine gleichzeitige Bearbeitung möglich ist und wo zeitliche Engpässe sind. Am Ende wichtiger Abschnitte innerhalb eines Projekts wird der Projektfortschritt und das Einhalten der im Projektantrag formulierten Anforderungen anhand von Meilensteinen überprüft. Ein Meilenstein beschreibt ein wichtiges Ergebnis zur Fortführung des Projekts entsprechend dem Projektplan. Er muß klar definierbare und meßbare Kriterien besitzen (z.B. Molgewicht, Temperaturbeständigkeit, Viskosität) und mit einem Termin versehen sein. Der Meilenstein kann Entscheidungspunkt darüber sein, ob das Projekt mit dem entsprechenden Plan weitergeführt werden kann oder ob Veränderungen notwendig sind.

Im *Kostendiagramm* ist der geplante Kostenverlauf des Projekts abgetragen. Anhand eines Vergleichs mit den Ist-Kosten ist damit ein Instrument zur Kostenkontrolle gegeben.

Projektcontrolling

Projektsteuerung soll gewährleisten, daß ein Projekt bei eintretenden Störungen bestmöglich auf die bestehenden Projektziele hin vorangetrieben wird (Abbildung 3.4-10). Die regelmäßige Überwachung des Projektfortschritts hilft, frühzeitig Planabweichungen zu erkennen und zu korrigieren. Je kürzer die Abstände sind, desto eher ist das Einhalten des Projektplans und das Erreichen der Projektziele möglich.

Das Berichtswesen ist für das Controlling ein wesentliches Instrument. Um in allen Projektphasen Transparenz zu schaffen, wurden bei Henkel Arbeitspaket-, Meilenstein- und Projektabschlußberichte fest in das Projektmanagement inplementiert.

Es ist sinnvoll, zu Projektbeginn Abbruchkriterien festzulegen. Der Abbruch eines Projekts bedeutet nicht zwangsläufig das Versagen des Projektteams. Veränderte Rahmenbedingungen sowie unerwartete Erkenntnisse können zeigen, daß der ursprünglich vorgesehene Projektplan nicht einzuhalten ist.

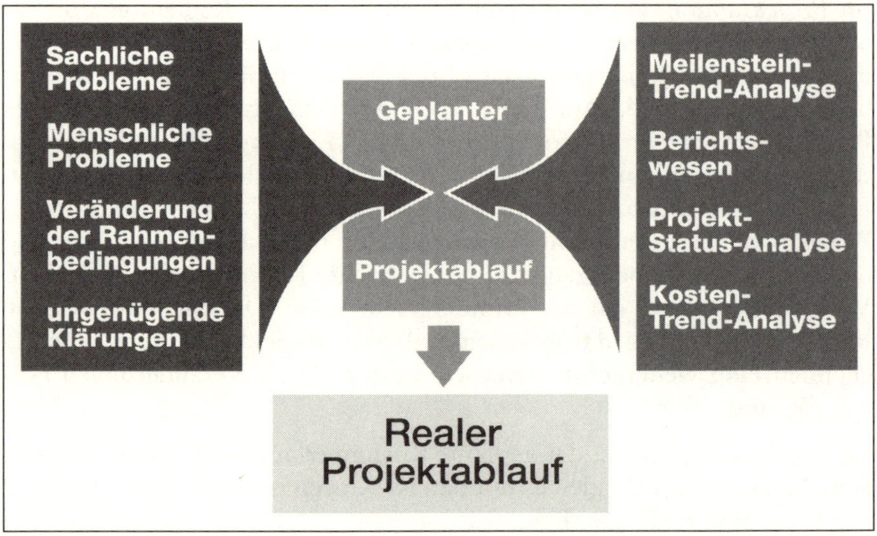

Abbildung 3.4-10: Der Prozeß der Projektsteuerung

3.4.5 Menschen

Besondere Aufmerksamkeit verdient der menschliche Aspekt. Erfolg oder Scheitern des Projekts hängt in entscheidendem Maße von der Zusammensetzung des Teams ab. Die Anzahl der Teilnehmer sollte sich auf einen sinnvollen Rahmen von bis zu acht Personen beschränken, wobei auf die fachlichen und menschlichen Kompetenzen zu achten ist sowie darauf, daß die für den Projekterfolg notwendigen Fachdisziplinen abgedeckt sind.

Das für die Projektarbeit hierarchiefreie Arbeiten zeichnet sich durch eine Beschränkung der formellen Regeln auf das Notwendigste aus. Offene Kommunikation und schnelle Information sind Voraussetzungen für ein erfolgreiches Projektmanagement. Vorgesetzte müssen die Teammitarbeiter zum offenen Gespräch und zu konstruktiver Kritik ermutigen und dies selbst vorleben. Neben der informellen und persönlichen Kommunikation sind allgemeine Informationen auf regelmäßigen Treffen oder in Berichten auszutauschen.

Konflikte, die unvermeidlich besonders während des Gruppenbildungsprozesses zu Beginn auftreten, sind als Chance für konstruktive Lösungen und Dynamik zu sehen. Nicht Konflikte an sich sind negativ, sondern ein destruktiver Konfliktklärungsstil. Zum Problem werden sie erst dann, wenn sie unerkannt und unverarbeitet bleiben.

3.4.6 Fazit

Portfoliomanagement ist bei Henkel seit mehreren Jahren erfolgreich im Einsatz. Die Darstellung von Projekten im Rahmen von Portfolios dient bei Henkel – gerade aufgrund der Menge an Projekten und Projektideen – als sinnvolle Entscheidungsgrundlage. Um die verschiedenen Aspekte eines Projekts zu beleuchten, wird auf drei Portfoliokonzepte zurückgegriffen.

Grundlegende Entscheide auf Basis des Portfolios sorgen für Effektivität – die effiziente Realisierung von Projekten wird bei Henkel durch ein eingeführtes Projektmanagement bewerkstelligt. Prozeß- und Projektorganisation sowie Projektcontrolling bilden hier die tragenden Säulen.

Wesentliche Problembereiche

- Projektpriorisierung bei vielen Innovationsideen und knappen Ressourcen
- Berücksichtigung unterschiedlicher Aspekte bei der Priorisierung
- Nach der Selektion: Effiziente Realisierung

Erfolgsfaktoren

- Portfoliodarstellung als Basis zentraler Projektentscheide
- Nutzung verschiedener Portfoliotechniken zur Berücksichtigung der verschiedenen Aspekte
- Effiziente Projektrealisierung durch Projektmanagement, passende Projektorganisation und Projektcontrolling

Literatur

[1] **manager-Magazin:** Interview mit Hans-Dietrich Winkhaus, September 1992.

4 Controlling von Einzelprojekten

4.1 Überblick

Das Controlling eines Einzelprojekts ist die zentrale Aufgabe des verantwortlichen Projektleiters. Diese Aufgabe soll und kann ihm niemand vollständig abnehmen. Zentrale Controlling-Stellen können den Projektleiter jedoch mit Daten, Informationen und geeigneten Werkzeugen unterstützen. In einem F+E-Projekt müssen Probleme und Aufgaben gelöst werden, die bei der Projektplanung nicht im Detail bekannt sind. Um richtig entscheiden zu können, braucht der Projektleiter Klarheit über die Prioritäten der wesentlichen Stellgrößen Projektkosten, Produktkosten, Zeit und Produktmerkmale respektive Produktqualität (Abbildung 4.1-1).

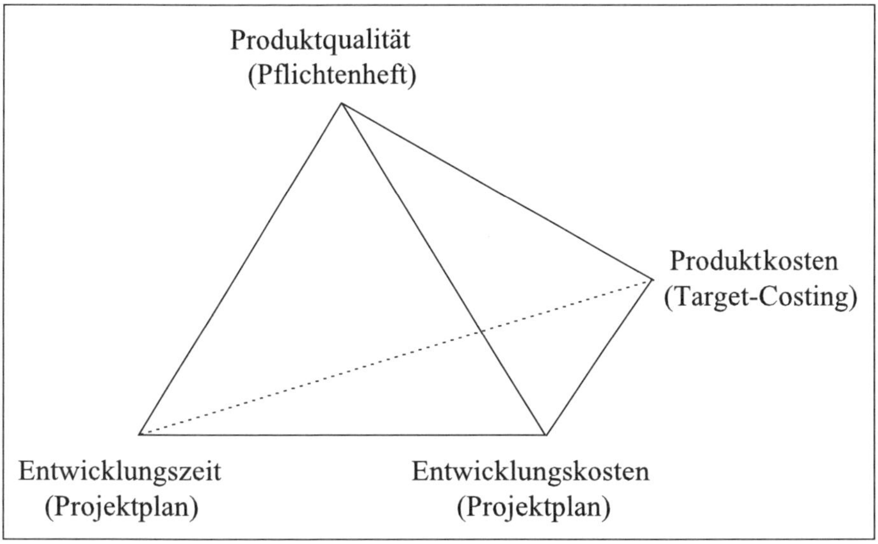

Abbildung 4.1-1: Der Projektleiter braucht Klarheit über die Prioritäten der wesentlichen Stellgrößen

Insbesondere bei der Entwicklung von Produkten für Konkurrenzmärkte haben die Produktkosten die höchste Priorität. Die Realisierung eines kompetitiven Produktpreises und damit die Erreichung von klar vorgegebenen Herstell- und Vertriebskosten sind unumgänglich. Der Projektleiter braucht in dieser Situation geeignete Hilfsmittel und Tools zur

Steuerung dieser Kosten. Target-Costing ist ein methodischer Ansatz, der dem Projektleiter die geforderte Unterstützung bieten kann.

Die Artikel „Target Cost Management (TCM) im Industriebetrieb am Beispiel Leica“ von Erich Schindler (4.2) beschreibt beispielhaft die Implementierung eines solchen Systems. Insbesondere wird darin auch darauf hingewiesen, daß nicht nur das eigentliche Produkt, sondern das gesamte Leistungssystem zielkostenmäßig überwacht werden muß.

Im Beitrag „Methodeneinsatz für Zieldefinition und Steuerung von Entwicklungsprojekten“ von Axel Wieczorek (4.3) wird die Integration einer ganzen Reihe von Methoden in den Entwicklungsprozeß erläutert. Dabei werden auch „alte Ansätze“ wie Wertanalyse in geeigneter Weise mit „modernen Methoden“ wie Target-Costing zusammengeführt.

„Wertorientierte Projektwahl dargestellt am Beispiel der Pharmabranche“ von Franz Lechner und Rainer Völker (4.4) widmet sich der Frage nach der richtigen Metrik für die „Go-no-Go“-Entscheidung. Die Bewertung eines Projekts auf Basis einer Net-Present-Value-Berechnung(NPV) schafft die notwendigen Grundlagen für die jeweiligen Meilenstein-Entscheide.

Es müssen jedoch nicht immer nur sophistizierte Methoden und Verfahren zum Einsatz kommen. Im Beitrag „Entwicklungs-Controlling bei der Hauni Maschinenbau AG“ von Susanne Gräper (4.5) wird über einen sehr klassischen und dennoch erfolgreichen F+E-Controlling-Ansatz berichtet.

„Projektauswahl und Projektfortschrittskontrolle“ von Jens Vietor (4.6) führt uns schließlich zum Einsatz von Intranet-Lösungen im Projektmanagement. Eine geeignete Plattform kann sehr viel zur Verbesserung der Projektkommunikation und damit zur zeitlichen Beschleunigung und zur qualitativen Verbesserung von Entscheiden führen. Das Beispiel der Firma Wella zeigt einen möglichen Weg auf.

4.2 Target Cost Management (TCM) im Industriebetrieb am Beispiel Leica

Erich Schindler, Leica Geosystems AG, Heerbrugg

4.2.1 Einleitung

Leica ist weltweiter Anbieter von Problemlösungen in den selbständigen Unternehmensgruppen: Leica Camera, Leica Microsystems, Leica Geosystems.

Leica ist am 1.4.1990 aus der Fusion von Wild-Leitz und Cambridge Instruments entstanden und hat den Namen der weltweit ersten Kleinbildkamera (**Le**itz **Ca**mera) als Konzernnamen übernommen. Seit diesem Zeitpunkt sind die Weltmarken Leitz (1849), Wild Heerbrugg (1921), Kernswiss (1819), Reichert (1876), Jung (1872), Bausch & Lomb Instruments (1853), American Optical (1847) und Cambridge Instruments (1881) unter einem Dach vereint.

In den Jahren 1996 und 1997 wurde eine neue Ära eingeleitet, bei der die Aufgliederung in drei komplett selbständig agierende Unternehmensgruppen erfolgte.

Der Umsatz dieser drei selbständigen Unternehmensgruppen wurde im Geschäftsjahr 1998 wie folgt berichtet:

- Leica Camera = 250 Mio. sFr.
- Leica Microsystems = 700 Mio. sFr.
- Leica Geosystems = 460 Mio. sFr.

Die in diesem Artikel beschriebene Konzeption stammt aus der Unternehmensgruppe Leica Geosystems.

Das Stammhaus der Leica Geosystems ist in Heerbrugg (Schweiz). Wesentliche Produkte sind: Theodolite, Tachymeter, Distanzmesser, Globale Positionierungssysteme (GPS), Modulare Landinformationssysteme, Überwachungssysteme für Ziviltechnik, Datenerfassungs- und Datenmanagement-Lösungen (OSW, Open Surveying Word), Automatisierte Meßsysteme, Beobachtungsgeräte, Nachtsichtgeräte, Luftbildkameras, Fotointerpretationsgeräte, Photogrammetriesysteme, Optoelektronische Sensoren, Automobilsensorik.

Für viele Unternehmen, so auch bei Leica, hat sich der Markt und das Umfeld in den letzten Jahren dramatisch verändert. Als global tätige Unternehmensgruppe, mit stagnierenden Stammmärkten, sind die Rahmenbedingungen besonders herausfordernd. Abbildung 4.2-1 zeigt die wichtigsten Mega-Trends, die auf Leica einwirken. Besonders die erhöhte Dynamik der Märkte erfordert eine Flexibilisierung der Unternehmen. Hierzu gehört auch die Überprüfung der Controllinginstrumente.

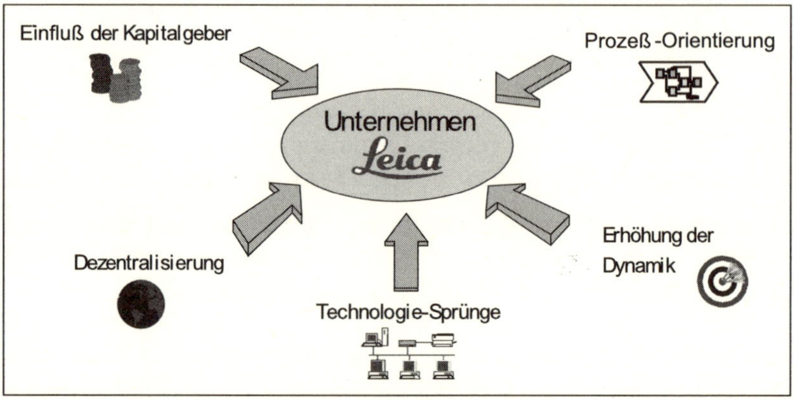

Abbildung 4.2-1: Mega-Trends im Überblick

Konnten wir uns früher in der Industrie oft auf den Verkauf von Hardware beschränken, so sind vermehrt sogenannte Leistungssysteme gefordert. Damit ist ein Verbund von Hardware, Software und Dienstleistungen gemeint. Traditionelle Kostenrechnungssysteme sind denn auch meistens auf die Hardwareproduktion ausgerichtet und vernachlässigen eine detaillierte Kalkulation der Dienstleistungen – diese werden lediglich als Gemeinkostenzuschlag berücksichtigt.

Es ist klar zu beobachten, daß die Kostenrechnung immer mehr durch das Marketing und die F+E dominiert wird. Längst ist allen bewußt, daß die Verkaufspreise eigentlich durch den Markt bestimmt werden. Die traditionelle Kosten-Plus-Rechnung erfüllt ihren Zweck nur noch teilweise. Auch die Lebenszyklen der Produkte sind nicht hausgemacht, sondern vom Markt abhängig. Von der F+E werden über die Innovation und das „Design for Manufacturing" die wesentlichen Kosten frühzeitig festgelegt.

Die explizite Berücksichtigung der Veränderbarkeit (Zelte statt Paläste) und das Performance Management nagen weiter an den herkömmlichen Werkzeugen des Controllings. So lösen z.B. Performance-Kenngrößen verschiedene kurzfristige Kosteninformationen ab. Wurden früher beispielsweise bis zum Exzeß Beschäftigungsabweichungen in Franken ermittelt, so erfüllen heute auch dezentral erfaßte Beschäftigungsgrade ihren Zweck. Es wird vermehrt über Zielsetzungen und Managementbeteiligungen geführt (Bonusse/Incentives). Hier verliert das Controlling also an Bedeutung.

In anderen Bereichen nimmt die Bedeutung des Controllings zu. Durch die vorhandene Ressourcen-Knappheit können meistens nicht alle Vorhaben und Ideen realisiert werden. Deshalb ist es notwendig, die geplanten Vorhaben nach klaren Kriterien zu bewerten und zu priorisieren. Im Mittelpunkt steht die Schaffung von ökonomischem Wert (Economic Value). Wir wollen unsere Ressourcen dort einsetzen, wo wir Mehrwert für alle Stakeholder erreichen können. Sollten wir dies für unsere Kunden nicht schaffen, so ergeben sich ernsthafte Probleme im Markt. Hat der Geldgeber (primär Investor und Banken) keine Aussicht auf finanzielle Vorteile, so bekommen wir die Ressourcen erst gar nicht bzw. immer weniger. Als unzuverlässiger und unsicherer Partner haben wir Probleme in den strategischen Allianzen und müssen mit höheren Faktorpreisen rechnen. Für den Mitarbeiter steht neben der herausfordernden Tätigkeit auch die langfristige Sicherheit des Arbeitsplatzes auf dem Spiel.

Als entscheidender Punkt für die Sicherung der Stakeholder-Interessen sind erfolgreiche Innovationsprojekte (Produktentwicklungen) einzustufen. Über das Target Cost Management (TCM) wollen wir darum die Innovationsprojekte nachhaltig erfolgreich gestalten.

Daß dies mit den herkömmlichen Instrumenten des Controllings schwer möglich ist, zeigt Abbildung 4.2-2.

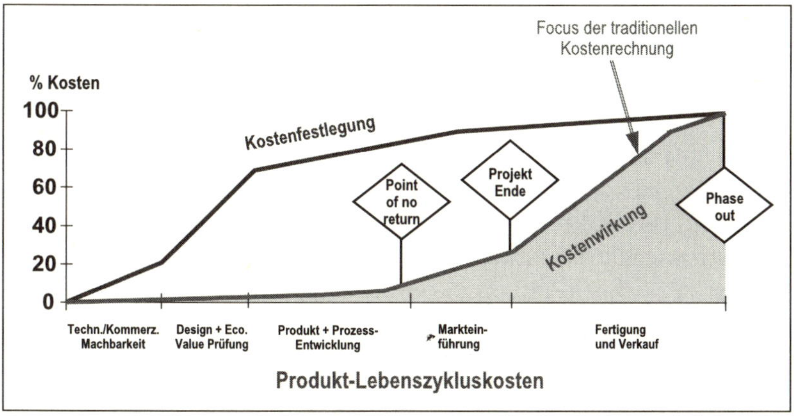

Abbildung 4.2-2: Paradigmawechsel im Controlling

In der unteren Kurve wird durch die traditionelle Kostenrechnung die *Kostenwirkung* (auch Entstehung) mit den Systemen der Projektrechnung, Kostenarten-, Kostenstellen- und Kostenträgerrechnung über den Lebenszyklus gemessen. Zu Beginn fallen primär Projektkosten an, die mit dem Markteintritt durch die Herstellungs- und Vermarktungskosten ergänzt werden. Meistens liegt jedoch noch nicht einmal eine Lebenszyklus-Rechnung vor, sondern das Resultat wird durch die Periodenrechnungen zerstückelt.

Tatsächlich erfolgt jedoch durch das Produktkonzept mit seinen Spezifikationen, Konstruktionen, verwendeten Materialien und notwendigen Prozessen frühzeitig die *Festlegung* von wesentlichen Kosten über den gesamten Lebenszyklus. Zum Zeitpunkt des „Point-of-no-Return" sind erst ca. 10 Prozent der Kosten aufgelaufen, aber schon ca. 80 Prozent festgelegt.

Eine Neuorientierung der Kostenrechnung ist also gefragt! Mit dem TMC hat Leica die Kostenrechnung und die Entwicklungsprozesse neu ausgerichtet.

4.2.2 Methodik des Target Cost Management (TCM)

Was ist denn nun eigentlich TCM? Dazu folgende Definitionen von verschiedenen Autoren:

- Ein Effort, um Kostenreduktion in der Designphase durch klare Zielsetzungen zu realisieren (Tanaka).
- Ein Management-Tool zur Kostenreduktion für den gesamten Produkte-Lebenszyklus (Sakurai).
- Profitmanagement während der Produktentwicklung (Monden).
- Preis-Minus-Rechnung[Was darf uns ein Produkt kosten?] (Seidenschwarz).
- Kein neues Kostenrechnungssystem, sondern ein umfassender Planungs-, Steuerungs- und Kontrollprozeß, eingebettet in den Innovationsprozeß [Produktentstehung] (Dittmar).
- Ein Instrument des marktorientierten und strategischen Kostenmanagements zur Schaffung von ökonomischem Wert [economic value].

Die letzte aufgeführte Definition stammt aus der Feder des Schreibers. TCM auf bestimmte Methoden, wie Conjoint-Analyse, QFD oder „Reverse Product Engineering" zu reduzieren, trifft den Kern der Sache nicht. Methoden sind austauschbar, ergänzen sich teilweise gegenseitig und führen in der Gesamtheit erst zum Erfolg des TCM. Ohne die im Abschnitt 4.2.3 beschriebenen Rahmenbedingungen funktionieren jedoch auch die besten Methoden nicht.

Von „Design to Cost" zu TCM

Grundsätzlich unterscheiden wir im TCM zwei Zyklen mit jeweils unterschiedlichen Ausrichtungen und Instrumenten. Im ersten Zielkostenzyklus geht es darum, die Zielkosten und Zieleigenschaften des Produkts zu ermitteln und festzulegen. Dies geschieht bis auf Ebene von Komponenten (Baugruppen, Softwaremodule, Dienstleistungspakete). Beim Zielkostenzyklus II geht es darum, die Zielerreichung laufend zu überprüfen und schlußendlich auch sicherzustellen. Die nachstehende Abbildung zeigt im Überblick die verschiedenen Schwerpunkte der beiden Zyklen:

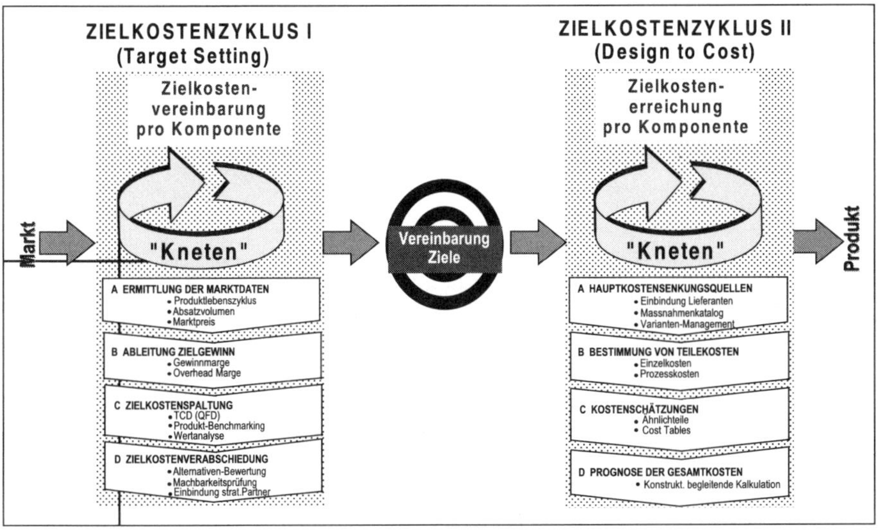

Abbildung 4.2-3: Die zwei Zyklen des TCM

Entscheidend dabei ist aber die Art der Marktanbindung. Kein Entwicklungsteam wird sagen, daß die Produktentwicklung nicht auf Marktdaten basiert. Methoden zum Erheben der Kundenanforderungen stammen oft aus der Marktforschung, zum Beispiel die „Conjoint Analyse, Target Cost Deployment", Prototypen, Kano-Modell und Reverse Product Engineering. Unter Target Cost Deployment (TCD) verstehen wir Quality Function Deployment (QFD) mit spezieller Ausprägung der Kosten. Das QFD basiert immer auf den Kundenanforderungen. Wichtig für die spätere Ausgestaltung der Produkte ist dabei, daß keine Wunschliste zum tiefst möglichen Marktpreis entsteht, sondern jene Anforderungen herauszufinden, welche die Kunden bereit sind zu honorieren. Sonst entsteht das altbekannte Over-Engineering.

Je nach Situation und Art des Innovationsprojekts kommen unterschiedliche Methoden zum Einsatz. Für ein Kundenprojekt ist ein vereinbartes Pflichtenheft wahrscheinlich sinnvoller als eine Conjoint-Analyse. Grundlagenprojekte haben oft die Charakteristik, daß noch kein Markt existiert und deshalb kaum Kunden nach ihren Anforderungen befragt werden können. Für die jeweilige Konstellation sind also die geeigneten Methoden zusammenzustellen.

Auf die Darstellung des Ablaufes/Prozesses des TCM wurde in diesen Ausführungen bewußt verzichtet. Speziell auch Vergleiche zwischen japanischen und deutschen Ansätzen sind aufschlußreich. Wer einen solchen Prozeß in seiner Unternehmung etablieren will, darf nicht kopieren, sondern muß kapieren, um den Prozeß entsprechend der Kultur des eigenen Unternehmens und des Umfeldes zu gestalten.

Die zweckmäßige Kalkulation

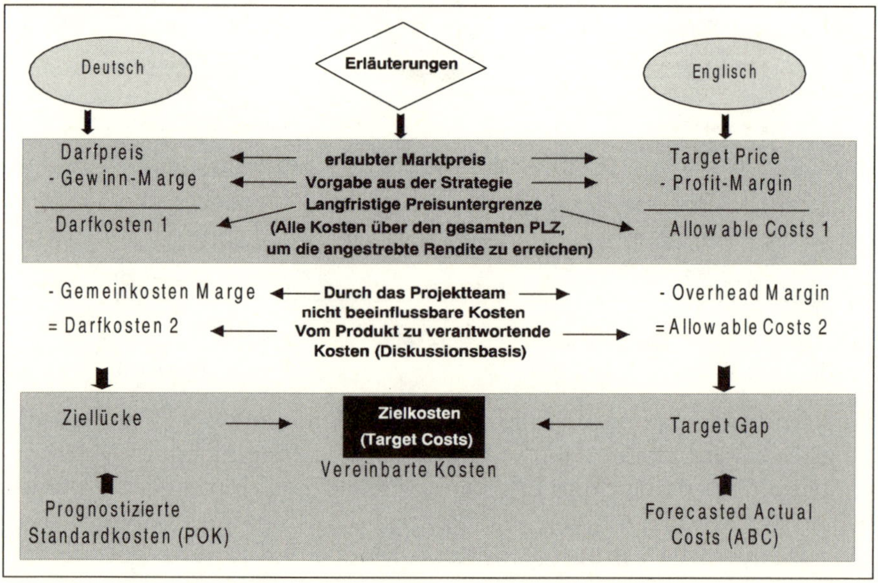

Abbildung 4.2-4: Terminologie zum Target Cost Management

Ausgehend vom Darfpreis wird nun rückwärts (retrograd) kalkuliert. Jener Teil der Darfkosten, der nicht durch das Projektteam beeinflußbar ist, wird über eine Gemeinkosten-Marge abgezogen. Es handelt sich dabei um einen Deckungsbeitrag an die Unternehmensfixkosten bzw. an die produktneutralen Prozeßkosten. Abbildung 4.2-5 zeigt die retrograde Kalkulation im Vergleich zur traditionellen Kalkulation.

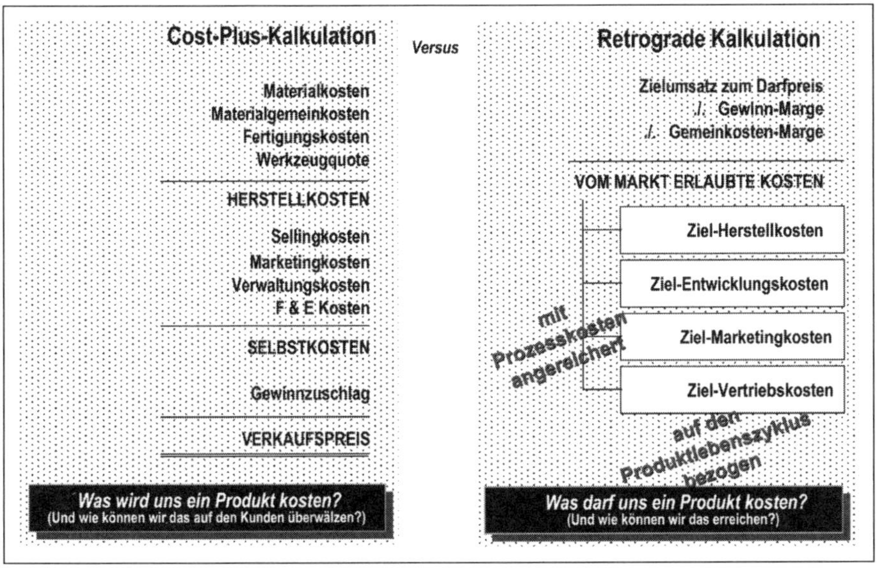

Abbildung 4.2-5: Kalkulation im TCM

Es steht nicht mehr die Frage im Mittelpunkt: „Was *wird* uns ein Produkt kosten?“, sondern: „Was *darf* es uns kosten?“. Im Verlauf des Projekts gilt es aufzupassen, daß man nicht in die Kalkulationsfalle tappt. Werden z.B. im TCM die Prozesse verwendet, aber in der Plan- und mitlaufenden Kalkulation Zuschläge eingesetzt, so ist der Konflikt durch abweichende Ergebnisse vorprogrammiert. Eine Top-Down-Kalkulation mit Prozentsätzen führt nicht zu denselben Resultaten wie von unten gerechnet.

Mit dem Einsatz der Prozeßorientierten Kostenrechnung (POK) wird nicht nur dieser Mangel abgestellt, sondern gleichzeitig die Realisierung der Kosteneinsparungen überwacht und durchgesetzt. Ausgehend von den Kundenanforderungen kann sich auch die Notwendigkeit und Chance ergeben, neue Prozesse aufzubauen bzw. bestehende Prozesse marktkonform zu gestalten.

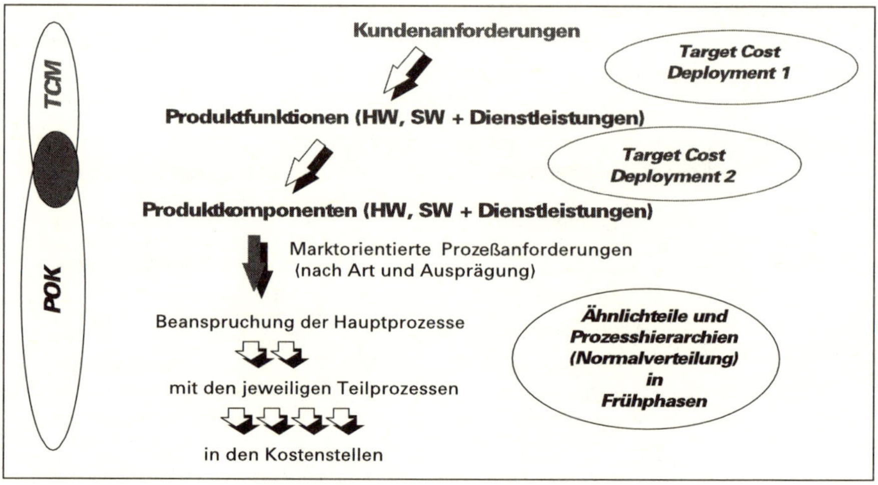

Abbildung 4.2-6: Marktorientierte Prozeßgestaltung

Wenn das Management beide Kalkulationsverfahren für zulässig ansieht, wählt natürlich jeder die Variante, welche für ihn vorteilhaft ist. Deshalb haben wir uns für folgendes Konzept entschieden:

Kalkulationsart	Objekt	Zeitraum
Target Costing	Gesamt-Stückzahl	Lebenszyklus
Plankalkulation	Losgröße	-
Sollkalkulation	-- " --	-
Mitlaufende Kalkulation	-- " --	Auftrag
Nachkalkulation	-- " --	-- " --
Lebenszyklus-Rechnung	Gesamt-Stückzahl	Lebenszyklus

Prozeßorientierte Durchgängigkeit

Abbildung 4.2-7: Geschlossenes Kalkulationskonzept

Dieses Konzept basiert durchgängig auf Prozessen. Damit werden die im TCM entstandenen Kalkulationen bis in die Nachkalkulation von Produkten vergleichbar.

4.2.3 Wichtige Rahmenbedingungen

Wie bereits erwähnt, sind neue Werkzeuge und Methoden alleine nicht ausreichend. Erst die Bereitstellung von guten Rahmenbedingungen ermöglicht die gewünschten Veränderungen und Spitzenleistungen. In Zusammenhang mit dem Aufbau der nötigen Voraussetzungen wird oft vom sogenannten *Strategischen Target-Costing* gesprochen. Dieses Kapitel befaßt sich mit ausgewählten Aspekten der Umsetzung des Strategischen Target-Costings.

Prozeßgestaltung

Bei Leica wurde ein Prozeß entwickelt, der die Entstehung von Produkten (inkl. Dienstleistungen) von der „Zeugung" bis zur „Erbverteilung" strukturiert. Unter Berücksichtigung der Komplexität der realen Welt und der Zuständigkeiten erfolgte eine Aufteilung in zwei Hauptgeschäftsprozesse. Der erste Prozeß stellt den eigentlichen Innovationsprozeß dar, welcher nach Validierung im Markt in den Life-Cycle-Management-Prozeß übergeht. Der Innovationsprozeß basiert auf der Idee des Simultaneous Engineering und wird von Meilenstein zu Meilenstein begleitet, wie die nachstehende Abbildung 4.2-8 zeigt:

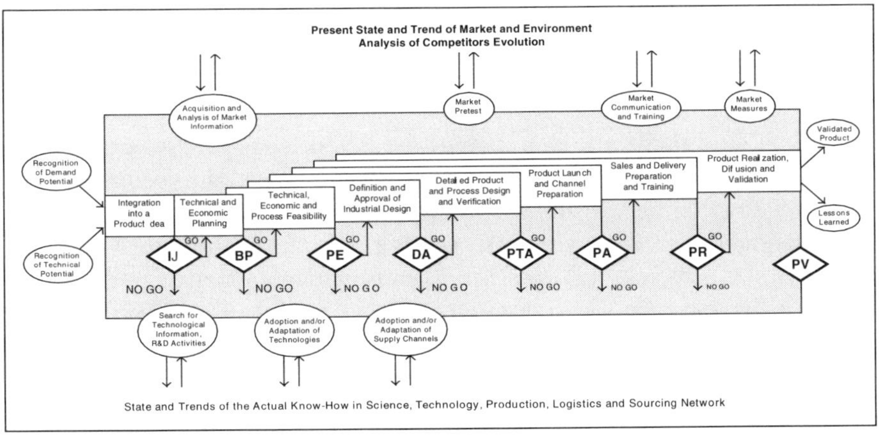

Abbildung 4.2-8: Leica Innovationsprozeß

Teambildung

Funktionsübergreifende Teams sind die zwingende Voraussetzung zur Zielerreichung des TCM. Klare Aufgabenstellungen, räumliche Nähe, zeitliche Verfügbarkeit und die nötigen Kompetenzen sind weitere Anforderungen für Power-Teams.

Bei Leica sind in den Cross functional Teams (XTeam) folgende Funktionen beteiligt:

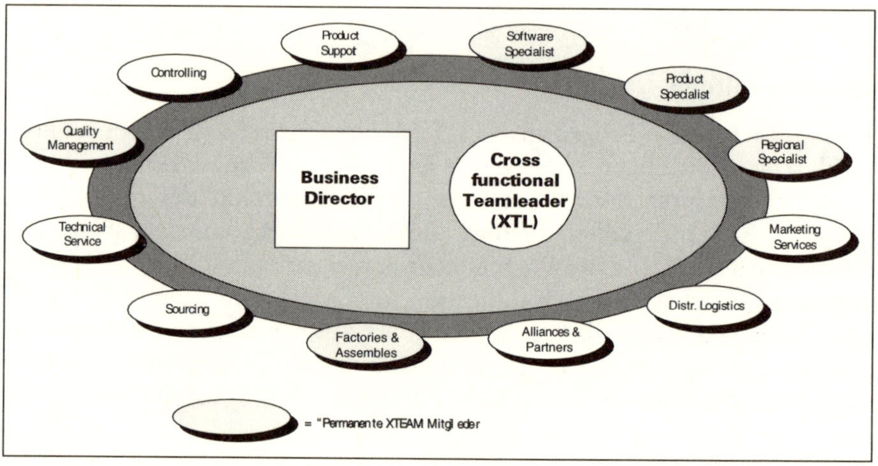

Abbildung 4.2-9: Involvierte im Innovationsprozeß

Natürlich sind nicht alle Beteiligten, die Abbildung 4.2-9 zeigt, in allen Phasen eingebunden. Eine ganz spezielle Rolle spielt in unserer Philosophie der sogenannte Business Director. *Er* stellt den kompetenten Produktmanager dar und ist Auftraggeber des Innovationsprojekts. *Er* validiert das Produkt bei der Markteinführung und entscheidet somit über das Projektende. *Er* ist der Eigentümer des „Life Cycle Management Prozesses“ und somit für den Markterfolg verantwortlich.

Risikoreduktion

Je früher die Bewertung der Innovation vorgenommen werden soll, um so mehr Daten basieren auf Annahmen und Abschätzungen. Ein kritischer Erfolgsfaktor ist deshalb das Minimieren der Risiken. Durch den frühen Einbezug Dritter (Kunden/Zulieferanten), den erhöhten Aufwand in der Frühphase sowie interdisziplinäre Teams werden die

- Unvollkommenheiten der Information reduziert,
- Zeiten verkürzt,
- Prognosegenauigkeiten erhöht,
- Störprozesse minimiert und damit
- – das Risiko minimiert (Gefahren und Chancen).

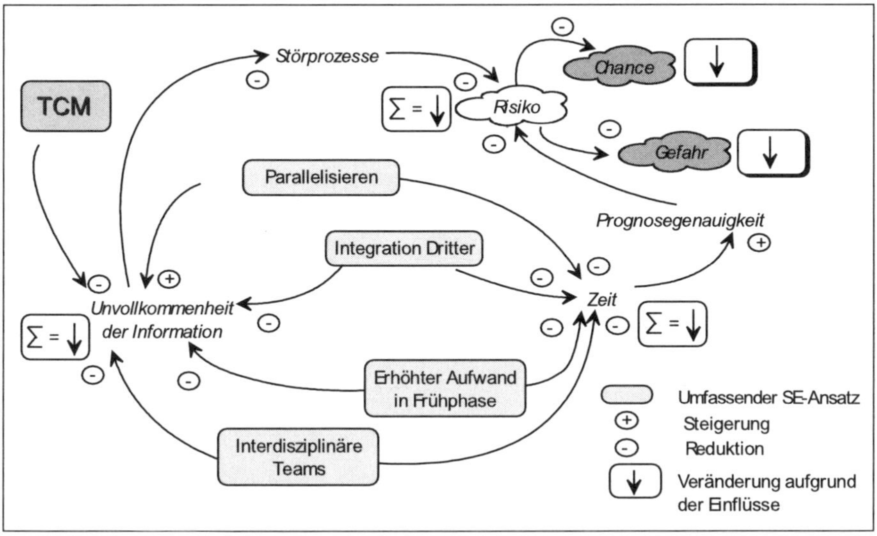

Abbildung 4.2-10: Risikoreduktion durch Simultaneous Engineering

Informationsverarbeitung

Zur Sicherstellung der Informationsversorgung sind entsprechende Tools unerläßlich. Eine derartige Informationsplattform ist beispielsweise das PC-Tool „MAKE", welches z.B. Änderungen in den Marktdaten, Zielveränderungen oder den Stand der Ziellücke allen Beteiligten gleichzeitig zugänglich macht.

Prozeßkostenrechnung

Mit dem Ansteigen der Gemeinkosten ist es heute nicht mehr ausreichend, nur mehr die Herstellkosten ins Visier zu nehmen. Vielmehr muß die gesamte Unternehmens-Wertkette beachtet und optimiert werden. Aus unserer Sicht ist es auch wichtig, möglichst viele Kosten dem externen Markt auszusetzen, d.h. die Zentralbereiche sind soweit wie sinnvoll in die operativen Geschäftsbereiche zu integrieren.

Die folgende Abbildung zeigt die Leica-Wertkette nach dem Modell von Porter:

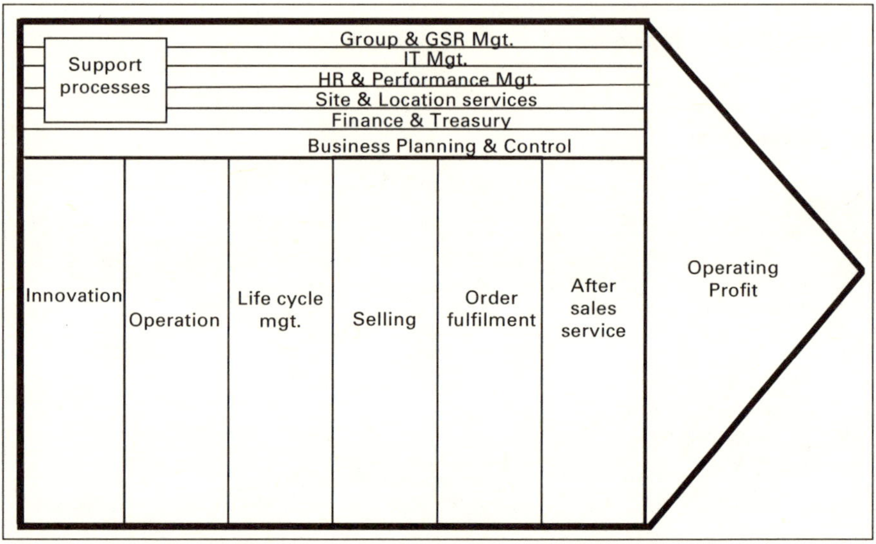

Abbildung 4.2-11: Die Unternehmens-Wertkette

Zu beachten ist dabei, daß hinter den Bezeichnungen nicht Funktionen, sondern Prozesse stehen. Durch die integrierte Prozeßorientierte Kostenrechnung (POK) sind wir in der Lage, die Verknüpfungen bis auf Projekt-/Produkt-Ebene herzustellen.

Somit kann eine konkrete Adressierung der Maßnahmen zur Veränderung der Prozeßkosten bis in die leistenden Kostenstellen erfolgen.

Einzig die produktfremden Prozesse können nicht durch das jeweilige Projektteam beeinflusst werden und sind durch die in Kapitel 3 erwähnte Gemeinkosten-Marge abzudecken.

Das Projektteam wird somit in die Lage versetzt, über die Kostentreiber und deren Kostensatz eine robuste Kalkulation für die verschiedenen Alternativen vorzunehmen und beispielsweise die Konstruktion von Neuteilen einer allfälligen Mehrfachverwendung von bestehenden Teilen gegenüberzustellen.

Tabelle 4.2-1 zeigt wesentliche Prozesse auf, die als Grundlage den Entwicklungsteams zur Verfügung stehen. Speziell bei Verwaltung und Verkauf wurde auf eine komplette Aufzählung verzichtet, weil hier die Beeinflußbarkeit durch die Projektteams nur marginal ist.

Tabelle 4.2-1 *Die Prozesse*

	Prozesse	**Kostentreiber**
Entwicklung /	Neuteile einführen	Anzahl Neuteile
Konstruktion	Teile verwalten	Anzahl aktive Teilenummern
	Produktänderungen durchführen	Anzahl Änderungen
	Teile liquidieren	Anzahl Liquidationen
Beschaffungs-	Angebote für neue Teile einholen	Anzahl Neuteile
Logistik	Rahmenverträge abschließen	Anzahl Rahmenverträge
	Beschaffung Material	Anzahl Bestellungen
	Waren einlagern	Anzahl Warenzugänge
	Wareneingangsprüfung	Anzahl der Prüfungen
	Prüfung Lieferantenrechnungen	Anzahl Rechnungen / Rechn.positionen
	Lieferanten betreuen	Anzahl Lieferanten
Produktions-	Arbeitspläne erstellen	Anzahl Fertigungsaufträge
Logistik	Fertigungsauftragskommissionierung	Anzahl Stücklistenpositionen
	Fertigungsaufträge steuern	Anzahl Operationen im Arbeitsplan
Vertriebs-	Kundenaufträge erfassen	Anzahl Kundenaufträge
Logistik	Kundenaufträge kommissionieren	Anzahl Lieferungen
	Kundenaufträge fakturieren	Anzahl Kundenfakturen
	Sondergeschäfte abwickeln	Anzahl Sondergeschäfte
Verwaltung &	Neuprodukte einführen	Anzahl Neuprodukte
Verkauf	Key Account Management	Anzahl Key Accounts
	Angebote bearbeiten	Anzahl erstellte Angebote
	Niederlassungen betreuen	Anzahl Niederlassungen
	Mitarbeiter betreuen	Anzahl Mitarbeiter
	Mitarbeiter einstellen	Anzahl Einstellungen
	Lehrlinge ausbilden	Anzahl Lehrlinge
	Mitarbeiter freistellen	Anzahl Freistellungen
	....	....

4.2.4 Fazit

Voraussetzungen für die erfolgreiche Einführung und Anwendung des TCM sind:

- Strukturierter Innovationsprozeß mit Integration des TCM
- Ganzheitliche Zielvereinbarungen: Kosten, Zeit und Qualität
- Thematisierung unbewußter Zielsetzungen – z. B. Herstellkosten-Verlaufskurve
- Teamwork, Simultaneous Engineering
- Kommunikation und Informationsversorgung für gleichen Informationsstand
- Nicht nur Herstellkosten, sondern die ganze Wertschöpfungskette
- Prozesse statt Prozente, Sicherstellung der Quantifizierbarkeit
- Gleich messen wie planen, Adaption der Kostenrechnung
- Art der Marktanbindung: „Haben wir immer schon gemacht!"

Auf dem Weg zur Realisierung des Target Cost Managements wird man vielfach mit Ungenauigkeiten, mit Unsicherheit und Unzulänglichkeiten konfrontiert. Da ist Buchhaltermentalität nicht zweckmäßig, sondern Unternehmertum angebracht. Deshalb gilt das Motto: Lieber mit 80-prozentiger Sicherheit die richtigen Dinge beeinflussen, als später mit 100-prozentiger Sicherheit bestehende Tatsachen konstatieren! Oder einfacher: Kosten gestalten statt verwalten!

Wesentliche Problembereiche

- Fokus der traditionellen Kostenrechnung liegt zu spät im Produktlebenszyklus.
- Vom „Design-to-Cost" muß man sich zu einem echten Target Cost Management hin bewegen.
- Target Cost Management soll sich nicht nur auf die Herstellkosten, sondern auf die gesamten Lebenszyklus-Kosten beziehen.

Erfolgsfaktoren

- Definierter und implementierter Innovationsprozeß
- Target Cost Management als Teamaufgabe und Teamverpflichtung
- 80-Prozent Genauigkeit statt Buchhalterdenken

4.3 Methodeneinsatz für Zieldefinition und Steuerung von Entwicklungsprojekten

Axel Wieczorek, Siemens ElectroCom GmbH, Konstanz

4.3.1 Einleitung

Bei der Siemens ElectroCom GmbH werden Lösungen zur Automatisierung von Postdiensten entwickelt und produziert. Das Feld reicht dabei von komplexen Anlagen zur Brief- und Paketverteilung über Softwareprodukte im Bereich Mustererkennung und Steuerung bis zur Generalunternehmerschaft für Verteilzentren.

Im Entwicklungsbereich spielen in diesem Umfeld Methoden zur Definition der Ziele und zur zielgerichteten Steuerung von Projekten eine entscheidende Rolle. Durch die Methodenanwendung wird sichergestellt, daß die Projektabwicklung auf einer fundierten Basis erfolgt und Risiken minimiert werden.

Im Wesentlichen handelt es sich dabei um die Methoden Target-Costing und Wertanalyse, letztere im Sinne von Wertgestaltung / Design-to-Cost. In den folgenden Abschnitten wird deshalb auf diese und unterstützende Methoden sowie die notwendige Infrastruktur Bezug genommen. Der Schwerpunkt liegt dabei nicht auf den Details der Methodenanwendung, sondern auf den Erfahrungen in der Praxis und den Voraussetzungen für die Methodenanwendung. Literatur zu den Methoden ist in der Literaturübersicht angegeben (speziell[10],[13],[14]).

4.3.2 Zieldefinition

Globalisierung und Beschleunigung

Die Zukunft bringt schnellere Veränderungen in Naturwissenschaft und Technik und in der Folge auch kürzere Produktlebenszyklen, d.h. die Anforderungen an die Produkte und die Logistik bei Produktion und Distribution verändern sich rasant schnell. Parallel dazu nehmen Umfang und Geschwindigkeit der weltweit ausgetauschten Information exponentiell zu.

Der Zusammenschluß von Handelsräumen und die Beseitigung von Handelshemmnissen sowie der ungebremste Austausch von Informationen über Staatsgrenzen hinweg führt zu einer nie dagewesenen Globalisierung in einer durch Geschwindigkeitswettbewerb gekennzeichneten Weltwirtschaft.

Im Zuge dieser Konkurrenzsituation werden die Beziehungen zwischen Lieferanten und Kunden neu entdeckt. Einerseits wird der Bedarf des Kunden und seiner jeweiligen Kunden genauer analysiert, um Optimierungen in der gesamten Wertschöpfungskette zu erreichen, andererseits werden Mittel und Wege gesucht, um in einem zunehmend unbeständigeren Umfeld eine höhere Kundenbindung zu erreichen.

Ziele für Forschung und Entwicklung

Die oben aufgeführten weltwirtschaftlichen Bedingungen haben auch Auswirkungen auf die Zielsetzung von Forschungs- und Entwicklungsabteilungen:

- Es wird schwerer, den Zeit- und Technologievorsprung vor den Hauptkonkurrenten zu halten.
- Auch in den sekundären Bereichen der Unternehmen (Informationstechnik, kaufmännische Aufgaben etc.) müssen alle Logistikvorteile genutzt werden. Dazu gehört insbesondere auch die Nutzung moderner Informationsbeschaffung und -verteilung.
- Trotz hohem Termindruck müssen die Kundenanforderungen in allen Stufen der Leistungserbringung erfaßt, kommuniziert und erfüllt werden.
- Die strategische Bedeutung einer Technologiebeobachtung und einer Vorentwicklung, die rechtzeitig Basiskomponenten für neue Produkte zur Verfügung stellt, steigt.

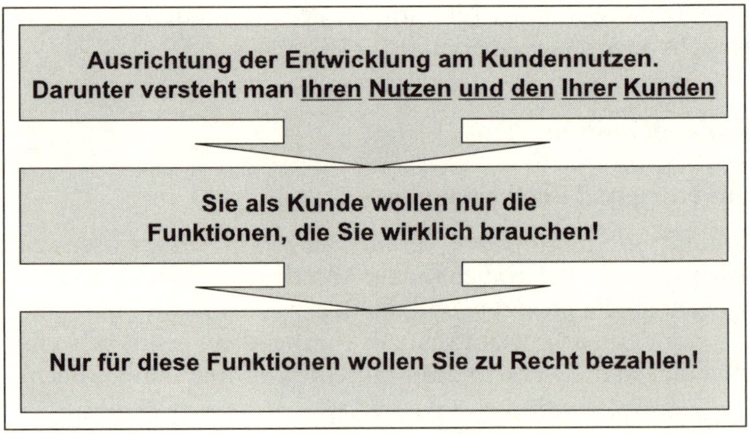

Abbildung 4.3-1: Zusammenhang Kundennutzen und Target-Costing

Allerdings darf die zunehmende Veränderungsgeschwindigkeit der Umgebung nicht zum innerbetrieblichen Chaos führen. Das Unternehmen braucht nach innen stabile Werte und Methoden, um mit Zuverlässigkeit und Präzision die Kundenanforderungen zu erkennen und in den eigenen Produkten umzusetzen. Diese Anforderung bezieht sich sowohl auf Basiswissen zur Projektabwicklung als auch auf Werte wie Verantwortungsbewußtsein, Umweltbewußtsein und andere.

Neue Methoden und Tools müssen auf ihre Brauchbarkeit hin untersucht werden und die Arbeitsabläufe der deutlich gestiegenen Qualifikation der Mitarbeiter angepaßt werden.

Projektmanagement

Die Bedingungen am Markt und die darauf fokussierte Zielsetzung der F+E-Aufgaben führt zu einer nicht neuen, aber innerbetrieblich selten konsequent umgesetzten Erkenntnis: Die Projekte gewinnen gegenüber der Linienorganisation erheblich an Bedeutung. Das Geld wird verdient, indem die Leistungserstellung im Projekt termingerecht erfolgt und der Kunde optimal bedient wird.

Durch die bereits oben genannte Vereinfachung des Informationsaustausches um den Globus und die gerechtfertigte Forderung nach Anteilen lokaler Leistungserbringung bei Aufträgen im Ausland steigt auch die Bedeutung internationaler Projektteams. Dabei spielen folgende Faktoren eine größere Rolle als in der Vergangenheit:

- Interkulturelle Kompetenz,
- Vertragsgestaltung bei F+E-Kooperationen,
- Risikomanagement (kaufmännisch, technisch),
- patentrechtliche Fragen in Kooperationen,
- Nutzung moderner Kommunikationsmedien (Videokonferenzen, E-Mail-Systeme, Engineering Data Management),
- kaufmännische Projektabwicklung im internationalen Umfeld.

Es wird notwendig, die Projektleiter zu stärken und ihnen ein bereichsübergreifendes Team zur Verfügung zu stellen, das dem Anspruch gerecht wird, aus Unternehmern im Unternehmen zu bestehen. Gleichzeitig sind den Projektleitern die entsprechenden Entscheidungsbefugnisse zu übertragen.

Alle unterstützenden Stellen des Unternehmens (z.B. Informationstechnik, Kalkulation, Patentwesen, Vertragsprüfung) sind verpflichtet, die notwendige Unterstützung für die Projekte sorgfältig und vor allem unverzüglich zu erbringen. Die Gründe sind einfach: Bei Projektlaufzeiten von z.B. einem Jahr sind Kostenberichte ohne Darstellung des Obligos oder falsche Informationen über Herstellkosten für den Projektleiter wertlos, weil ihm für zeitkritische Entscheidungen die richtige Information fehlt. Die Folge: Iterationsschleifen aufgrund von Fehlentscheidungen und dadurch Termin- und Kostenüberschreitungen.

Die Rolle des Linienmanagements verlagert sich auf die Aufgabe, den Projekten zum richtigen Zeitpunkt qualifizierte Mitarbeiter zur Verfügung zu stellen, die Qualifikation zu fördern, weltweit verläßliche Kooperationspartner aufzubauen und Strukturprobleme zu lösen.

Information als Wettbewerbsfaktor

Wie man den Medien entnehmen kann, nimmt die Verfügbarkeit von Information und die Verbreitungsgeschwindigkeit rasant zu. Die Ursache ist hauptsächlich die Nutzung von Internet und Electronic Mail. Parallel dazu wachsen aber auch immer noch die gedruckten Medien.

Die Folge ist eine Informationsmenge, die nur schwer zu verarbeiten ist und der häufig zwei wichtige Merkmale fehlen: Die Informationen sind nicht zum richtigen Zeitpunkt verfügbar; die Qualität der Information ist nicht erkennbar.

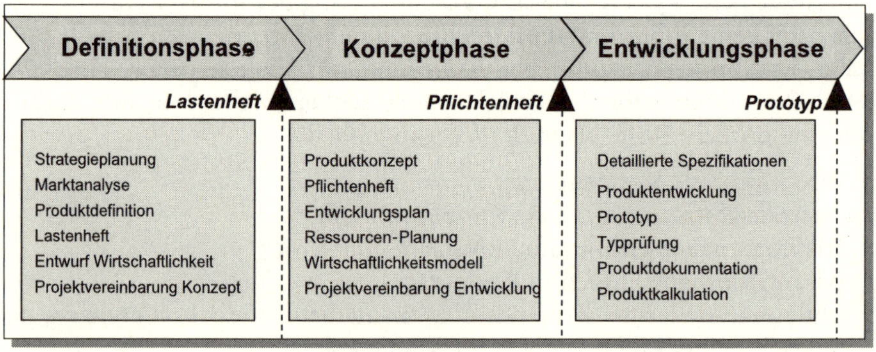

Abbildung 4.3-2: Phasenmodell des Produktentstehungsprozesses

Daraus ergeben sich folgende Forderungen:

- Es wird eine Infrastruktur benötigt, die den Projektmitarbeitern weltweit Zugang zu den Projektinformationen ermöglicht (Dienstreisen, internationale Projektteams).
- Es muß ein Wissensmanagement aufgebaut werden, durch das qualifizierte und bedarfsgerechte Information bereitgestellt wird.
- Status und Qualität von Informationen müssen durch Bearbeitungsstände und Freigabeprozeduren transparent gemacht werden.

- Beschaffung und Einsatz der aktuell gültigen Informationen ist Aufgabe der Nutzer. Die Bereitsteller von Information müssen nur mehr dafür verantwortlich sein, daß die Information im System (z.B. Intranet) steht und der Status erkennbar ist.
- In Archiven die Freigabeschritte transparent gemacht werden, damit der Informationsnutzer die Abläufe nachvollziehen kann.

In Anbetracht der teilweise mangelnden Erfahrung bei den Nutzern der neuen Technologien ist es von großer Bedeutung, daß sich die für Infrastruktur und Informationsbereitstellung zuständigen Mitarbeiter in die Lage ihrer Kunden versetzen können und verstehen, welche Bedeutung die einzelnen Informationen für die Projektabwicklung haben.

Entwicklungsprozeß

In einem Phasenmodell besteht der Entwicklungsprozeß auch heute noch aus einer Definitionsphase, einer Konzeptphase und einer Entwicklungsphase. Die Inhalte der einzelnen Phasen haben sich durch die Parallelisierung der Arbeitsschritte erweitert. Die Ursache liegt in dem bereits erwähnten Zeitdruck, der eine hohe Parallelisierung erforderlich macht.

Trotzdem sind Meilensteine mit Freigabeprozeduren nach wie vor von großer Bedeutung. Ohne diese Synchronisationspunkte wird die Steuerung der parallel laufenden Arbeiten unmöglich. Ob der erreichte Stand dem Plan entspricht, wird an den Meilensteinen routinemäßig mit Checklisten geprüft. Nur so können Abweichungen frühzeitig erkannt und Maßnahmen beschlossen werden.

Methoden

Methoden im Entwicklungsprozeß dienen der Optimierung und der Fokussierung auf bestimmte Prioritäten. Ganz allgemein kann man dabei unterscheiden, ob die Methode eher zur Zieldefinition oder zur Zielerreichung dient. Beispiel ist hier das Target-Costing für Zieldefinition und die Wertanalyse als entwicklungsbegleitende Methode zur Zielerreichung.

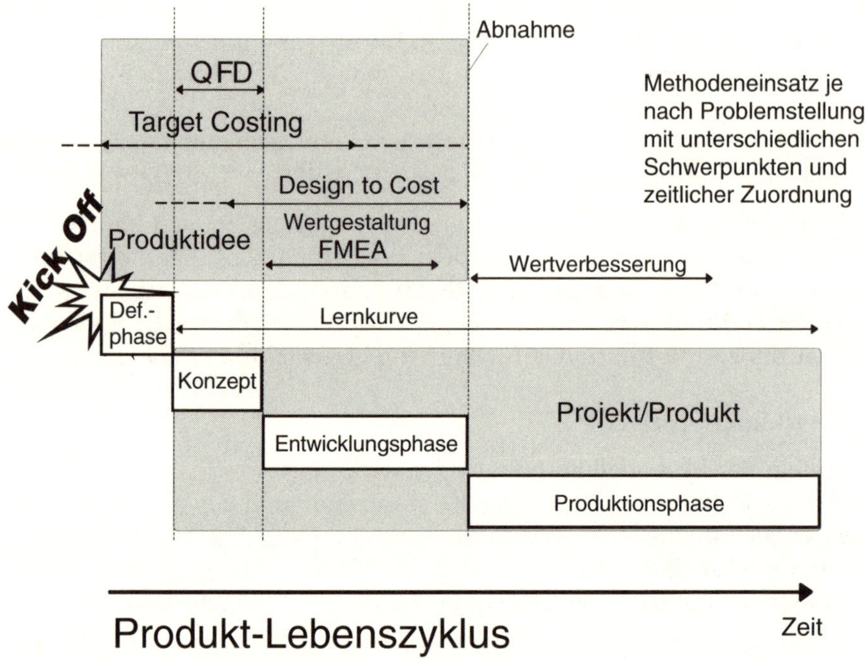

Abbildung 4.3-3: Methodeneinsatz

Außerdem beziehen sich diese Methoden auf die Entwicklungsinhalte, im Gegensatz zu den Projektmanagementmethoden, die sich auf die Abläufe im Projekt beziehen.

Methodenanwendung am Beispiel Target-Costing

Allen Methoden ist gemeinsam, daß Konzepte gemeinsam im Team definiert und umgesetzt werden. Dabei fließt das gesamte Know-how des Unternehmens in die Projektarbeit, und eine wirkungsvolle Kommunikation über Stärken und Schwächen von Produkt und Prozeß wird in Gang gebracht. Die Teammitglieder eines solchen bereichsübergreifend zusammengesetzten Teams sind in Abbildung 4.3-5 dargestellt. Das Team wird als Simultaneous Engineering Team oder Target-Costing Team, im Englischen auch als Concurrent Engineering Team bezeichnet.

Die einzelnen Schritte des Target-Costings sind:

Analyse der Kundenanforderungen

Durch die systematische Bearbeitung dieses Schrittes wird erreicht, daß die Kundenanforderungen analysiert und die Ergebnisse kommuniziert werden. Durch die parallel dazu erstellte Dokumentation werden außerdem die notwendigen Steuergrößen für einen zielgerichteten Projektverlauf festgelegt.

Analyse der Wettbewerber und ihrer Produkte

Die Analyse der Wettbewerber und ihrer Produkte ist unter anderem notwendig, um Alleinstellungsmerkmale zu finden. Diese geben für den Kunden den Ausschlag, den Vorzugslieferanten auszuwählen.

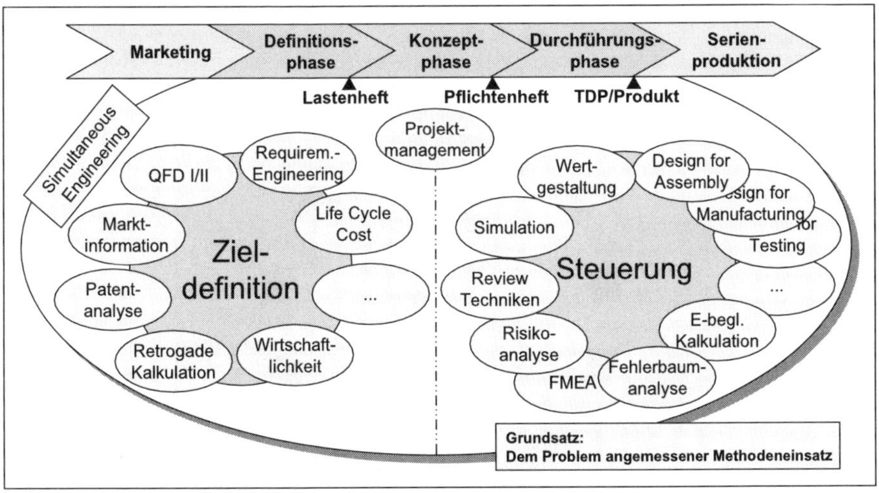

Abbildung 4.3-4: Methodeneinsatz in den Entwicklungsphasen Schwerpunkt Produktfunktionen und -kosten

Wirtschaftlichkeitsmodell

Eine Wirtschaftlichkeitsrechnung mit einer frühzeitigen Schätzung von Herstellkosten ist für die Kostensteuerung ebenfalls unabdingbar. Der Zielkorridor wird damit festgelegt, auch wenn sich bis zum Projektende Verschiebungen zwischen den einzelnen Kostenblöcken ergeben können.

Mit den prognostizierten Herstellkosten läßt sich dann eine Wirtschaftlichkeitsrechnung erstellen, in der auch verschiedene Szenarien gegeneinander verglichen werden können.

Retrograde Kalkulation

Mit Hilfe der retrograden Kalkulation werden die verschiedenen Kostenblöcke analysiert und Einflüsse von z.B. Servicekosten, kundenspezifischen Anpassungen und Gemeinkostenanteilen offenbar. Ein Ergebnis kann z.B. sein, daß bei den direkten Herstellkosten kein Spielraum mehr zur Verfügung steht und der Schwerpunkt sich auf die Reduzierung der übrigen Kostenblöcke verlagert.

Quality Function Deployment

Durch die Anwendung des Quality Function Deployment werden aus den Kundenanforderungen über die Produktfunktionen die erlaubten Kosten für die Funktionsträger abgeleitet. Dies gibt einen Anhaltspunkt über die Bedeutung der Funktionsträger für die Erfüllung der Kundenanforderungen.

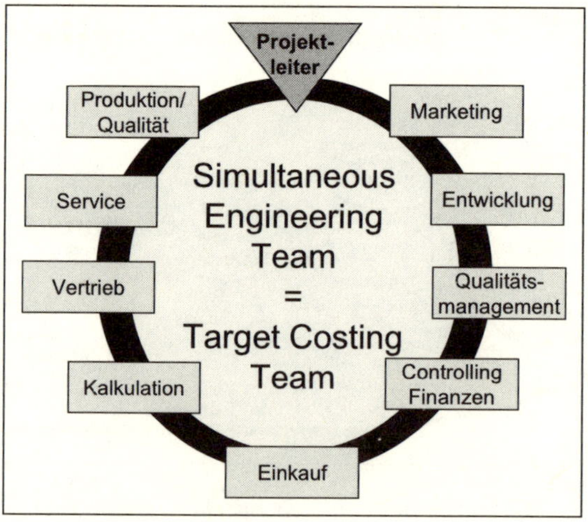

Abbildung 4.3-5: Simultaneous Engineering Team

Alternativenbewertung

Die systematische Bearbeitung dieser Schritte führt dann zu verschiedenen Alternativen bezüglich der technischen Lösung, der Wirtschaftlichkeit, der Kosten und der Stellung im Vergleich zum Wettbewerb. Diese Alternativen werden im Projektreview gegenübergestellt und bewertet. Zu den beiden Meilensteinen „Freigabe Konzeptphase“ und „Freigabe Entwicklungsphase“ wird so eine klare und fundierte Entscheidung über den weiteren Verlauf des Projekts ermöglicht.

4.3.3 Steuerung

Die Steuerung von Entwicklungsprojekten muß sich ganzheitlich auf Inhalte, Termin und Kosten beziehen. Allerdings ist in verschiedenen Veröffentlichungen bereits darauf hingewiesen worden, daß Inhalte und Termin höher zu gewichten sind als die eigentlichen Entwicklungskosten. Die Begründung ist einleuchtend: Wenn die Inhalte nicht auf die Kundenanforderungen fokussiert sind, findet sich kein Kunde; wer langsamer als die Konkurrenz auf den Markt kommt, dem fehlen entscheidende Umsätze.

- **Deckblatt mit den Schlüsseldaten**
- **Wirtschaftlichkeitsrechnung**
- **Projektmanagement**
  - Projekt Organisation
  - Arbeitspaketbeschreibung
  - Aufwandschätzung
  - Terminplan
  - Mittelabflußplan
  - Mitarbeitereinsatzplanung
  - ...
- **Spezifikationen**
  - Lastenheft mit den Systemanforderungen
  - Pflichtenheft mit Beschreibung der technischen Lösungswege
  - ...
- **Anhang**
  - ....

Abbildung 4.3-6: Unterlagen zum F+E-Projekt

Üblicherweise sollten vor Beginn der Entwicklungsphase die in Abbildung 4.3-6 aufgelisteten Bezugsdokumente für die Projektentscheidung und die Projektsteuerung vorliegen.

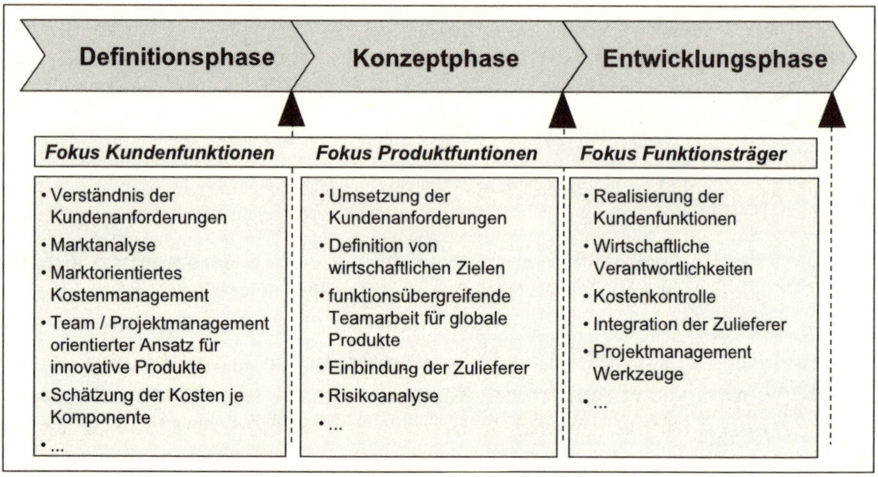

Abbildung 4.3-7: Target-Costing im Produktentstehungsprozeß

Diese Inhalte haben sich in den letzten Jahren nicht wesentlich geändert wichtig ist, daß sie systematisch erarbeitet sind und im Projektteam kommuniziert und akzeptiert sind. Damit Mitarbeiter beim Wechsel von einem Projekt in ein anderes keine Rüstzeit verlieren, ist zu empfehlen, daß die Dokumentenstruktur nicht ohne zwingenden Grund verändert wird.

Inhalte

Zu den Inhalten gehört nicht nur die technische Lösung überhaupt, sondern auch die Qualität und die Zuverlässigkeit des Produkts. Von besonderer Bedeutung sind folgende Fragen:

- Werden die Kundenanforderungen erfüllt?
- Gibt es Baugruppen, deren technische Realisierung mit besonderem Risiko verbunden ist?
- Ist das Produkt bei der derzeitigen Marktentwicklung noch konkurrenzfähig?

Die Klärung dieser Fragen ist von der vorangegangenen Zieldefinition abhängig. Auf Basis der dokumentierten Ziele läßt sich der aktuelle Stand vergleichen.

Abweichungen von inhaltlichen Anforderungen sind in der Regel in den Projektteams und den zuarbeitenden Stellen bekannt. Damit die Probleme gelöst werden, ist es wichtig, in einer offenen und konstruktiven Atmosphäre regelmäßig Reviews durchzuführen. Am Ende der Reviews stehen klare Beschlüsse, die sowohl dem Projektteam als auch den übrigen betroffenen Stellen bekanntgemacht und erläutert werden.

Termine

Basis für eine Terminsteuerung ist eine Terminplanung. Die Gliederung der Terminplanung erfolgt analog zur Projektstruktur, so daß kontinuierliche Terminverfolgung und Abweichungsanalysen ermöglicht werden. Dabei ist die Steuerung von zwei wesentlichen Faktoren abhängig: der innerbetrieblichen Prioritätensetzung bei konkurrierenden Projekten und der Transparenz der Zieltermine für alle Projektmitarbeiter.

Viele Terminverschiebungen entstehen durch Kollisionen mit anderen Projekten und sind innerhalb eines Projekts häufig nicht mehr zu kompensieren. Diese Konflikte können aber nur erkannt und gelöst werden, wenn die Zieltermine bekannt sind, technische Risiken durch Pufferzeiten berücksichtigt und die Konflikte frühzeitig auch außerhalb des Projekts kommuniziert werden. Eine vernetzte Multiprojektplanung ist hilfreich und bietet eine gute Grundlage für projektübergreifende Projektleiterbesprechungen, in denen Kollisionen aufgelöst werden.

Ebenfalls nicht zu unterschätzen sind die Auswirkungen nicht abgeschlossener Vertragsverhandlungen, Änderungen an Spezifikationen, ungeklärte Patentsituationen und dergleichen. Alle Randbedingungen dieser Art sollten in Checklisten erfaßt sein und zu den jeweiligen Meilensteinreviews abgefragt werden. Im übrigen sei hier auf die umfangreiche Literatur zum Thema Projektmanagement hingewiesen.

Kosten

Bei den Kosten sind einerseits die Entwicklungskosten, andererseits die Produktkosten zu beachten.

Bei den Entwicklungskosten werden Methoden des Controllings und des Projektmanagements angewendet. Die generelle Schwierigkeit liegt in der Generierung brauchbarer Prognosedaten für den Verlauf bis zum Projektende. Häufig ist nur ein vergangenheitsorientiertes Berichtswesen vorhanden, das dem Projektleiter wenig Unterstützung bietet.

Bei den Produktkosten handelt es sich um ein komplexes Problem: Das Ziel heißt immer, ein Optimum zwischen Kundenanforderung, technischer Lösung und den Kosten zu erreichen. Die Aufgabenstellung ist insofern interdisziplinär und besteht aus:

- Zielanalyse auf Basis der Target-Costing-Ergebnisse,
- technischer Lösungsfindung und Bewertung der Alternativen, z.B. durch Wertgestaltung,
- Überprüfung der Ergebnisse,
- Korrekturmaßnahmen.

Der interdisziplinäre Ansatz macht auch hier wieder Teamarbeit erforderlich.

Die Methodenlandschaft für die Steuerung der Produktkosten ist vielfältig: Von gesamtheitlichen Ansätzen, wie z.B. Wertgestaltung, bis zu Methoden, die für bestimmte Teilaufgaben eingesetzt werden, wie z.B. Kreativitätstechniken (Brainstorming, Morphologie etc), spannt sich ein weiter Bogen.

Den gesamtheitlichen Ansätzen ist gemeinsam, daß die Lösungsfindung streng von Ausarbeitung, Datenbeschaffung, Bewertung und Entscheidung getrennt wird, damit zunächst alle kreativen Ideen gesammelt werden und nicht schon im Ansatz verworfen werden. Dabei findet die Lösungssuche in der Regel als Teamarbeit in der Gruppe statt. Anschließend werden die Lösungen einzeln oder in kleineren Arbeitsgruppen weiterverfolgt, bevor die Entscheidungen wieder im Projektteam gefällt werden.

Anschließend findet dann die Umsetzungsüberwachung statt, um sicherzustellen, daß die gewünschten Effekte auch erreicht werden.

Als wesentliche Voraussetzungen für eine erfolgreiche Kostensteuerung, insbesondere der Produktkosten, sind zu nennen:

- erzeugnis-/modulorientierte Projektstruktur, vergleichbar zur Struktur der Funktionsträger im QFD,
- klare Kostenverantwortung auf Modul- bzw. Produktebene (Verantwortung für die Zielkostenerreichung),
- vergleichbare Kostenmodelle bei mehreren Produktionsstätten,
- Sicherstellung der Ressourcen für die entwicklungsbegleitende Kostensteuerung durch die Entwicklung,
- Integration von Einkauf/Zulieferern und Produktion, bei Bedarf auch Service, Inbetriebnahme in das Kernteam, in der Regel schon in der Konzeptphase.

Die Prüfung, ob diese Voraussetzungen vorliegen, gehört ebenfalls zu den Inhalten von Checklisten für die Meilensteinreviews.

- **Ziel = Nutzen**
  - Festlegung der Kundenfunktionen
  - Am Marktpreis orientierte Zielherstellkosten vorgeben
  - Frühzeitige Festlegung der Kostenstruktur als Support für zielkostenorientierte Entwicklung
  - Nachvollziehbare Dokumentation
- **Anforderungen an die Methode TC**
  - Einfache Grundstruktur für die Methodenanwendung
  - Vereinfachung des Methodeneinsatzes durch Integration von Quality Function Deployment (QFD) in Target Costing (TC)
  - Formblätter zu Unterstützung
- **Optimierung**
  - Start in Frühphase der Produktentwicklung
  - Frühe Teambildung
  - Unterstützung durch Kostenberichte und Produktkostenprognosen

Abbildung 4.3-8: Ziele, Nutzen und Anforderungen Target-Costing

4.3.4 Infrastruktur und Projektunterstützung

Infrastruktur

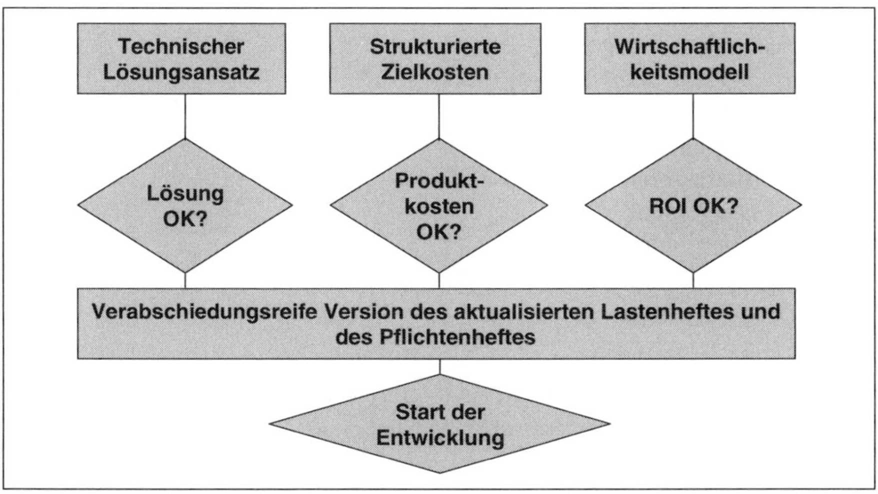

Abbildung 4.3-9: Target-Costing – Übersicht Entscheidungsprozeß

Die Schwerpunkte der Infrastruktur beziehen sich auf die Informationsbeschaffung und -verarbeitung:

- Generell muß jede benötigte Information schnell im Projektteam verfügbar sein (E-Mail, Projektserver etc.).
- Kostendaten sind schnell und zuverlässig bereitzustellen.
- Konfigurationsdaten müssen nachvollziehbar dokumentiert werden.
- Bei standortübergreifenden Teams spielt die technische Zuverlässigkeit und die Abhörsicherheit bei der Datenübertragung eine große Rolle.
- Für die Integration von Zulieferern, Beratern oder anderen Externen sind getrennte Datenbereiche anzulegen und Geheimhaltungsvereinbarungen abzuschließen.

Die weitere Infrastruktur ist von Inhalt und Größe des PROJEKTSProjekts abhängig und sollte daher in jedem Unternehmen situationsbedingt optimiert werden.

Projektunterstützung

Die kontinuierlichen Aufgaben, die zur Unterstützung der Projekte dringend erforderlich sind, müssen mit den Projekten verzahnt sein und den notwendigen Support zum richtigen Zeitpunkt liefern. Zu später Support bedeutet für terminkritische Projekte das Gleiche wie nicht gelieferter Support.

Folgende Inhalte sind gefordert:

- Konkurrenzbeobachtung
- Beschaffung
- Vertragsgestaltung / Vertragsrecht
- Produktkostendaten
- Projektkostenberichte
- Obligoübersichten
- Reisemanagement
- Patentwesen
- Normen und Standards
- Übersetzungsdienste
- ....

Empfehlung: Auch diese Kriterien sollten in die Checklisten für die Meilensteinreviews aufgenommen werden.

Freigabeprozeduren

Freigabeprozeduren stellen sicher, daß die Basis für den nächsten Projektschritt erfüllt ist und somit die Risiken für die Folgeschritte reduziert sind. Sie gehen von einem sequentiellen Ablauf aus und widersprechen damit auf den ersten Blick den Parallelisierungsansätzen zur Reduzierung der Projektlaufzeiten. Bei näherer Betrachtung lassen sich aber auch bei parallelen Abläufen sehr wohl Merkmale finden, deren Erfüllung Voraussetzung für die nächste Phase ist. Ein Beispiel für die Freigabe einer Durchführungsphase ist in Abbildung 4.3-9 dargestellt.

4.3.5 Fazit

Methoden zur Zieldefinition und Steuerung sind notwendig. Die Konzentration auf Kundenanforderungen und zulässige Herstellkosten ist sonst nicht ausreichend gewährleistet. Die Methoden Target-Costing und Wertgestaltung sind hierfür besonders geeignet. Die Methoden können gegebenenfalls der Problemstellung angepaßt werden. Dies gilt besonders für die Teamgröße, die Häufigkeit der Teamsitzungen und den Detaillierungsgrad der Dokumentation. Weiter gilt:

- Die Einbindung von Quality Function Deployment in die Target-Costing-Methodik ist sinnvoll und wirkungsvoll.
- Der Einsatz von Wertgestaltung zur Erreichung der mit Target-Costing formulierten Ziele hat sich in der Praxis bewährt.
- Die mit Target-Costing erarbeitete Kostenstruktur bildet die Basis für die Lösungssuche.
- Die Kompensation von Kostenüberschreitungen erfolgt zwischen den einzelnen Funktionsträgern.

Die Methoden helfen bei der klaren Zielsetzung des Projekts, und durch deren Dokumentation wird die nachfolgende Steuerung des Projekts optimal unterstützt.

Produktanforderungen
- Präzise Ermittlung der Produktanforderungen (Spezifikationen)
- Konzeptentscheidung und Freigabe

Entwicklungsprozeß
- Projektorganisation
- Methodenanwendung: Target-Costing & Design-to-Cost
- Verankerung der Produktkostensteuerung im Projekt

Kostensteuerung
- Frühzeitige Strukturierung der Zielkosten
- Einbindung von Lieferanten
- Produktkostentransparenz / -benchmarking
- Begleitendes Controlling (Reviews, HK-Übersichten)

Abbildung 4.3-10: Schwerpunkte des TargetCosting in der Praxis

Wesentliche Problembereiche

- Zeit- und Technologievorsprung ist schwierig zu halten
- Projektmanagement wird immer anspruchsvoller und verlangt immer mehr Kompetenzen vom Projektleiter
- Information wird zum Wettbewerbsfaktor: Qualität versus Quantität

Erfolgsfaktoren

- Technologiebeobachtung und rechtzeitige Bereitstellung von Basiskomponenten
- Der richtige Methoden-Mix
- Informations-Infrastruktur für ein professionelles Projektmanagement

Literatur

[1] **Apitz, K.; Gäbler, W.; Holz, B.F.; Poth, L.G.; Wieczorek B.J.:** Erfolgsfaktoren von Marktführern, Landsberg 1989.

[2] **Boutellier, R.; Hänggi, R.:** Parallelisieren und Risiken im Innovationsprozeß, in: io Management, Juni 1996.

[3] **Boutellier, R.; Locker, A.; Hallbauer, S.:** Rascher auf dem Markt mit SE – Einführung von SE in KMU's, in: Technische Rundschau, 49/1995.

[4] **Boutellier, R.; Gassmann, O.:** Internationales Innovationsmanagement – Trends und Gestaltungsmöglichkeiten, in: Gassmann, O.; v. Zedtwitz, M. (Hrsg.): Internationales Innovationsmanagement, München 1996.

[5] **Bullinger, H.-J.; Lott, C.-U.:** Target Management, Unternehmen zielorientiert gestalten und ergebnisorientiert führen, Frankfurt/New York 1997.

[6] **Burghardt, M.:** Projektmanagement: Leitfaden für die Planung, Überwachung und Steuerung von Entwicklungsprojekten, Siemens AG 1997.

[7] Commission of the European Communities: Value Analysis in the European Community, A Tool for Value Management, Luxembourg 1990.

[8] **Cooper, R.; Slagmulder, R.:** Target-Costing and Value Engineering, Portland 1997.

[9] **Giarini, O.; Liedtke, P.M.:** Wie wir arbeiten werden – Der neue Bericht an den Club of Rome, Hamburg 1998.

[10] **Horváth, P.** (Hrsg.): Target-Costing, Stuttgart 1993.

[11] **Rommel, G.; Brück F.; Diederichs, R.; Kempis, R.-D.; Kluge, J.:** Einfach Überlegen, Das Unternehmenskonzept, das die Schlanken schlank und die Schnellen schnell macht, Stuttgart 1993.

[12] **Sabisch, H.; Tintelnot, C.:** Integriertes Benchmarking für Produkte und Produktentwicklungsprozesse, Wiesbaden 1997.

[13] **Seidenschwarz W.:** Nie wieder zu teuer, Stuttgart 1997.

[14] VDI Zentrum Wertanalyse: Wertanalyse, Idee-Methode-System, Düsseldorf 1991.

4.4 Wertorientierte Projektwahl, dargestellt am Beispiel der Pharmabranche

Franz Lechner, BASF Pharma, Ludwigshafen;
Rainer Völker, Hochschule für Wirtschaft, Ludwigshafen

4.4.1 Einleitung

In den USA ist es schon länger selbstverständlich, in Europa folgen immer mehr Unternehmen: Die Steigerung des Unternehmenswertes gilt als zentrales Oberziel und gleichermaßen als Erfolgsmaßstab unternehmerischen Handelns. Der Shareholder-Value-Gedanke hat auf breiter Front in der ökonomischen Theorie und Praxis Einzug gehalten. Obwohl die theoretischen Grundlagen seit den Anfängen der Kapitalmarkttheorie bekannt sind, hat wohl erst die bahnbrechende Arbeit von A. Rappaport[1] die Tür für eine breite operationalisierte Anwendung geöffnet. Im Gefolge von Rappaport sind insbesondere die Arbeiten von Copeland, Koller und Murrin[2] zu nennen sowie im deutschsprachigen Raum Bühner[3], Spremann[4] oder Gomez[5]. Basis des Wertmanagement-Ansatzes ist das Discounted Free Cash Flow (DFCF)-Konzept. Der Wert eines Unternehmens entspricht dem Strom aller diskontierten freien Zahlungsmittelüberschüsse, die sich mit den Geschäftsaktivitäten erzielen lassen. Aufgrund des Additivitätsprinzips läßt sich jedes Projekt des Unternehmens mit dem DFCF beurteilen: Ein Projekt ist positiv zu beurteilen, wenn es einen positiven DFCF erzielt, d. h. einen Wertzuwachs bewirkt.

Der Anspruch des Wertmanagement-Konzeptes ist umfassend und die Palette der Anwendungsmöglichkeiten entsprechend breit: So ist die Ermittlung des Unternehmenswertes – und in diesem Zusammenhang die Beurteilung von Akquisitionsmöglichkeiten – eine Domäne des Shareholder-Value-Ansatzes (SVA)[5]. Strategische Entscheidungen für Geschäftsfelder werden inzwischen bei vielen Konzernen nach ihrem DFCF-Beitrag beurteilt. Ein fast selbstverständliches Anwendungsgebiet hat das Wertmanagement-Konzept auf der Finanzierungsseite. Das Augenmerk wird auf die Free Cash Flows gelegt, d. h. die periodischen Größen, welche, im Gegensatz zu manchem „diffusen" Cash-Flow-Begriff, klar die erwirtschaftete Liquidität anzeigen. Wertmanagement hat inzwischen auch Bedeutung für weitere Fragestellungen erlangt: So wird versucht, die Entlohnung von Managern auf Basis des SVA auszurichten([6],[7]), oder Kennzahlen der Mitarbeiterführung werden nach dem Grundgedanken dieses Ansatzes konzipiert[8].

Ebenso ist die Anwendung des Wertmanagement-Konzeptes für die Wahl von möglichen Entwicklungsprojekten naheliegend und hat in der Praxis in Form des Kapitalwertverfahrens (Net Present Value) schon lange – auch ohne die übergeordnete Idee der Wertorientierung – vielerorts Einzug gehalten. Auch hier gilt: Jedes F+E-Projekt, welches einen positiven NPV (d.h. einen positiven Strom diskontierter Zahlungsmittelüberschüsse) erbringt, „liefert" eine Wertsteigerung für das Unternehmen. Allerdings zeigt sich oft, daß generelle Methodiken nach Unternehmen und nach Branchen anzupassen sind. Der folgende Beitrag zeigt, wie die NPV-Methodik zur Projektbewertung in der Pharmabranche eingesetzt werden kann. Nach der Darstellung der Methodik, die Spezifika des Pharmamarktes berücksichtigt, wird ein Fallbeispiel skizziert, bei welchem das Procedere zur Anwendung kommt. Es zeigt sich, daß das Kriterium des erwarteten NPV allein nicht genügt, um Projekte zu priorisieren. Gerade weil die Datensituation oft sehr vage ist, sind sinnvolle, den Unternehmensbedürfnissen angepaßte Szenarien zu bilden. Darüber hinaus spielt oft nicht nur die Rentabilität eine Rolle, sondern die Höhe und die Schnelligkeit, mit der Free Cash Flows anfallen. Außerdem gilt es, nicht nur den unmittelbaren Wert der Projekte zu erfassen. Oft schaffen F+E-Projekte Optionen auf Folgeprojekte, die ebenfalls mit in die Bewertung einfließen sollten. BASF Pharma hat vor rund zwei Jahren den Bereich Value-Based Management aufgebaut, der wertorientiertes Controlling forciert und entsprechende, auf die Unternehmensbedürfnisse zugeschnittene Methoden installiert hat.

4.4.2 Unternehmensprofil und Ausgangssituation

Im Unternehmensbereich BASF Pharma sind alle Pharma-Aktivitäten der BASF, Ludwigshafen, zusammengefaßt. Die Knoll AG, Ludwigshafen, bildet dabei mit ihren in- und ausländischen Tochtergesellschaften einen Schwerpunkt. Im Jahre 1995 erfolgte der Erwerb von Boots Pharmaceuticals durch die BASF. Die Schwerpunkte der Marktpräsenz von BASF Pharma liegen in Europa und Nordamerika, die Forschungs- und Entwicklungsaktivitäten konzentrieren sich vor allem auf Herz/Kreislauf, Metabolismus, Immunologie sowie Teilgebiete des Zentralen Nervensystems (z. B. Schizophrenie). Die wichtigsten Produkte sind der Kalzium-Antagonist Isoptin® mit dem Wirkstoff Verapamil, sowie in den USA das Schilddrüsenmedikament Synthroid®.

Die Anzahl der Mitarbeiter weltweit liegt bei rund 12 600. BASF Pharma unterhält vier Forschungszentren (D, GB, US, JPN), 17 Produktionsstätten und ist mit Präparaten in über 100 Ländern vertreten. Der Umsatz von BASF Pharma betrug 1997 rund 3,5 Milliarden DM. Durch das Zusammenlegen der Aktivitäten von Knoll und Boots – kommuniziert unter dem Titel „BASF Pharma - We are 1“ – kam es nicht nur zu einem Zusammentreffen unterschiedlicher Mentalitäten und Firmenkulturen mit ihren differenzierten Systemen und Instrumenten, sondern auch zu Überschneidungen der F+E-Pipeline mit entsprechend erhöhten F+E-Ausgaben .

Da einerseits jedoch insgesamt nur begrenzte F+E-Ressourcen verfügbar sind (im Branchendurchschnitt werden 15–18 Prozent vom Umsatz in F+E investiert), und andererseits die Anforderungen an jedes einzelne F+E-Projekt ständig steigen (Qualität und Geschwindigkeit der Produktentwicklung), darüber hinaus durchschnittlich nur 3–5 Prozent aller Projekte den Markt erreichen und davon nur 30 Prozent wirtschaftlich erfolgreich sind[9], ergibt sich zwangsläufig die Notwendigkeit zur Reduzierung der F+E-Pipeline bei gleichzeitiger Fokussierung auf innovative Schlüsselprojekte. Dadurch kann erreicht werden, daß jedem Projekt entsprechend ausreichende Mittel zur Verfügung stehen. Damit stellt sich die Problematik der Beurteilung der „Wirtschaftlichkeit“ von F+E-Projekten und die Frage der „richtigen“ Projektauswahl. Gerade im Pharmabereich ist das Thema Projektselektion von zentraler Bedeutung, da die Zahl der möglichen Projekte relativ hoch ist.

4.4.3 Wertorientierung bei der Projektbeurteilung

Unter dem Anspruch, ein Projekt möglichst „objektiv“ zu bewerten und subjektive und emotionale Einflüsse in Grenzen zu halten, wurde als Methode das Prinzip des Net Present Value (NPV) herangezogen und auf eine cash-orientierte Betrachtungsweise fokussiert. Die Methode erlaubt es, die einzelnen Projekte vom Standpunkt eines Investors zu beurteilen und auszuwählen, denn „... for investors, only the future pays – never the past“[10]. Daraus folgt gleichzeitig, die Projektbeurteilung vom Marktbedarf herzuleiten. Um dies zu erreichen, ist als erstes ein Zielproduktprofil in Zusammenarbeit zwischen Forschung/Entwicklung und Marketing zu erstellen. Ein Zielprofil wird bestimmt durch den therapeutischen Einsatz und das Wirkungsprofil, wissenschaftliche Daten für die Zulassungsbehörden (regulatorisches Umfeld), die Wettbewerbssituation sowie den medizinischen Bedarf (Medical Need) und die Markterwartungen. Aus dem Zielprofil lassen sich ein Entwicklungsplan mit den notwendigen Zeiten, Milestones, Ressourcen und Aktivitäten, aber auch – basierend auf einem Marketing Plan – entsprechende Umsatzerwartungen ableiten. Damit kann erreicht werden, daß qualitative Faktoren (wie z. B. Produkt-Soll-Profil, Marktattraktivität, Wettbewerbssituation) mit quantitativen Faktoren (wie z. B. klinische Daten, Marktpotential, Marktanteile, Preiserwartungen) verknüpft werden, so daß eine Umsatz- und Kostenplanung und damit eine FCF-Planung je Projekt erstellt werden kann. Gleichzeitig wird auch eine Diskussion und eine kritische Analyse der an der Projektentwicklung beteiligten Fachabteilungen (Klinische Entwicklung, Marketing, Produktion, Formgebung, Zulassung etc.) angeregt; im Vordergrund steht dabei die interdisziplinäre Würdigung aller vorliegenden Zahlen, Daten und Fakten im Sinne des angelsächsischen „Pressure-Testing“, denn „... the purpose of valuation is to gain understanding ... [and] ... not arrive at a number“ [10].

Um eine große Zahl der geforderten Daten überhaupt generieren zu können, werden für diese Evaluierung nur Projekte ab der Entwicklungsstufe „Klin. Phase II“ einbezogen. Zu diesem Zeitpunkt liegen Daten vor, die das Projekt in seinem Markt bestimm- und beschreibbar machen (z.B. Fragen des pharmakologischen Wirkprofils, woraus sich die therapeutische Indikation ableitet sowie Vorstellungen von Tagesdosen, die es erlauben, erste Preis- und [Herstell-] Kostenabschätzungen vorzunehmen), sowie zumindest erste Marktdaten.

Schematischer Ablauf der Bewertung

Für jedes in die Bewertung einbezogene Projekt (wie erwähnt, sind das in der Regel alle Projekte der Phasen II und III) wird ein Zielprofil festgelegt. Daraus leitet sich der klinische Entwicklungsplan ab. Es gilt zunächst, die Marktperspektiven zu analysieren. Nur so läßt sich mit Hilfe von Marktvolumina, Marktanteilen und Preisvorstellungen (dargestellt auf Basis der zu erwartenden Tagesdosis in Form von Daily Therapeutic Costs – DTC) mittels epidemilogisch abgestützter Daten eine Umsatzerwartung aufzeigen. Dabei kommen auch die im Marketing üblichen Instrumente wie SWOT-Analysen (Stärke/Schwäche-Profile), Analyse der Schlüsselfaktoren (Key Value Driver) sowie der Vergleich des Projekts hinsichtlich Wirksamkeit, Verträglichkeit, Applikationsform, Behandlungsdauer etc. mit dem allgemein gültigen Therapieschema (Gold Standard) zur Anwendung[10]. Ein schematischer Ablauf einer derartigen Umsatzplanung ist aus Abbildung 4.4-1 ersichtlich.

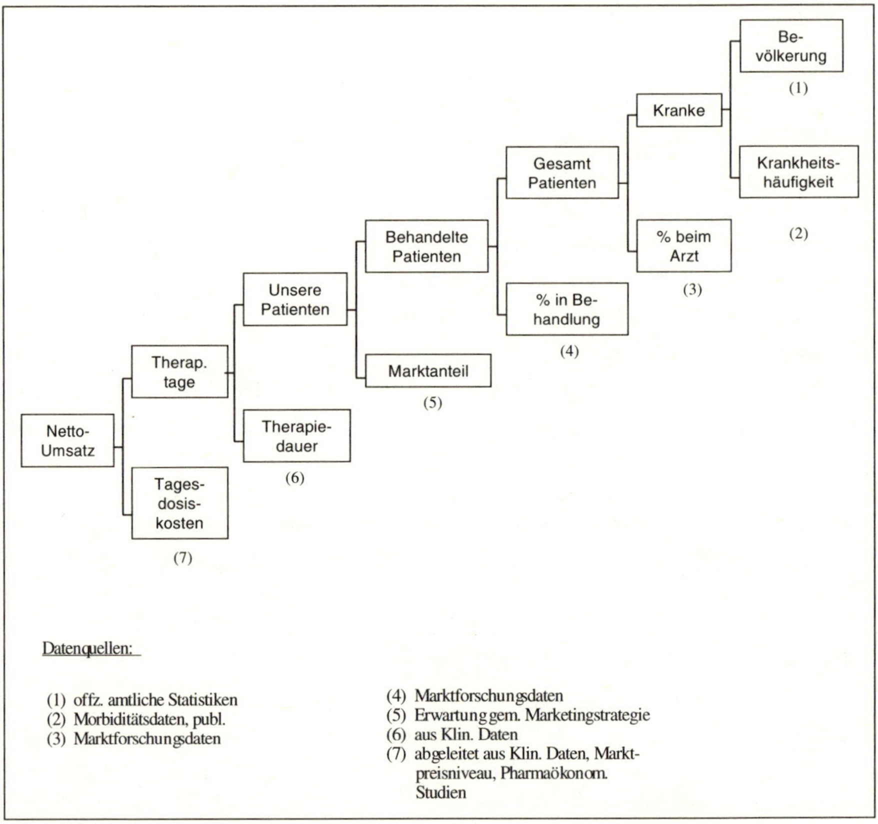

Abbildung 4.4-1: Bestimmung des erwarteten Produktumsatzes (Epidemilogischer Ansatz)

Die Herstellkosten werden auf Basis von Standardwerten (Richtkalkulation) ermittelt, wobei als Grundlage die gemäß klinischen Studien ermittelte durchschnittliche Tagesdosis herangezogen wird. Parallel erfolgt die Planung der Marketing-Kosten, die sich aus dem entsprechenden Marketing-Mix ergibt. Sollten durch das Projekt zusätzliche Investitionen in Sachanlagen notwendig werden bzw. eine außerordentliche Beeinflussung im Working Capital zu erwarten sein (z. B. lange Zahlungsziele im Krankenhausgeschäft in einer Reihe von europäischen Ländern von über ein bis zwei Jahren), so sind diese als Cash-Out entsprechend zu berücksichtigen. Der so ermittelte jährliche FCF wird mit den durchschnittlichen Kapitalkosten abgezinst und so ein diskontierter NPV des Zielprofils ermittelt (Abbildung 4.4-2). Der Planungszeitraum erstreckt sich dabei meist auf 10–15 Jahre.

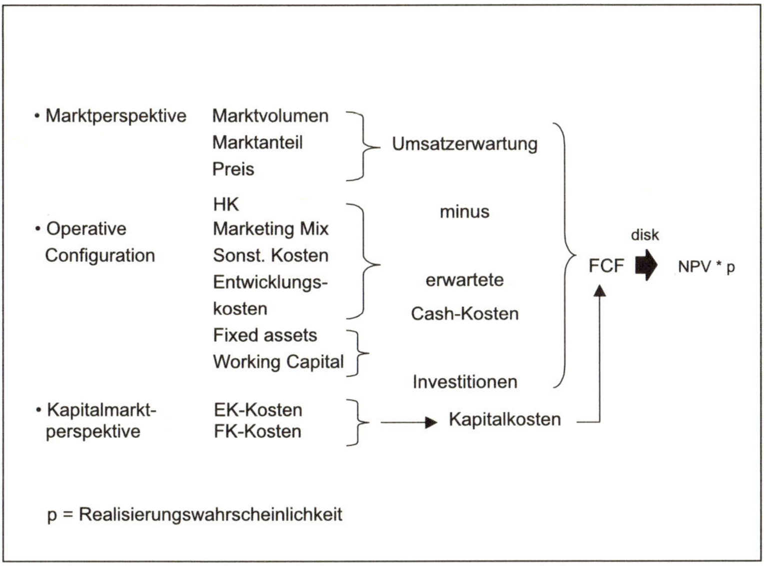

Abbildung 4.4-2: Ermittlung des erwarteten Projektwertes bei Erreichung des Zielprofils

Da es sich bei derartigen Projekten aus der Phase II bzw. III um Projekte handelt, deren Realisierung unsicher ist, wird der ermittelte NPV mit dem Faktor der kumulierten Projektrealisierungswahrscheinlichkeit (p<1) multipliziert. Die Realisierungswahrscheinlichkeiten ergeben sich aus dem klinischen Entwicklungsplan, in dem Milestones (Entscheidungspunkt am Ende jeder Entwicklungsteilphase, an dem gemäß Targetprofil entschieden wird, ob das Projekt in die nächste Phase übernommen wird), Ressourcen (Kosten), Aktivitäten und Zeiten definiert werden. Es handelt sich dabei vielfach um Erfahrungswerte in Abhängigkeit von der jeweiligen Indikation und deren therapeutischen Zielen. Als Faustregel kann dabei ein p<0,15 für Phase-II-Projekte und 0,30<p<0,50 für Projekte der Phase III gelten.

Jede Projektrealisierung hinsichtlich eines angestrebten Zielprofils ist unsicher. Deshalb sind auch noch andere outcomes (darunter ein „Minimumprofil“) mit den jeweiligen K.-O.-Kriterien zu definieren und im Sinne eines „Entscheidungsbaumes“ jede Alternative zu bewerten. Für erwartete Alternativen ist eine Kostenerwartung und Umsatzplanung zu erstellen und hieraus ein erwarteter NPV zu berechnen. Die Summe aller NPV-Werte ergibt schließlich den erwarteten Gesamt-NPV je Projekt. Somit sind auch die möglichen Projektabbrüche gemäß der Milestone-

Planung berücksichtigt (für diese Alternativen fällt im Rahmen der Entwicklungsschritte nur Cash-Out an). In Abbildung 4.4-3 ist beispielhaft ein Projekt-Entscheidungsbaum dargestellt.

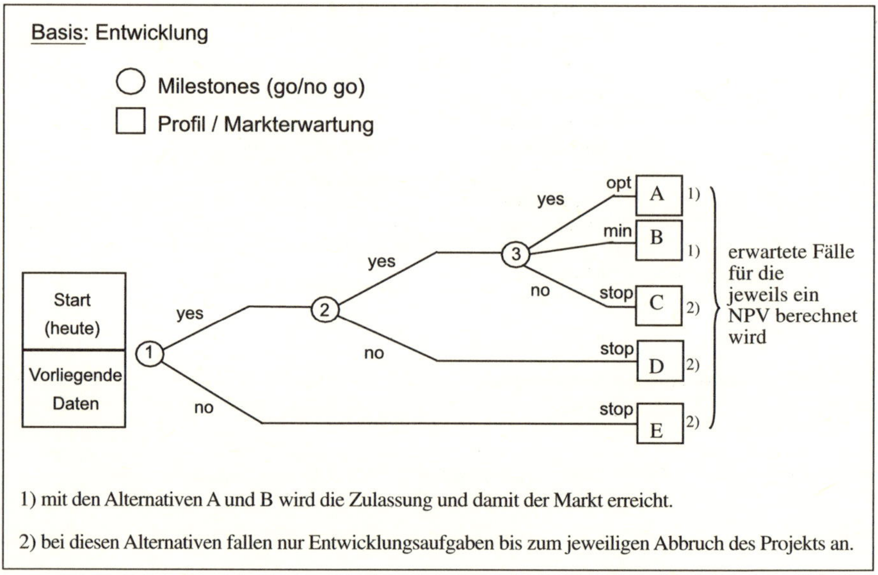

Abbildung 4.4-3: Entscheidungsbaum

4.4.4 Projektbeispiel

Die Aufgabe lautete, ein Entwicklungsprojekt für die Indikation „Schizophrenie“ zu beurteilen. Das Projekt befand sich in der Phase II und wurde als Lizenz angeboten. Es sollte eine Entscheidungsgrundlage erarbeitet werden, das Projekt einzulizenzieren und bei positiver Beurteilung des Lizenzprojekts ein anderes in der Entwicklung befindliches Projekt einzustellen, da die Gesamtressourcen nicht aufgestockt werden konnten.

Gemäß der vorgegebenen Evaluierungsschritte wurde zunächst ein (optimales) Produktprofil entwickelt (Zusammenarbeit zwischen strategischem Marketing und klinischer Entwicklung) und daraus die K.O.-Kriterien definiert. Im Rahmen dieser Analyse- und „Pressure-Test“-Phase mit den vorliegenden klinischen und pharmakologischen Daten sowie mit der Beurteilung der Marktlage (Medical and Therapeutical Need) ergab sich die Anforderung an die Entwickler, dieses Projekt spätestens im Jahre 2002 zur Zulassung zu bringen. Als entscheidender Wettbewerbsvorteil sollte dabei eine Depot-Form (langsame Wirkstoffreigabe über einen langen Zeitraum) entwickelt werden. Daraufhin wurden die entsprechenden Teilpläne für die Cash-Flow-Ermittlung erstellt (Umsatz- und Kostenplanung, Marketing Mix etc.) und jede einzelne Alternative wie beschrieben durchgerechnet. Aufgrund der Datenlage sowie der vorliegenden klinischen Prüfmodelle konnte davon ausgegangen werden, daß die Realisierungswahrscheinlichkeit des optimalen Produktprofils (Depot-Form) mit ca. 20 Prozent (p = 0,2) anzusetzen ist (Abbildung 4.4-4). In diesem Falle wurden noch zwei Minimumprofile als möglich erachtet, deren Realisationswahrscheinlichkeit mit 14 Prozent bzw. 8 Prozent angesetzt wurde.

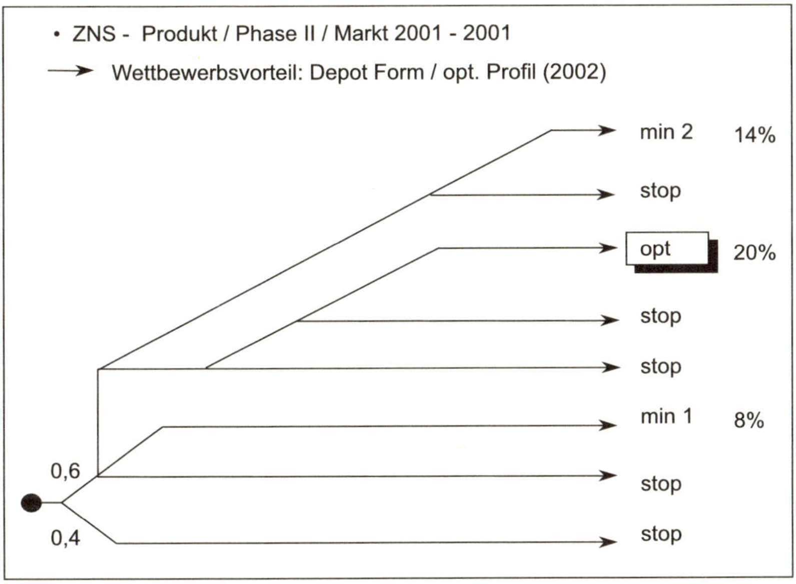

Abbildung 4.4-4: Entscheidungsbaumskizze für Beispielprodukt

Die Summe der einzelnen „Äste“ ergab insgesamt einen positiven erwarteten Gesamt-NPV. Jedoch war nur diejenige Alternative „optimales Profil“ hochpositiv, die die übrigen negativen Net Present Values kompensierte. Bei einer genaueren Analyse der FCF-Verläufe je Alternative zeigte sich auch, daß ein positiver Cash-Flow des Optimalprofils insgesamt erst nach ca. zehn Jahren zu erwarten war (Abbildung 4.4-5 oben). Dazu kam, daß der maximal zu erwartende negative Cash-Flow (bei zeitlich spätem Projektabbruch) in der Größenordnung bei über 50 Mio DM lag (Abbildung 4.4-5 unten). Aufgrund dieser Daten- und Faktenlage wurde entschieden, das Projekt nicht einzulizenzieren, sondern das interne F+E-Projekt fortzuführen.

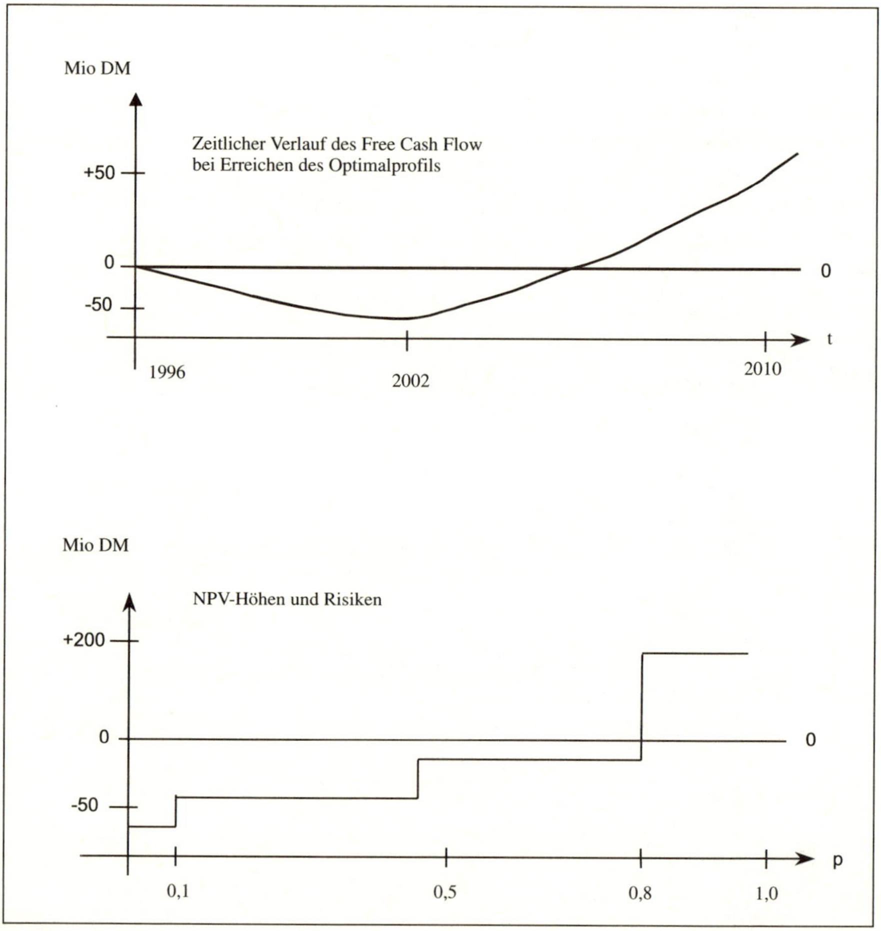

Abbildung 4.4-5: Untersuchung auf FCF-Verläufe und NPV-Verteilung

4.4.5 Berücksichtigung von Optionswerten

F+E-Projekte haben generell Optionscharakter, denn erfolgreiche F+E-Ergebnisse verschaffen die Möglichkeit, diese Ergebnisse zu vermarktet[11]. Diese Eigenschaft legt die Anwendung der Optionspreistheorie bei der Projektbewertung nahe([12],[13]). Allerdings sind der Übertragbarkeit der für Finanzoptionen konzipierten Theorie auf Realinvestitionen Grenzen gesetzt. F+E-Projekte sind keine am Markt gehandelten Güter, und es gibt somit keine Marktbewertung; die Anwendung des Option-Pricing würde jedoch gerade die Existenz eines vollständigen Kapitalmarkts voraussetzen, der für alle Projekte Marktpreise impliziert[14].

Aus Praxissicht ist es weniger von Bedeutung, F+E-Projekte generell als Optionen zu betrachten. Durchaus wichtig ist allerdings zu beachten, daß F+E-Projekte neben ihrem „direkten" erwarteten NPV noch spätere Möglichkeiten (Optionen) schaffen können, die ebenfalls einen Wert haben. Z.B. ist es gerade bei grundlegenden Projekten, die den Einstieg in ein neues Gebiet eröffnen so daß Folgeprojekte möglich sind, die ohne das „Erstprojekt" nicht bzw. nicht so einfach möglich wären (Abbildung 4.4-6).

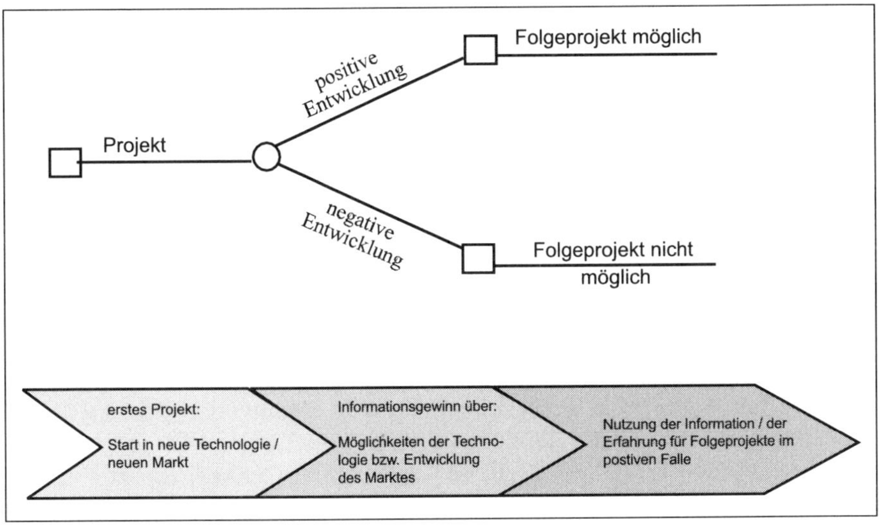

Abbildung 4.4-6: F+E-Projekte schaffen Optionen[15]

Als Beispiel kann ein Projekt für ein neues Mittel gegen essentielle Hypertonie dienen. Relativ bald wurde klar, daß die gleiche Wirkstoffbasis auch therapeutische Effekte für eine spezielle Sonderform der Hypertonie hat. Zwar war noch nicht im Detail abzusehen, ob ein weiteres Projekt in ein erfolgreiches Produkt münden würde, aber durch das erste Projekt war eine mögliche Basis für das zweite geschaffen. Zusätzliche Informationen im Laufe eines Projekts über Technologien und/oder über Marktentwicklungen können für Folgeprojekte genutzt werden. Beim Einstiegsprojekt über essentielle Hypertonie war somit zu berücksichtigen, daß mit einer gewissen Wahrscheinlichkeit eine spätere Line Extension möglich war. Der Gesamtwert eines Projekts ergibt sich also als Wert des unmittelbaren Projekts plus dem Wert aller Optionen, die dieses Projekt schafft. Aus praktischer Sicht geht es hier nicht darum, mit der Optionspreistheorie Werte zu bestimmen. Wie erwähnt ist die Anwendung von Option-Pricing vor dem genannten theoretischen Hintergrund ohnehin schwer vertretbar. In der Praxis ist es wichtig, Optionen überhaupt zu erkennen und zumindest von der Größenordnung her richtig abzuschätzen. In unserem Beispiel seien „M“ die diskontierten FCF (ohne Entwicklungsausgaben), die im Falle der Line Extension durch das neue, zusätzliche Medikament zu erwarten wären. „E“ seien die zusätzlichen notwendigen diskontierten Entwicklungsausgaben, „q“ die Wahrscheinlichkeit, daß die Tests im Rahmen des ersten Projekts die Wirksamkeit des Wirkstoffes bestätigen. Der Wert des Projekts ist also dann der NPV des Mittels gegen essentielle Hypertonie plus $q \cdot (M-E)$, dem erwarteten NPV des möglichen Folgeprojekts. Eine falsche Berechnung wäre $q \cdot (M-E) + (1-q) \cdot (0-E)$. Letztere Erwartungswertberechnung würde dem Optionscharakter nicht gerecht werden, da sie unterstellt, daß auch im „schlechten“ Falle die Entwicklung angegangen würde! Generell gilt also, daß neben dem „direkten“ Wert des Projekts auch alle möglichen Optionswerte zu berücksichtigen sind. Geschieht dies nicht, so besteht die Gefahr, daß die Werte von Projekten tendenziell unterschätzt werden.

4.4.6 Fazit

Die Methode der wertorientierten Projektbeurteilung ist bei BASF Pharma seit zwei Jahren im praktischen Einsatz und im allgemeinen gut akzeptiert. Im ersten Schritt konnten die vorhandenen insgesamt 30 Projekte auf 23 reduziert werden, so daß zusätzliche Ressourcen pro F+E-Projekt zur Verfügung stehen. Neben diesem relativ kurzfristig erzielten positiven Ergebnis konnten der internationale (insbesondere Europa vs. USA) und interfunktionale (insbesondere Marketing vs. F+E) und „nebenbei“ auch der interkulturelle (Knoll/Boots) Dialog vertieft werden. Die Diskussion in den einzelnen Projektteams wurde mehr und mehr versachlicht, und – besonders wichtig! – je Projekt wurden vor allem die Risiken und Chancen besser abgewogen und „kalkulierbar“ gemacht. Darüber hinaus wird für die Entscheidungsgremien ein einheitliches Modell zur Verfügung gestellt.

Als Problembereiche sind vor allem der notwendige Formalismus zu nennen, darüber hinaus der Zeitaufwand zur Sammlung und Beurteilung aller Projektdaten (der je nach Projekt bis zu drei Monate dauern kann) sowie der Zeithorizont der Planperiode. Allgemein ist für ein Projekt in der Pharmaindustrie mit einer Entwicklungszeit bis zur Marktreife von sechs bis zehn Jahren zu rechnen, woraus sich die Notwendigkeit für einen längeren Planungszeitraum ableitet. Zur Zeit wird jedes Projekt auf einer Basis von 10–15 Jahren durchgerechnet, was natürlich an die Grenzen von Datengenauigkeit und Plankonsistenz stößt. Wichtig ist jedoch, dabei zu bedenken, daß es sich bei den ermittelten Werten immer um Größenordnungen handelt und nicht um akribisch ermittelte buchhalterische Werte. Hier ist der Controller, der ja den Prozeß zu steuern und zu moderieren hat, mit einem entsprechenden Gespür für die Machbarkeit und mit seinem „Fingerspitzengefühl" gefordert. Kenntnisse des Controllers über das operative Geschehen sind unabdingbar, damit er nicht die Rolle eines „Zahlenknechtes übernimmt", sondern die eines strategisch denkenden Finanzmanagers.

Letztendlich wird eine Entscheidungshilfe angeboten, die im Unternehmen allgemein akzeptiert ist. Bei allen Entscheidungen ist außerdem immer der Satz des englischen Statistikers Sir D. R. Cox zu bedenken, bei dem es heißt „.... all models are wrong – but some are useful!". Das letzte Wort hat der Manager bzw. das jeweilige Entscheidungsgremium.

Wesentliche Problembereiche

- Shareholder-Value-Gedanke im Innovationsprozeß
- „Die Guten ins Töpfchen ...“ - welches ist die richtige Methode zur Projektauswahl?
- Wertorientierte Projektbewertung darf nicht zum reinen Formalismus verkommen

Erfolgsfaktoren

- F+E Projekte können Optionen schaffen und haben demnach einen Optionswer.
- Wertorientierte Projektbeurteilung schafft das richtige Maß an Objektivität.
- Größenordnungen sind wichtiger als Kommastellen.

Literatur

[1] **Rappaport, A.:** Creating Shareholder Value: The New Standard for Business Performance, New York 1986.

[2] **Copeland, T.; Koller, T.; Murrin, J.:** Valuation: Measuring and Managing the Value of Companies, New York et al. 1990.

[3] **Bühner, R.:** Das Management-Wert-Konzept, Stuttgart 1994.

[4] **Spremann, K.:** Projekt-Denken versus Perioden-Denken, in: Spremann, K.; Zur, E.: Controlling-Grundlagen, Informationssysteme, Anwendungen, Wiesbaden 1992.

[5] **Gomez, P.:** Wertmanagement, Vernetzte Strategien für Unternehmen im Wandel, Düsseldorf 1993.

[6] **Murphy, K.:** Corporate Performance and Managerial Remuneration, in: Journal of Accounting and Economics, Vol. 7 1985.

[7] **Whittlesey, F. E.:** Expanding the Phantom Stock Concept, in: Compensation & Benefits Review, Vol. 26, November/Dezember 1994.

[8] **Bühner, R.:** Mitarbeiter mit Kennzahlen führen, in: Harvard Business Manager, 3/1995.

[9] **Grabowski, H.G.:** Journal of Health Economics, Vol. 13 1994.

[10] **Langohr, H.:** Valuation as a source of insight, in: Marketing Enterprise, 4/1996.

[11] **Kester, W. C.:** An Options Approach to Corporate Finance, in: Altmann, E.I.; McKinney, M.J. (Hrsg.): Handbook of Corporate Finance, New York et al. 1996.

[12] **Eble, S.; Völker, R.:** Die Behandlung von Optionen in der betrieblichen Investitionsrechnung, in: Die Unternehmung, 47.Jg. 1993.

[13] **Nichols, N.:** Scientific Management at Merck, in: Harvard Business Review, 1994.

[14] **Budworth, D.W.:** Finance and Innovation, London 1996.

[15] **Völker, R.:** Wertorientierte Planung und Steuerung von F+E, in : Zeitschrift für Planung, 1998.

4.5 Entwicklungs-Controlling bei der Hauni Maschinenbau AG

Susanne Gräper, Hauni Maschinenbau AG, Hamburg

4.5.1 Die Zukunft mitgestalten

Die Hauni Maschinenbau AG in Hamburg-Bergedorf liefert Produktionsmaschinen, Anlagen und Systemtechnik für die tabakverarbeitende Industrie. Als in diesem Bereich weltweit führendes Unternehmen erzielte Hauni 1998 mit 2500 Mitarbeitern einen Umsatz von 800 Millionen DM.

Der Markt für Maschinen der Tabakindustrie ist durch wenige Anbieter und wenige Kunden gekennzeichnet. Bei dieser Konstellation ist es besonders wichtig, einen technischen Vorsprung gegenüber den Mitbewerbern zu erarbeiten; insbesondere wenn man berücksichtigt, daß Hauni fast ausschließlich in Deutschland produziert (hohe Kosten und Preise am Standort Deutschland).

Um den technischen Vorsprung zu erreichen und halten zu können, ist es entscheidend, Innovationen zum „richtigen" Zeitpunkt auf den Markt zu bringen. Dafür ist eine genaue Planung, Steuerung und Kontrolle von Entwicklungsprojekten notwendig.

Grundlage für jede Neuentwicklung einer Maschine ist die genaue Marktkenntnis der Mitarbeiter in Vertrieb und Technik. Welche Bedürfnisse hat der Kunde heute und wonach wird er wahrscheinlich in einigen Jahren fragen? Diese Erkenntnisse aus dem Markt gilt es im Unternehmen transparent zu machen und daraus die Unternehmensstrategie zu entwickeln, damit sich die Produktplanung und -entwicklung daran orientieren kann.

In der Grundlagenforschung werden neue Lösungsansätze gewonnen – idealerweise schon in einem frühen Stadium in Zusammenarbeit mit Mitarbeitern der Konstruktion. Diese Ergebnisse der Forschung bilden häufig die Basis für Neuentwicklungen.

Im folgenden werden Projekte im Bereich der Neu- und Weiterentwicklung betrachtet. Auf Besonderheiten von Forschungsprojekten bezüglich der Planung und Kontrolle wird nicht näher eingegangen.

Organisatorische Voraussetzung ist eine funktionierende Projektorganisation, die neben der Linienorganisation der Konstruktionsbereiche aufgabenorientiert arbeitet und Mitarbeiter für die Zeit der Projektarbeit für die Entwicklungsphase freistellt.

Schwerpunkt der folgenden Ausarbeitung ist die Betrachtung der Personalkapazitäten, die durch Entwicklungsprojekte gebunden werden sowie deren Planung, die Verfolgung während der Projektphase und die Auswertung am Ende der Entwicklung als Basis für Kennzahlen und die Planung weiterer Projekte.

4.5.2 Vor Beginn jeder Neuentwicklung steht eine detaillierte Planung

Die beschriebene Vorgehensweise wird nur bei größeren Entwicklungsprojekten angewendet, nicht hingegen bei kleineren Aufgaben oder Serienpflege- und Konstruktionstätigkeiten, die von einem einzelnen Konstrukteur oder innerhalb einer Gruppe erledigt werden können. Kriterien für die Einteilung der Entwicklungsaufgaben sind die Komplexität der Aufgabe, die Höhe des Budgets, die Zahl der beteiligten Abteilungen des Hauses etc. Die Konzentration auf einige größere Projekte ist erforderlich, da alle Tätigkeiten in Zusammenhang mit der Planung und Durchführung eines Projekts auch eine zeitliche Belastung der beteiligten Mitarbeiter durch administrative Tätigkeiten bedeuten.

Zu Beginn eines Entwicklungsprozesses wird ein Projektteam gebildet und ein Projektleiter benannt, dem für den gesamten Entwicklungsprozeß die Verantwortung für das Projekt übertragen wird. Das Projektteam setzt sich aus Mitarbeitern aller Bereiche zusammen: Vertrieb, Forschung und Konstruktion sowie Mitarbeiter des Einkaufs, der Fertigung und Montage, die von Anfang an mit einbezogen werden.

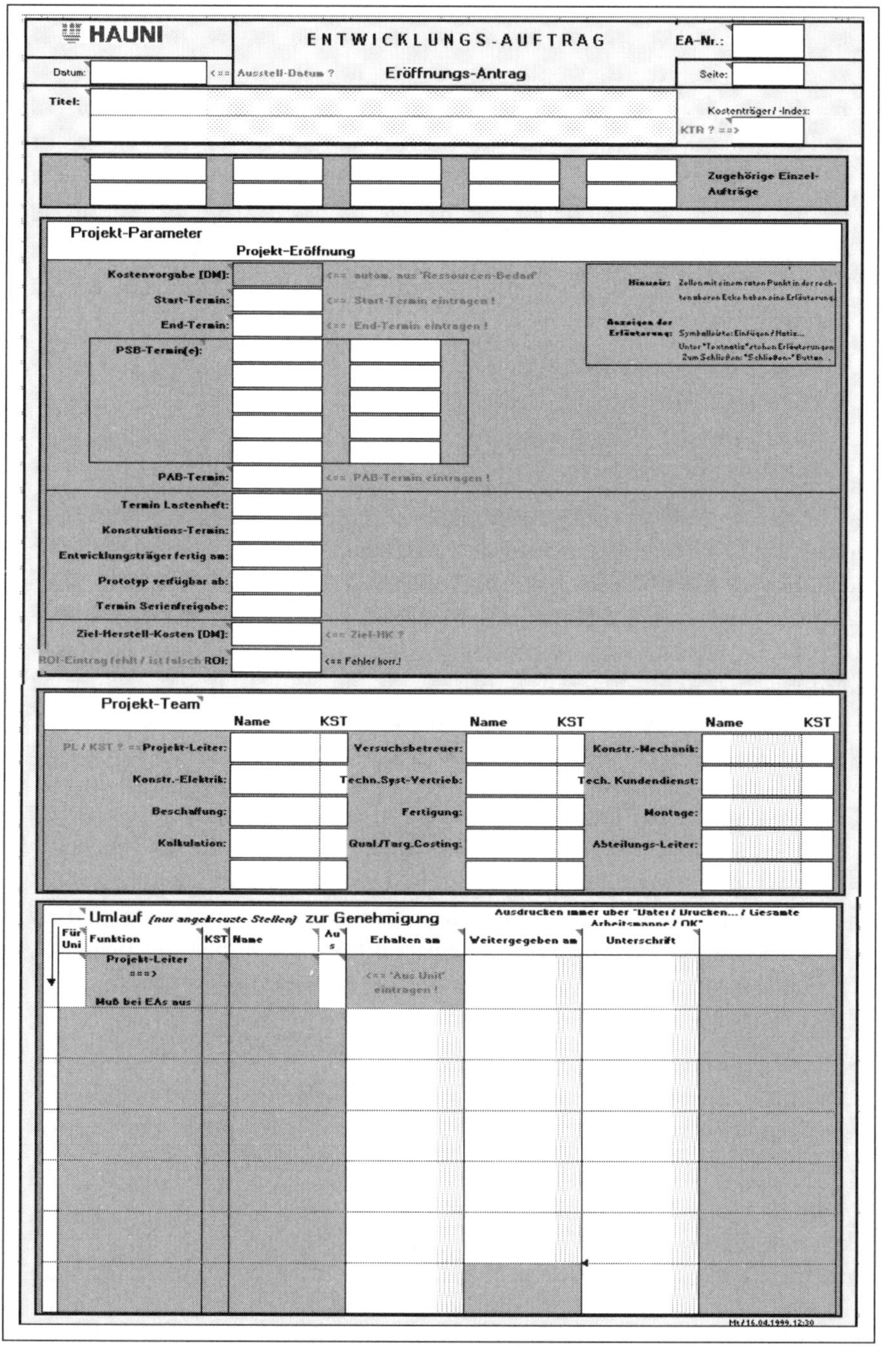

Abbildung 4.5-1: Deckblatt des Eröffnungs-Antrags für einen Entwicklungsauftrag

Erster Meilenstein nach Bildung des Projektteams ist die Erstellung des Lastenhefts, in dem die einzelnen Teilschritte der Entwicklung inhaltlich klar strukturiert werden. Wichtiger Bestandteil dieses Prozesses ist die Betrachtung der Kosten für die Gesamtentwicklung, denn am Ende der Erstellung des Lastenhefts steht die Entscheidung, ob die geplante Entwicklung umgesetzt wird oder nicht. Der Controller wird deshalb schon in dieser frühen Phase in die Projektarbeit mit einbezogen und unterstützt den Projektleiter.

Die Aufgaben des Controllers innerhalb eines Projekts umfassen drei Schwerpunkte:

- Unterstützung des Projektleiters bei der Planung der gesamten Entwicklungskosten für das Projekt,
- Berechnung der Wirtschaftlichkeit der geplanten Entwicklung,
- Ermittlung der Ziel-Herstellkosten des zukünftigen Projekts.

Wichtiger Teil der Projektplanungsphase ist die inhaltliche Planung und Definition der Meilensteine mit den dazugehörigen Teilschritten, die heute bei Hauni über MS Project abgebildet wird. Jedes der Teammitglieder plant die notwendigen Kapazitäten für die Erfüllung seiner Teilaufgabe. Für jede Funktion der zu entwickelnden Maschinen sind die benötigten Mannwochen abzuschätzen, häufig sogar die Kapazitäten einzelner Mitarbeiter, wenn deren Spezialwissen für gewisse Fragestellungen herangezogen werden muß. Basis für die Planung der Personalkapazitäten bilden die von jedem verantwortlichen Konstrukteur geplanten Stunden. Dabei nutzt er neben seiner Erfahrung auch Kennzahlen – z.B. durchschnittliche Zahl von Stunden pro zu konstruierender Position – mit denen versucht wird, eine gewisse einheitliche Vorgabe für die Planung zu geben. Die so in einem detaillierten Prozeß ermittelten Entwicklungsstunden werden dann mit dem Kostensatz der jeweiligen Konstruktionsabteilung multipliziert, um den Planwert für die Personalkosten der Entwicklung zu ermitteln.

Gerade in diesem Teilschritt der Planung sind die Erfahrungswerte des Projektleiters und der einzelnen Konstrukteure von besonderer Bedeutung. Es ist deutlich zu erkennen, daß die Planung der Folgeprojekte wesentlich präziser wird, wenn der betreffende Konstrukteur die Ist- und Planwerte seiner bisherigen Projekte regelmäßig verfolgt und abgeglichen hat.

Neben der Planung der Inhalte und Termine einzelner Entwicklungsprojekte mit MS Project nutzt das Controlling ein Excel-Tool, um die für die einzelnen Projekte verplanten Kapazitäten und Kosten pro Kostenstelle und Monat zu verdichten. Dadurch wird ersichtlich, wie viele Mannwochen jede einzelne Kostenstelle für die Entwicklungsprojekte zu leisten hat. Die Führungskräfte der F+E-Bereiche und alle Projektleiter haben direkten Zugriff auf die im Excel-Tool erstellte Kapazitätsplanung. Diese Information bildet die Basis für die Abstimmung und Priorisierung aller parallel laufenden Entwicklungsprojekte.

Ein weiterer wichtiger Punkt, der die Entwicklung beeinflußt und damit die Bedeutung einer gewissenhaften Planung unterstreicht, ist der täglich entstehende Konflikt, wenn Mitarbeiter neben der Entwicklungsarbeit auch Aufgaben der Kundenauftragskonstruktion bearbeiten. Diese Konstruktionen für Kundenaufträge sind mit festen Terminen und Umsatz verbunden und bekommen schnell eine höhere Priorität als Neuentwicklungen.

Damit sich die Konstrukteure in der Projektarbeit ausschließlich auf Neuentwicklungen konzentrieren können, ist es Ziel bei Hauni, sie während der Projektphase von Serienpflegetätigkeiten zu befreien. Dennoch kommt es bei einigen Mitarbeitern zu Überschneidungen, was für Vorgesetzte die Notwendigkeit einer detaillierten Kapazitätsplanung ihrer Kostenstelle unterstreicht.

Besonders wichtig ist die Kapazitätsplanung für Kostenstellen, die Querschnittsfunktionen ausüben (z.B. Versuchsfertigung und -montage). Kennzeichnend für diese Kostenstellen ist, daß von verschiedenen Entwicklungsbereichen Anforderungen an die Kapazität von Mitarbeitern und Maschinen gestellt werden. Für diese Kostenstellen ist es notwendig, Pufferzeiten in die Planung einzubauen (gerade im Versuch sind Verzögerungen beim Testen von neuen Maschinen oder Baugruppen möglich). Ohne eingeplante Pufferzeiten können Verzögerungen bei Versuchen nachfolgende Entwicklungs- und Versuchsaktivitäten sofort beeinträchtigen.

Ein weiterer Aspekt in der Planungsphase sind unverrückbare Termine (z.B. eine Messe), die das Ende der Entwicklungszeit genau festlegen. Besonders in solchen Fällen ist eine Rückwärtsterminierung der Planung mit klar definierten Meilensteinen unerläßlich. Zusätzlich ist es wichtig, ein Risikoszenario mit ausreichenden Pufferzeiten aufzubauen.

Die besondere Schwierigkeit im gesamten Planungsprozeß von Entwicklungsprojekten liegt in der Planbarkeit von Entwicklungsleistungen. Sicherlich können Kennzahlen die Planung unterstützen, doch zeigt sich im Verlauf eines Entwicklungsprojekts schnell, daß die Komplexität und Parallelität einzelner Aufgaben zu Plan-Ist-Abweichungen führen kann. Dabei ist festzuhalten, daß auch die Planung dynamisch sein sollte und alle im Projekt involvierten Kostenstellen und Mitarbeiter rechtzeitig über Abweichungen informiert werden müssen. Aufgrund dieser Erfahrungen wird bei Hauni angestrebt, die Planung nicht ausschließlich vor Projektstart aufzubauen, sondern bei größeren Plan-Ist-Abweichungen die Planung des Projektverlaufs an vordefinierten Projektmeilensteinen zu korrigieren und an die veränderten Randbedingungen anzupassen.

4.5.3 Die Projektphase

Nach Eröffnung des Entwicklungsprojekts ist eine Hauptaufgabe der Controller die Kostenverfolgung. Hauni hat im Juni 1998 unternehmensweit SAP R/3 eingeführt. Die Ist-Kosten der einzelnen Projekte werden durch die Auftragsrechnung abgebildet – eine Planung in SAP wird vorbereitet.

Datum: 20.04.1999 Perioden 4 bis 4 Jahre 1999 bis 1999
Zeit : 11:03:18 Auftrag bzw. Auftragsgruppe: 5200235 Entwicklung eines

Hinweis: Der sogen. Vortrag aus R/2 <=Vorvorjahre 1992-1996> wurde in das Geschäftsjahr 1996

Kostenarten			Ist 4	Plan 4	Abw. %	Ist 1-4
	40930	Elektro-Material Kauf				945,86
*	Kauf-/Normteile Elektrik					945,86
	40920	Hilfsmaterial Kauf				0,48
*	Kauf-/Normteile Mechanik					0,48
	40130	DK/Verbrauch nicht Eisen Met				
*	Sonst. Materialeinzelkosten					
**	Materialeinzelkosten					946,34
*	40541	Software-Ingenieurleistungen	11.500,00		100,00	11.500,00
**	Konstruktion extern		11.500,00		100,00	11.500,00
*	6523410	MGK Einkauf Sonstige				
*	6523500	MGK Fremdleistungen				
*	6523600	MGK Bereitstellung Fremdbezo				3,66
**	Material-GK					3,66
*	6315000	ILV Konstrukteur/Ing. Stunde				2.757,00
*	6316000	ILV Labor/Versuchsmont/Zeich				
**	Konstruktion intern					2.757,00
***	Summe Herstellkosten		11.500,00		100,00	15.207,00
****	Auftragskosten gesamt		11.500,00		100,00	15.207,00

Abbildung 4.5-2: Entwicklungs-Auftragsbericht in SAP R/3

Verfolgt der Projektleiter vor allem den inhaltlichen Fortschritt des Projekts, so unterstützt der Controller ihn bei der Verfolgung der Gesamtkosten. Den Hauptanteil an den Kosten haben die Personalkosten, wobei die Tätigkeit der Mitarbeiter über zwei Leistungsarten abgebildet werden: Konstrukteurs- und Zeichnerstunden. Während Material- und Fertigungskosten direkt bei Anfall auf dem Auftrag verbucht werden, werden die geleisteten Stunden der Mitarbeiter jeder Kostenstelle nur einmal im Monat im System erfaßt. So hat der Projektleiter erst zu Beginn des Folgemonats die Möglichkeit, sich den Ist-Verlauf der Personalkosten anzusehen. Ein Plan-Ist-Vergleich der Kosten erfolgt im zuvor erwähnten Excel-Tool, in welchem der Projektleiter die Kosten mit dem inhaltlichen Fortschritt des Projekts abgleichen kann. Sind deutliche Abweichungen zwischen Plan- und Ist-Kosten festzustellen gilt es, die Gründe zu ermitteln und die Planung/Gesamtkosten über einen Erweiterungsantrag anzupassen.

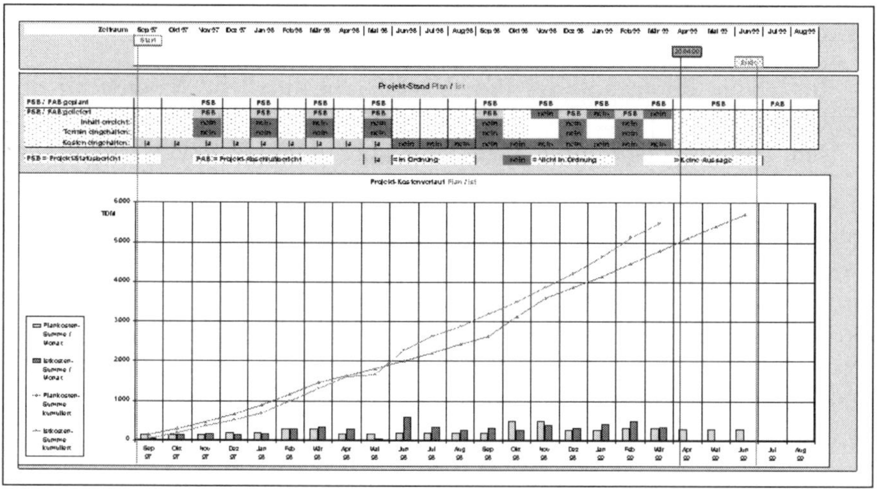

Abbildung 4.5-3: Vergleich der Plan-/ Ist-Kosten eines Entwicklungsprojekts (Excel-Tool)

Der Projektleiter hat in regelmäßigen Abständen dem Lenkungsausschuß einen kurzen Projektstatusbericht abzugeben. Dieser Bericht wird idealerweise zu den definierten Projektmeilensteinen erstellt, spätestens aber alle acht Wochen. Ziel ist es, neben der meist recht ausführlichen inhaltlichen Berichterstattung, einen kurzen Bericht zum aktuellen Stand des Projekts abzugeben, in dem folgende Punkte zu betrachten sind:

1. Wurde der geplante *Inhalt* erreicht oder nicht erreicht?
   Heute macht der Projektleiter lediglich eine einfache „ja/nein"-Aussage. Ziel ist es, zukünftig den Grad der Zielerreichung prozentual anzugeben. Es wird daran gearbeitet, die notwendigen Spielregeln aufzustellen, um zu inhalts- und fortschrittsbezogenen Aussagen der Projektleiter zu kommen.

2. Wurden die geplanten *Termine* eingehalten oder nicht eingehalten?
   Diese Frage steht in engem Zusammenhang zur ersten Fragestellung. Abweichungen entstehen aber zusätzlich, wenn Teile von Lieferanten nicht rechtzeitig geliefert werden oder Fertigungsteile nicht zum vereinbarten Zeitpunkt bereit stehen. Hierbei handelt es sich um zwei Bereiche, auf die die Konstrukteure nur bedingt Einfluß haben.

3. Wie ist die *Kostenentwicklung:* Plan>Ist oder Ist> Plan?
   Der Projektleiter informiert sich im SAP-Auftragsbericht über die aktuell aufgelaufenen Kosten und vergleicht diese mit den im Lastenheft geplanten Kosten.

4. Treten in den drei ersten Fragen *Planabweichungen* auf, so sind diese kurz zu erläutern.

5. Im letzten Punkt soll der Projektleiter auf mögliche *Risiken* für den weiteren Projektverlauf oder auf notwendige Entscheidungen hinweisen. Hier werden häufig eingeplante aber nicht zur Verfügung stehende Kapazitäten von Mitarbeitern angeführt.

Der Projektstatusbericht dient grundsätzlich der Information der Vorgesetzten des Projektleiters (Lenkungsausschuß und Vorstand). Kommt es zu Abweichungen im Projektverlauf, so bildet der Projektstatusbericht eine Basis für den Lenkungsausschuß, notwendige Entscheidungen zu treffen, damit das Entwicklungsprojekt ungehindert weitergeführt werden kann.

Im Verlauf des Entwicklungsprojekts ist eine Verfolgung der Gesamtkosten unerläßlich. Eine Analyse des Kostenverlaufs wird aber erst durch die Gegenüberstellung mit den geplanten Inhalten und dazugehörigen Plankosten aussagekräftig, was nochmals die Bedeutung einer detaillierten Planungsphase unterstreicht.

Dieser Plan-Ist-Kostenvergleich ist natürlich auch ein wichtiger Bestandteil im Abschlußbericht eines Entwicklungsprojekts. In dieser Phase gilt es, die aufgelaufenen Gesamtkosten einzelner Kostenartengruppen aufzuzeigen, mit den entsprechenden Planzahlen zu vergleichen und evtl. Abweichungen genau zu analysieren. Die Ergebnisse der Analyse und die im Projektverlauf gemachten Erfahrungen bilden die Basis für die Planung nachfolgender Entwicklungsprojekte und helfen damit, die Entwicklung effizienter zu gestalten.

4.5.4 Fazit

Zusammenfassend lassen sich folgende Kernaussagen anführen:

Entwicklungsaufgaben einer gewissen Größenordnung sollten als Projekte bearbeitet werden, wobei vom Unternehmen entsprechende organisatorische Voraussetzungen zu treffen sind.

Der Controller ist in die gesamte Projektphase eingebunden. Schwerpunkt in der Planungsphase ist die Unterstützung des Projektleiters bei der Ermittlung der Gesamt-Projektkosten. Dabei gilt es neben Material- und Fertigungskosten besonders auch die durch das Entwicklungsprojekt gebundenen Kapazitäten in den Konstruktionsabteilungen abzuschätzen. Die Vorgesetzen müssen in dieser Phase eine klare Priorisierung zwischen den einzelnen Entwicklungsprojekten und weiteren Tätigkeiten in den Abteilungen vornehmen.

In der Projektphase ist die Verfolgung der Ist-Kosten bei gleichzeitigem Abgleich mit den entsprechenden Planwerten wichtig. Kommt es zu größeren Abweichungen im Projektverlauf, so ist eine Anpassung bzw. Korrektur der Planzahlen sinnvoll.

Grundsätzlich steht nach Meinung vieler Ingenieure eine detaillierte Planung von Entwicklungsprojekten der Entfaltung von Kreativität entgegen. Dabei darf aber nicht vergessen werden, daß veränderte Marktanforderungen – wie kürzere Produktlebenszyklen – eine detaillierte Planungsphase immer wichtiger werden lassen.

Wesentliche Problembereiche

- Welches ist der „richtige" Zeitpunkt für den Markteintritt?
- Personalkapazitäten versus Entwicklungspläne
- Planbarkeit von Entwicklungsleistungen - Engpässe sind oft einzelne Spezialisten

Erfolgsfaktoren

- Entwicklungsaufgaben als Projekte planen und durchführen
- Controller hat eine Unterstützungsfunktion schon in der Frühphase des Innovationsprozesses,
- Visualisierung von Plan- und Ist-Daten schafft Verständnis.

4.6 Projektauswahl und Projektfortschrittskontrolle

Jens Vietor, Wella AG, Darmstadt

4.6.1 Einleitung

In über 100 Ländern werden Wella-Produkte vertrieben. Kernkompetenz der Wella AG ist die Haarpflege. Auf dem Gebiet der Haarpflegemittel gehört Wella zu den kompetentesten Anbietern weltweit. Die Wella AG sieht sich als Partner des Friseurs – der Friseurmarkt ist das wichtigste Standbein. Der Umsatz überschritt 1997 mit 4,24 Milliarden DM erstmals die 4-Milliarden-Grenze. Ungefähr 25 Prozent des Umsatzes werden in Deutschland, weitere knapp 40 Prozent in den anderen Ländern der EU erzielt.

Dieser Beitrag befaßt sich mit der Projektauswahl und der Projektfortschrittskontrolle von F+E-Projekten bei Wella. Zunächst wird der Prozeß von der Idee zum Projekt beschrieben und Auswahlkriterien dargestellt. Es folgt die Darstellung der Tools und Methoden der Projektfortschrittskontrolle. Abschließend werden die Vor- und Nachteile des zentralen und dezentralen Projektcontrollings sowie die entsprechende Praxis bei Wella geschildert.

4.6.2 Projektauswahl – von der Idee zum Projekt

Die Produktlebenszyklen der meisten Haarpflegemittel sind extrem kurz, so daß ständig Innovationen erforderlich sind. Der Markt verlangt nach neuen Produkten. Fast zwei Drittel des Umsatzes wird mit Produkten erzielt, die nicht älter als drei Jahre sind. Das heißt, daß in drei Jahren ebenfalls zwei Drittel des Umsatzes mit Produkten zu erzielen sein wird, die zur Zeit noch nicht oder zumindest nicht fertig entwickelt sind.

Innovationsmanagement

Um Innovationen in dieser Vielzahl so schnell zu erreichen, betreibt Wella Innovationsmanagement. Hierzu zählen die gesteuerte bzw. gestaltete, zielgerichtete Ideenfindung sowie im Anschluß daran Projektmanagement für die Forschungs- und Entwicklungsvorhaben. Bei marktrelevanten Produktentwicklungen gehört auch die Phase der Produkteinführung und des Roll Outs mit zum Innovationsmanagement.

Von der Idee zum Projektabschluß

Der Innovationsprozeß setzt sich aus den Einzelschritten

- Ideengenerierung,
- Ideensammlung,
- Ideenbewertung und -auswahl,
- Projekterarbeitung,
- Projektauswahl,
- Projektdurchführung und Projektdokumentation sowie
- Projektnachbereitung

zusammen.

Ideengenerierung

Ideen können von außen und von innen kommen. Von außen heißt, daß Quellen außerhalb des Unternehmens genutzt werden. Dafür sind das Beobachten verwandter und fremder Technologiegebiete und die Bewertung solcher Technologien, die möglicherweise auf die Haarpflege übertragbar sind, die wesentlichen Ansatzpunkte.

Von innen heißt, daß die Mitarbeiter in Kreativitätssitzungen und Problemlösungsworkshops Ideen generieren und bis zu Projektvorschlägen ausarbeiten. Darüber hinaus steht jedem Mitarbeiter eine definierte Arbeitszeit für Versuche zur Verfügung. In dieser Zeit kann in den Labors ohne Vorgaben, in Abstimmung mit dem Laborleiter, geforscht werden. Dies führt zu Ansätzen und Ideenfindung der Mitarbeiter. Innerhalb der Ideen- und Projektdatenbank kann jeder Mitarbeiter private Ideen dokumentieren und ausarbeiten, bevor er diese veröffentlicht.

Ideensammlung

Alle Dokumente, die im Zusammenhang mit Innovationsmanagement bei Wella im F+E-Bereich existieren, sind in einer Ideen- und Projektdatenbank festgehalten: Privatideen, veröffentlichte Ideen, dokumentierte Bewertungen dieser Ideen, aus diesen Ideen abgeleitete Projektvorschläge, Projektanträge, Status- und Projektabschlußberichte.

Alle Ideen werden in der Ideen- und Projektdatenbank – auf Lotus Notes Basis – eingetragen. Dies geschieht spätestens, wenn der Ideengeber die Idee im Lenkungsausschuß präsentieren will, um evtl. ein Projekt daraus abzuleiten. Diese zentrale Dokumentation führt zu einer hohen Transparenz der vorhandenen Ideen.

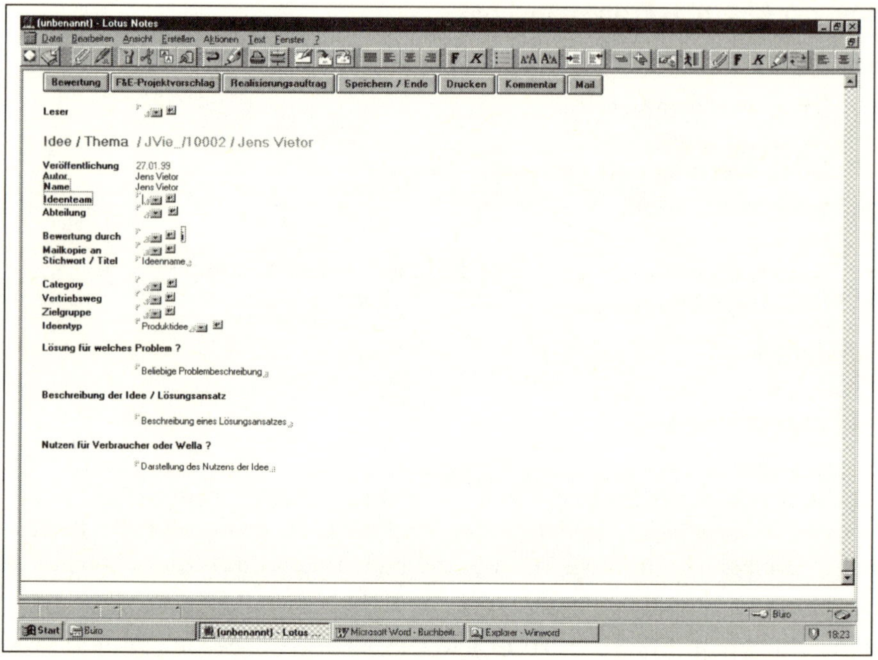

Abbildung 4.6-1: Dokument „Idee“ – Auszug aus der Ideen- und Projektdatenbank

Ideenbewertung und Ideenauswahl

Die Dokumentation der Ideen in der Ideen- und Projektdatenbank ist die Basis, um die Ideen bewerten und auswählen zu können. Alle veröffentlichten Ideen werden bewertet. Die Bewertung erfolgt in Lenkungsausschüssen nach einheitlichen Bewertungskriterien:

- Die Idee ist strategiekonform,
- die Idee verstößt nicht gegen geltende oder zu erwartende Gesetze und Verbote (z. B. bzgl. vorgesehener Inhaltsstoffe),
- die Idee verstößt nicht gegen Patentrechte,
- Interesse seitens mindestens eines Kunden (ein möglicher Verwerter der Idee) liegt vor.

Negativbewertungen werden immer begründet. Aus allen positiv bewerteten Ideen entstehen Projektvorschläge. Alle Ideen zusammengestellt ergeben das Ideenportfolio, das einen Überblick über den aktuellen Bearbeitungsstand der Ideen gibt. Dieses Portfolio wird zentral vom F+E-Projektcontrolling zusammengestellt.

Projektdefinition, Projektarten

Projekte sind definiert als Tätigkeiten, die neuartig, komplex und zielorientiert sind. Sie haben einen definierten Anfang und ein definiertes Ende und sind interdisziplinär.

Wella unterteilt die F+E-Projekte nach ihrem Projektziel und ihren Projektinhalten in Know-how-Projekte, Cost-Reduction-Projekte und Projekte mit Verbrauchernutzen.

Gremien des Innovationsmanagements

Im Rahmen des Innovationsmanagements sind folgende Gremien vorhanden: Lenkungsausschüsse, Projektteams mit Projektleitern und ein zentrales Projektcontrolling.

Diese Gremien sind für ein erfolgreiches Innovationsmanagement verantwortlich, da sie alle Entscheidungen während des Entwicklungsprozesses steuern, beeinflussen und genehmigen.

Projektvorschläge

Die positiv bewerteten Ideen werden von den zukünftigen Projektleitern – sofern möglich werden die Ideengeber zu Projektleitern – weiterbearbeitet. Der erste Schritt nach der Ideenbewertung ist die Erarbeitung eines Projektvorschlags. Dieser Projektvorschlag enthält die wesentlichen Projektinformationen: Projektziel, Randbedingungen, den Projektaufwand, Meilensteinplanung und somit auch einen Zeitplan.

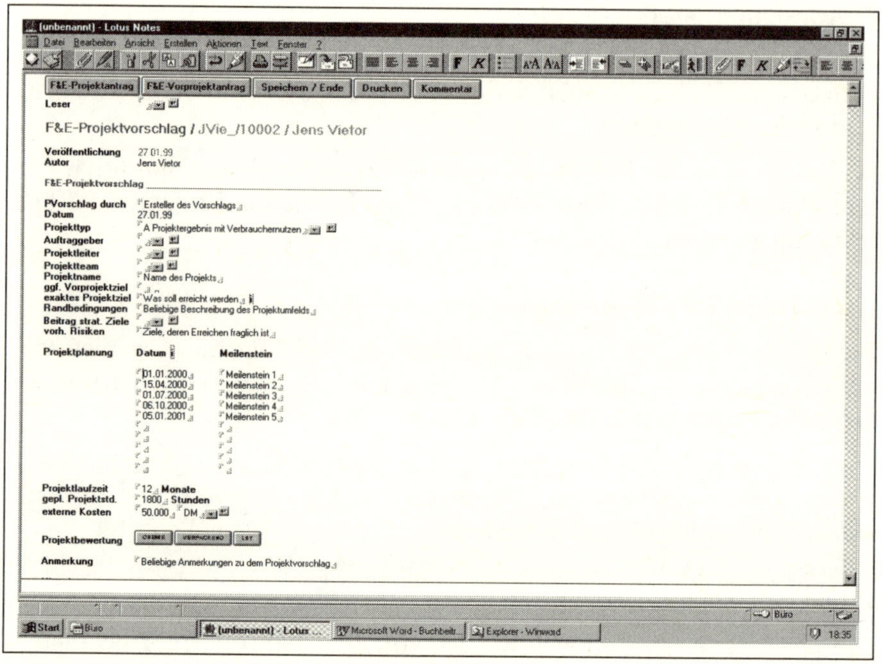

Abbildung 4.6-2: Dokument „Projektvorschlag"

Die Projektvorschläge werden genauso wie die Ideen in der Ideen- und Projektdatenbank eingetragen und im Lenkungsausschuß präsentiert, um evtl. ein Projekt daraus abzuleiten. So entsteht ein Portfolio der Projektvorschläge.

Auswahlkriterien für Projekte

Um aus dem laufend erweiterten und aktualisierten Projektportfolio Projektvorschläge auszuwählen und diese Projekte zu starten, hat der F+E-Bereich Bewertungskriterien festgelegt. Anhand dieser Kriterien bewerten die Lenkungsausschüsse die vorliegenden Projektvorschläge. Wella nutzt dafür folgende Fragestellungen:

- Dient das Projektziel dem Erreichen eines strategischen Ziels?
- Paßt das Projekt zu dem Projektportfolio der laufenden Projekte?
- Welchen Stellenwert nimmt das Projekt im Projektportfolio ein (Nutzwertanalyse)?
- Sind ausreichend Kapazitäten für das Projekt vorhanden?

Andere Kriterien sind bereits bei der Auswahl bzw. der Bewertung der Ideen eingeflossen und werden daher nicht erneut betrachtet.

Strategiekonforme, portfoliogerechte Projekte

Um die Projekte hinsichtlich ihrer Strategiekonformität bewerten zu können, ist es erforderlich, die Strategie bereits so zu formulieren, daß sie operationalisierbar, d. h. in Projekte umsetzbar ist. Allerdings besteht durch dieses Vorgehen die Gefahr, daß nur bereits angedachte Projekte beachtet werden und die Strategie ausschließlich auf diesem Hintergrund formuliert wird. Darauf zu achten, daß dies nicht geschieht, ist Aufgabe des zentralen Controllings und der F+E-Leitung.

Die Portfoliogerechtigkeit eines neuen Projekts ist sicherzustellen, indem laufend das Portfolio der aktuellen Projekte erstellt wird. Darin wird aufgezeigt, welche Strategieziele mit den aktuellen Projekten verfolgt werden, wo Lücken bestehen und wo bereits zuviel an Projektinvestitionen getätigt wird. Ergänzt das vorgeschlagene Projekt dieses Portfolio sinnvoll, wird es gestartet, ansonsten zurückgestellt oder abgelehnt. So werden doppelte Entwicklungen vermieden. Projekte, die den gleichen Zielen dienen, fallen auf und werden unter Umständen zusammengefaßt.

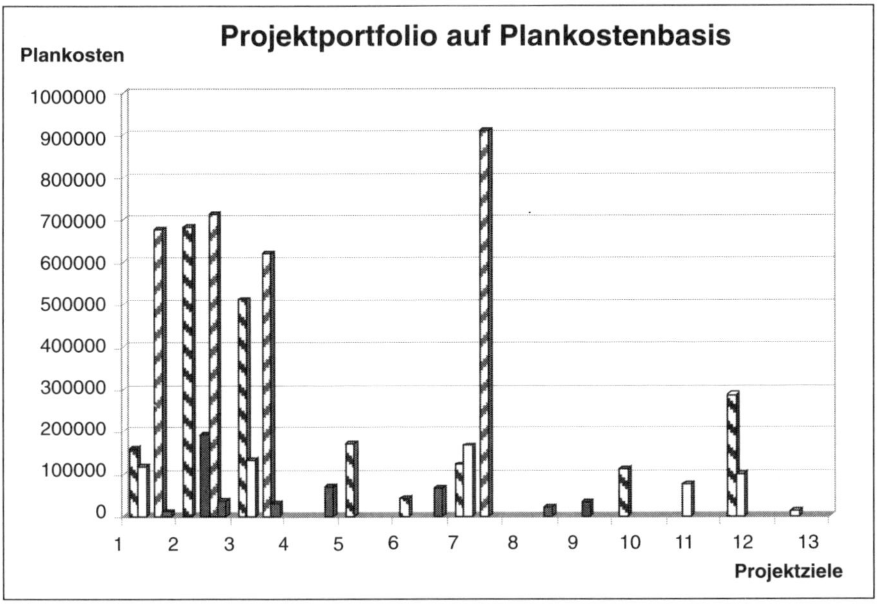

Abbildung 4.6-3: Projektportfolio mit verschiedenen Projekttypen (verschiedene Muster)

Nutzwertanalyse

Die Nutzwertanalyse dient dazu, Projektvorschläge, die die erste Hürde der Genehmigung genommen haben, in eine Rangfolge zu bringen. „Weiche“ Kriterien werden genutzt, um die Attraktivität eines Projekts einerseits und das Potential eines Projekts andererseits zu bewerten. Diese Kriterien werden als *graduelle Kriterien* bezeichnet und mit Hilfe einer Skala bewertet. Anhand einer gewichteten Berechnung ergibt sich der Gesamtnutzwert, eine Projektpunktzahl. Diese sollte nicht als absolute, unumstößliche Größe angesehen werden, vielmehr zeigt sie eine Tendenz.

Kapazität der Labors

Der zukünftige Projektleiter erarbeitet den Projektvorschlag. Dieser muß die Kapazitätsplanung der Labors beachten, um eine Meilensteinplanung zu erstellen. Die Labors werden an der Erarbeitung des Projektvorschlags beteiligt. Aus Labors, die von dem Projekt stärker betroffen sind, sollten Mitarbeiter Mitglied des Projektteams werden – nach dem Prinzip: Betroffene zu Beteiligten machen. Der Projektvorschlag kann das Ergebnis eines Kick-off-Meetings sein.

Die Laborleiter nehmen an den Lenkungsausschußsitzungen teil, so daß entstehende Engpässe in den Labors direkt diskutiert und Alternativen geplant werden können. So kann z. B. eine Grundlagenentwicklung ein Entwicklungsprojekt übernehmen, falls dieses vom Lenkungsausschuß eine hohe Priorität erhält und im Entwicklungslabor keine Kapazitäten frei sind.

Projektnachbereitung

Zu einer Projektnachbereitung gehört zunächst der Projektabschlußbericht. Dieser enthält die inhaltlichen Ergebnisse, dokumentiert die angewendeten Verfahren und zieht ein Fazit des Projekts.

Zusätzlich zu den Projektabschlußberichten dienen Projektreviews dazu, Probleme zu verarbeiten, die während des Projektverlaufs aufgetreten sind. So werden die Methoden des Innovationsmanagements weiterentwickelt und Spannungen abgebaut, die im Projektteam entstanden sind. Besonders bei nicht wunschgemäß verlaufenen Projekten können die Reviews notwendig sein, damit das Projektteam in dieser Zusammensetzung erneut zusammenarbeiten kann, falls ein neues Projekt geplant ist.

4.6.3 Tools und Methoden der Projektfortschrittskontrolle

Tools

Als Tools kommen im Rahmen des Projektmanagements viele in Frage. Die bekanntesten und bei Wella eingesetzten sind: MS Project, Oracle-Datenbank, Ideen- und Projektdatenbank und teilweise Excel. Projektplanungssoftware bietet viele Vorteile. Sie ermöglicht übersichtliche Projektplanungen und flexible Anpassung von Projektplänen an Änderungen. Mit den verschiedenen Instrumenten sind unterschiedliche Analysemöglichkeiten, wie z. B. Auslastungsplanungen verbunden.

Als Vorlage kann bereits ein Standardablaufplan eines Projekts in der angewendeten Software hinterlegt sein, auf den die Anwender zugreifen und den sie für ihre Bedürfnisse anpassen. Trotz dieser Vorteile gibt es Akzeptanzprobleme bei den potentiellen Anwendern. Diese sind auf Anwendungsprobleme und auf die häufig zu großen Anwendungsmöglichkeiten zurückzuführen. Die Anwender sind häufig nicht in der Lage, die Möglichkeiten der Software zu nutzen, stoßen aber auf Probleme, wenn sie nur Teilbereiche nutzen wollen. Je nach Projektgröße, Ausbildungsstand und Projektarten sind solche Tools unerläßlich und sinnvoll. Speziell im Bereich der chemischen Forschung, bei schwer vorhersagbaren Projektverläufen gibt es großen Widerstand seitens der Anwender.

In der Ideen- und Projektdatenbank werden alle Dokumente des Projektmanagements und des Ideenmanagements erstellt, recherchiert und verwaltet. Hier werden Projektanträge und Statusberichte gestellt. Diese Datenbank ist als Lotus-Notes-Datenbank programmiert. In der Oracle-Datenbank werden Nachweise dokumentiert, das Rezeptwesen verwaltet etc. Darüber hinaus werden in Oracle die Projektstunden seitens der Mitarbeiter gebucht und die extern anfallenden Kosten auf Projekten erfaßt.

Die Projektfortschrittskontrolle liegt in der Hand der Projektteams. Diese müssen regelmäßig Statusberichte in der Ideen- und Projektdatenbank erstellen, die den Lenkungsausschüssen und dem Projektcontrolling dazu dienen, die Projekte verfolgen zu können und gegebenenfalls einzugreifen.

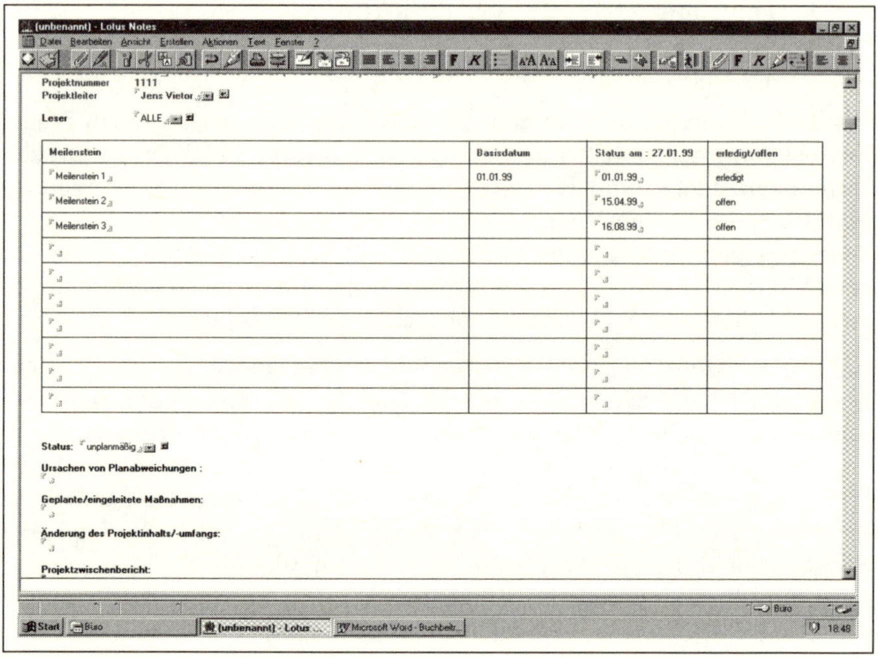

Abbildung 4.6-4: Auszug aus einem nur teilweise ausgefüllten Statusbericht

Methoden

Methoden der Projektfortschrittskontrolle sind im wesentlichen Methoden des Projektmanagements. Wella sieht Projekte als Unternehmen auf Zeit an. Die Projektteams und die Projektleiter verpflichten sich gegenüber den Lenkungsausschüssen hinsichtlich der Projektkosten, der Laufzeit und der Inhalte der Projekte.

Um diese Ziele zu erreichen und intern im Projektteam die Aufgaben zu verteilen, Termine und Kapazitäten abzustimmen, nutzen die Projektteams in der Regel Balkenpläne und Meilensteine.

Regelmäßig sind die Projektteams verpflichtet, in Form standardisierter Statusberichte die Lenkungsausschüsse über den aktuellen Projektstand zu informieren. Bei groben Abweichungen von den ursprünglichen Vereinbarungen ist eine sofortige Information erforderlich.

Intern stimmen sich die Projektteams in regelmäßig stattfindenden Teamsitzungen über Probleme, Projektstand etc. ab.

Unterstützung der Projektteams

Um die Projektteams bei ihrer Projektfortschrittskontrolle und dem dezentralen Controlling zu unterstützen, erhalten die Projektleiter monatliche EDV-Ausdrucke über den aktuellen Stand des Projekts in bezug auf die entstandenen Kosten.

Das Projektcontrolling führt auf Wunsch der Teams oder der Lenkungsausschüsse Reviews auch während eines Projekts durch, um Probleme aufzudecken und Abstimmungsschwierigkeiten frühzeitig zu erkennen. Besonders für unerfahrene Projektteams gibt es Coachings zu Beginn des Projekts, speziell zur Erstellung der Projektplanung.

In den Richtlinien sind Standardablaufpläne vorgegeben, die alle wesentlichen Meilensteine und Arbeitspakete eines üblichen Projekts enthalten.

4.6.4 Zentrales und dezentrales Projektcontrolling

Zwei mögliche Ansätze für Projektcontrolling sind der zentrale und der dezentrale Ansatz. Diese beiden Ansätze ergänzen sich und sind keineswegs als Widersprüche anzusehen. Einige wesentliche Controllingaufgaben sind sinnvoll nur zentral zu leisten, andere können zentral und dezentral erfolgen.

Projektcontrolling zentral

Zu den zentral zu leistenden Aufgaben gehört die strategische Steuerung des Projektportfolios und somit der Projektauswahl. Diese Aufgaben übernehmen das Projektcontrolling, die Lenkungsausschüsse und die Kategorieleiter, also zentrale Stellen, die aufgrund ihrer Funktion einen weitgehenden Überblick haben.

Zentrales Controlling ist nur möglich, sofern durch entsprechende Dokumentationssysteme die benötigten Informationen in ausführlicher Form zugänglich sind. Dies geschieht bei Wella durch die Dokumentation in der bereits erwähnten Ideen- und Projektdatenbank. Hier sind die inhaltlichen Ziele der Projekte, die Kosten und die Zeiten erfaßt und überprüfbar.

Diese Übersicht ermöglicht eine gute strategische Steuerung der Projektauswahl, d. h. eine gute Steuerung des Projektportfolios. Andere Projektaufgaben einem zentralen Controlling zu unterstellen ist möglich, führt aber zu einer geringeren Verantwortung der Projektteams. Wella versucht das operative Controlling der einzelnen Projekte dezentral, d. h. in den Projektteams bzw. durch die Projektteams zu gewährleisten. Diese haben jeweils den Einblick in alle Details des Projekts, kennen die Chancen und Risiken und können am ehesten direkt auf Planabweichungen jeglicher Art reagieren. Allerdings ist nur die Steuerung der einzelnen Projekte dezentral möglich, nicht die strategische Steuerung.

Sollen diese beiden Möglichkeiten, die des dezentralen und die des zentralen Projektcontrollings, kombiniert werden, muß sichergestellt sein, daß die Verantwortung für das Erreichen der Projektziele bei dem Projektteam liegt. Dies benötigt dafür die erforderlichen Entscheidungsfreiheiten, Freiräume und Ausbildung. Außerdem ist es erforderlich, daß bei nicht mehr zu erreichenden Projektzielen der Lenkungsausschuß umgehend informiert wird, damit dieser gegebenenfalls das Projekt stoppen oder die erforderlichen Maßnahmen (z. B. Erhöhen der Kapazitäten) einleiten bzw. genehmigen kann.

Vorteile des dezentralen Projektcontrollings

Die Vorteile der zentralen strategischen Steuerung sind eindeutig: Nur wer den Gesamtüberblick hat, kann strategische Entscheidungen treffen.

Die Vorteile des dezentralen operativen Controllings liegen in folgenden Aspekten:

Die Projektteams sind durch höhere Verantwortung stärker motiviert, da sie selber Entscheidungen treffen können, um „ihr Projekt“ zu beeinflussen. Zugleich sind Entscheidungen transparent für die direkt betroffenen Mitarbeiter, da sie am Entscheidungsfindungsprozeß beteiligt sind. Dezentrales Controlling ermöglicht schnelle Reaktionen und stärkt den Gedanken hinter dem Projektmanagement, d.h. daß ein Projekt ein Unternehmen auf Zeit innerhalb des Unternehmens darstellt.

Die geeignete Mischung

Um die Mischung aus zentralem und dezentralem Projektcontrolling funktionsfähig zu erhalten, sind einige Voraussetzungen zu erfüllen. Dazu gehören:

Das Team ist für das Ergebnis des Projekts verantwortlich, es verpflichtet sich gegenüber den Lenkungsausschüssen zu Projektzielen und hat ansonsten freie Handlungsmöglichkeiten.

Es gibt klare, eindeutige Rollenverteilungen zwischen Lenkungsausschuß und Projektteam, ebenso innerhalb der Projektteams und vor allen Dingen zwischen den Linienvorgesetzten und Mitarbeitern, die in Projekten eingebunden sind.

Die Mitarbeiter, speziell die Projektleiter, müssen für ihre Tätigkeit im Projektteam ausgebildet werden. Die Mitarbeiter müssen Verantwortungsbewußtsein für die im Projekt benötigten Freiräume mitbringen, da die Mitarbeiter im Projektteam weniger strikt hierarchisch eingebunden sind.

4.6.5 Fazit

Die Vorteile, die sich aus der Einführung des Ideenmanagements, des Projektmanagements und der gemischten Form des teils zentralen, teils dezentralen Controllings ergeben, sind folgende:

- Die Time-to-Market hat sich verkürzt, da die Teams Probleme früher erkennen und schneller lösen können. Einige Probleme tauchen erst gar nicht auf, da es zu weniger Schnittstellen kommt als ohne Projektmanagement.
- Die Transparenz ist gestiegen. Durch die Dokumentation in der Datenbank hat jeder die Möglichkeit zu erkennen, was zur Zeit wo passiert.
- Die Mitarbeiter verhalten sich im Team unternehmerischer, sie sind kostenbewußter.
- Die Identifikation steigt durch Projektmanagement und durch die Möglichkeit, mehr Einfluß auf die eigene (Projekt-)Arbeit zu nehmen.
- Das Ideenmanagement verbessert die Projektauswahl. Der Überblick über laufende Projekte ist durch die zentrale Dokumentation einfacher.
- Die Zusammenarbeit der Bereiche, wie z.B. zwischen F+E und Marketing hat sich durch die Arbeit in gemeinsamen Projektteams verbessert, das Verständnis für die Probleme des anderen ist gestiegen.

Wesentliche Problembereiche

- Extrem kurze Produktlebenszeiten
- Der Markt verlangt permanent neue Produkte
- Wir haben viele Ideen - welches sind die richtigen?

Erfolgsfaktoren

- Ideenmanagement - der richtige Ideenfilter
- Ideenlieferanten werden idealerweise zu Projektleitern
- Balance zwischen zentralem und dezentralem Projektcontrolling

5 Integration der unterschiedlichen Sichtweisen „Projekt“, „Bereich“ und „Standort“

5.1 Überblick

In Kapitel 1.2 wurde dargelegt, wie der Projektsicht eine dominante Rolle beim Innovationscontrolling zukommt. Dennoch gilt es nach wie vor, die tangierten F+E-Bereiche, einzelne F+E-Abteilungen und – neuerdings immer wichtiger – F+E-Standorte aus der Controlling-Perspektive zu beleuchten. Anzustreben ist zudem eine Integration der Betrachtungsweisen in einem konsistenten Gesamtsystem.

Am Beispiel der Siemens Medizinaltechnik zeigt Hermann J. Schmelzer, wie ein Kennzahlensystem aussehen könnte, welches sowohl die Projekt- als auch die Bereichssicht berücksichtigt. Grundlage bei Schmelzer sind zunächst die generellen Anforderungen an F+E-Kennzahlen sowie spezielle Aspekte der Projekt- bzw. Bereichs- und Prozeßsicht. Auf dieser Basis entwickelt der Autor ein integriertes Berichts- und Kennzahlensystem. Udo Baumfalk und René Lorig von der Firma Vetmedica des Pharmakonzerns Boehringer gehen auf das Thema Internationalisierung ein. Anhand eines Fallbeispiels wird dokumentiert, wie die Anforderungen zentraler und dezentraler Standorte definiert sind und in einem Controllingsystem abgebildet werden können. Die Autoren verdeutlichen dies speziell für den Aspekt Entwicklungskosten: Projekt-, Bereichs- und Standortsicht werden gegenübergestellt, wesentliche Eigenheiten herausgearbeitet und entsprechend Lösungskonzepte vorgestellt. Dabei wird auch erläutert, wie innerhalb der betroffenen Unternehmenseinheiten eine DV-seitige Umsetzung erfolgen kann.

5.2 Kennzahlen in der Produktentwicklung

Hermann J. Schmelzer, München

5.2.1 Einleitung

Kennzahlen sind in Forschung und Entwicklung weit verbreitet. Sie sollen Transparenz schaffen und Informationen für die effiziente Steuerung der F+E bereitstellen. Viele der in der Praxis angewandten F+E-Kennzahlen erfüllen diese Ziele nur unzureichend. F+E-Manager in USA und Deutschland sind deshalb mit ihren F+E-Kennzahlen unzufrieden[1].

Eine deutliche Verbesserung der Situation kann durch F+E-Kennzahlensysteme erreicht werden. Hierbei handelt es sich um die Verknüpfung von F+E-Kennzahlen, die auf ein übergeordnetes Ziel ausgerichtet sind und miteinander in Beziehung stehen. Ein derartiges Kennzahlensystem wird nachfolgend beschrieben. Seine Einsatzschwerpunkte liegen in der Produktentwicklung und -betreuung.

5.2.2 Funktionen von F+E-Kennzahlen

Unter Kennzahlen werden quantitative Daten verstanden, die in komprimierter Form über Sachverhalte informieren[2]. Sie sollen die Beurteilung wichtiger Zusammenhänge ermöglichen und den Informationsbedarf der Entscheidungsträger befriedigen.

Kennzahlen bestehen aus zwei Komponenten: Zielgrößen und Meßgrößen (Abbildung 5.2-1). Die Zielgrößen geben vor, was erreicht werden soll (SOLL). Die Meßgrößen zeigen auf, was erreicht worden ist (IST). Über den Vergleich von SOLL und IST werden Abweichungen vom Ziel festgestellt. Sie geben Hinweise auf notwendige Korrekturmaßnahmen. In der Praxis bestehen Kennzahlen häufig nur aus Meßgrößen. Ohne korrespondierende Zielgrößen werden Kennzahlen ihren Funktionen nicht gerecht.

Die Einsatzschwerpunkte von Kennzahlen sind in F+E:

- der F+E-Bereich,
- die F+E-Prozesse,
- die F+E-Projekte.

Der F+E-Bereich und die in ihm ablaufenden F+E-Prozesse haben die Aufgabe, Rahmenbedingungen zu schaffen, die eine effiziente Durchführung der F+E-Aufgaben ermöglichen. Vor allem geht es darum, die F+E-

Projekte mit den personellen und technischen Ressourcen auszustatten, die sie benötigen. Aufgabe der F+E-Projekte ist es, die F+E-Projektziele effizient in technisch realisierbare und wirtschaftlich verwertbare Lösungen umzusetzen[3].

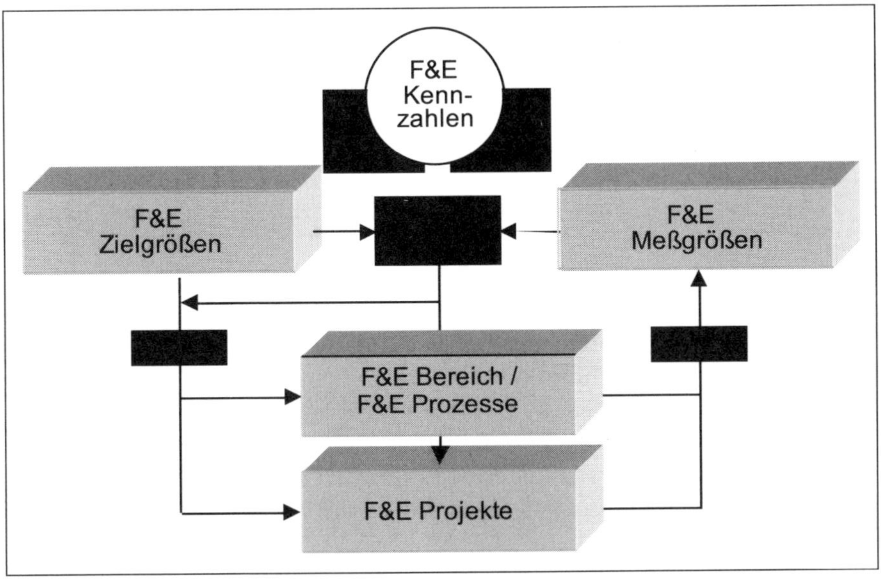

Abbildung 5.2-1: Komponenten und Anwendungsfelder von F+E-Kennzahlen

F+E-Kennzahlen bilden die Basis für die Planung, Kontrolle, Koordination und das Berichtswesen in F+E. Als wichtiges Instrument des F+E-Controllings nehmen sie folgende Funktionen wahr:

- Leistungsfähigkeit, Leistungsstand und Leistungsentwicklung von F+E-Bereichen und F+E-Prozessen aufzuzeigen,
- die Zielplanung von F+E-Bereichen, F+E-Prozessen und F+E-Projekten zu unterstützen,
- eine effiziente Ziel- und Durchführungskontrolle in F+E-Bereichen, F+E-Prozessen und F+E-Projekten zu gewährleisten,
- auf Schwachstellen und Verbesserungspotentiale in F+E hinzuweisen,
- Vergleiche mit anderen F+E-Bereichen zu ermöglichen,
- Transparenz über die Abhängigkeiten zwischen F+E-Prozessen, F+E-Projekten und Produkten herzustellen.

5.2.3 Anforderungen an F+E-Kennzahlen

F+E-Kennzahlen werden ihren Funktionen nur gerecht, wenn sie bestimmte Anforderungen erfüllen. Wichtige Anforderungen sind:

- Steuerungsrelevanz: Wie eignet sich die F+E-Kennzahl zur Steuerung von F+E-Bereichen, F+E-Prozessen oder F+E-Projekten?
- Objektivität: Basiert die F+E-Kennzahl auf quantitativen, objektiv meßbaren und nachvollziehbaren Sachverhalten?
- Aktualität: Liefert die F+E-Kennzahl ausreichend aktuelle Daten?
- Integration: Stellt die F+E-Kennzahl Beziehungen zu anderen Kennzahlen her?
- Zukunftsorientierung: Zeigt die F+E-Kennzahl Trends und Risiken auf?
- Akzeptanz: Sehen F+E-Mitarbeiter und F+E-Management einen Nutzen in der F+E-Kennzahl?
- Wirtschaftlichkeit: Stehen Nutzen und Aufwand der F+E-Kennzahl in einem günstigen Verhältnis zueinander?
- Verantwortung: Bildet die F+E-Kennzahl die Basis für Zielvereinbarungen und Leistungsbeurteilungen?
- Visualisierung: Läßt sich die F+E-Kennzahl grafisch darstellen, und ermöglicht sie eine schnelle Kommunikation?

Die Anforderungskriterien beeinflussen die Bewertung und Auswahl von F+E-Kennzahlen sowie die Beurteilung vorhandener F+E-Kennzahlen. Die Gewichtung der einzelnen Kriterien hängt von den Erfolgsfaktoren und Zielen der F+E ab. Da sich diese im Laufe der Zeit ändern, sollte die Relevanz vorhandener F+E-Kennzahlen in bestimmten Zeitabständen überprüft werden.

5.2.4 Beurteilung von F+E-Kennzahlen in der Praxis

Auffallend ist, daß sich in der Praxis viele F+E-Kennzahlen auf F+E-Kosten oder Umsatz beziehen (Abbildung5.2-2)[4]. (Siehe auch [3], [5] und [6].) Am häufigsten ist die Kennzahl F+E-Kosten / Umsatz anzutreffen, die beide Parameter enthält. Diese Kennzahl spielt bei unternehmensexternen und -internen Vergleichen sowie bei der Planung von F+E-Budgets eine herausragende Rolle.

- F+E-Kosten / Umsatz
- F+E-Effizienz Index: Umsatz Produkte < ...Jahre / F+E-Kosten
- F+E-Innovations Index: Umsatz Produkte < ...Jahre / F+E-Gesamtumsatz
- Umsatz pro F&E Mitarbeiter
- F+E-Personalkosten / F+E-Kosten
- F+E-Kapitalkosten / F+E-Kosten
- F+E-Zukauf / F+E-Kosten
- Kosten für F+E-Kooperationen / F+E-Kosten
- F+E-Kosten Ist / F+E-Kosten Plan
- geleistete produktive F+E-Stunden/ F+E-Gesamtstunden

- Investitionssumme / F+E-Mitarbeiter
- Weiterbildungskosten / F+E-Mitarbeiter
- Grundlast (Produktpflege....) / F+E-Kosten
- F+E-Kosten Vorfeldentwicklung / F+E-Kosten
- F+E-Kosten Neuentwicklung / F+E-Kosten
- F+E-Fehlerbehebungskosten/ F+E-Kosten
- F+E-Änderungskosten / F+E-Kosten
- F+E-Qualitätssicherungskosten/ F+E-Kosten

Abbildung 5.2-2: Ausgewählte F+E-Kennzahlen in der Praxis

Die Orientierung an F+E-Kosten und Umsatz ist verständlich. Die F+E-Kosten stellen eine wichtige Inputgröße dar. Sie sagen, was die F+E dem Unternehmen „kostet" und geben Hinweise auf die F+E-Effizienz. Der Umsatz ist eine wichtige Outputgröße. Er gibt Auskunft darüber, was die F+E dem Unternehmen bringt und spiegelt die Effektivität der F+E wider.

Beide Größen sind zur Steuerung des aktuellen Geschehens in F+E jedoch nur eingeschränkt geeignet. Die Kosten werden häufig auf Zuschlagsbasis ermittelt und zeigen den Ressourcenverbrauch nicht wirklichkeitsnah auf. Die Aussagekraft der Kosten ist deutlich höher, wenn es sich um Prozeßkosten handelt. In vielen F+E-Bereichen ist die Prozeßkostenrechnung jedoch noch nicht eingeführt. Ein weiteres Handicap der F+E-Kosten ist, daß zwischen ihrer Entstehung und Berichterstattung viel Zeit vergeht und dadurch ihre Aktualität leidet.

Beim Umsatz besteht als Bezugsgröße das Problem, daß er nicht allein von der F+E, sondern auch von anderen Aktivitäten, wie z.B. von Marketing, Vertrieb, Logistik beeinflußt wird. Zudem eignet er sich wie die F+E-Kosten nur für eine rückschauende Bewertung. In der Regel ist der Umsatz erst bekannt, wenn die F+E-Aktivitäten abgeschlossen sind.

In der Vergangenheit wurde weitgehende Proportionalität zwischen F+E-Aufwendungen und Umsatz unterstellt. Viele unternehmerische Entscheidungen gingen von der Annahme aus, zusätzliche F+E-Investitionen würden Umsatz und Gewinn steigern sowie die Zukunft des Unternehmens sichern. Von Braun hat in einer Untersuchung der 30 größten Unternehmen der Elektro- und Elektronikindustrie in USA, Japan und Europa aufgezeigt, daß diese Annahme zumindest für diesen Sektor nicht mehr haltbar ist[7]. Hohe F+E-Budgets sichern nicht automatisch die Zukunft eines Unternehmens. Investitionen in die F+E sind oft sogar höchst riskant. Entscheidend ist, wofür (Effektivität) und wie (Effizienz) die F+E-Mittel eingesetzt werden. Eine wettbewerbsgerechte Effektivität und Effizienz läßt sich in F+E nur erreichen, wenn die letztere unternehmensorientiert gesteuert wird. F+E-Kennzahlen spielen dabei eine wichtige Rolle.

Häufig weisen F+E-Kennzahlen in der Praxis weitere Schwachstellen auf, die ihre strategische und operative Steuerungsrelevanz beeinträchtigen. Dazu zählen:

- einseitige Orientierung an Inputgrößen (Ressourcenverbrauch, Kosten) und nicht an Outputgrößen (Ergebnisqualität, Zeit, Kundenzufriedenheit);
- viele operative, aber nur wenige strategische bzw. potentialorientierte F+E-Kennzahlen (z. B. Technologiepotential, Mitarbeiterpotential, Standortpotential, Führungspotential);
- kaum F+E-Kennzahlen, die die F+E-Kernkompetenzen reflektieren;
- viele F+E-Projektkennzahlen, aber nur relativ wenige F+E-Bereichs- und F+E-Prozeßkennzahlen;
- Mangel an integrierten F+E-Kennzahlen, die die Abhängigkeiten zwischen Kosten, Zeiten/Terminen und Qualität in F+E-Projekten und F+E-Prozessen aufzeigen;
- häufige Meßgrößen, aber keine korrespondierenden Zielgrößen, die aus den Unternehmenszielen abgeleitet werden;
- viele F+E-Kennzahlen, die die Vergangenheit beleuchten, aber keine Trendaussagen beinhalten;
- häufige Ablehnung der F+E-Kennzahlen durch F+E-Mitarbeiter;
- zumeist isolierte F+E-Kennzahlen, aber kein Kennzahlensystem, das die Kennzahlen miteinander verknüpft;
- nur seltene Verbindung der Kennzahlen mit Zielvereinbarungen auf Führungs- und Mitarbeiterebene.

5.2.5 Kennzahlen in F+E-Projekten

Nachfolgend wird ein Kennzahlensystem beschrieben, das die Anforderungen an Steuerungsrelevanz, Integration, Aktualität und Wirtschaftlichkeit besser als viele vorhandene Praxislösungen erfüllt.

Das System unterscheidet zwischen Struktur- und Leistungskennzahlen. Die Strukturkennzahlen geben Auskunft über die Infrastruktur von F+E-Bereichen, F+E-Prozessen oder F+E-Projekten. In diese Kategorie fallen Kennzahlen, die z.B. über Technologiestruktur, Prozeß- und Phasenstruktur, Personalstruktur, Know-how-Struktur, Finanzierungsstruktur, Kostenstruktur oder Struktur der technischen Ausstattung informieren. Da die Infrastruktur die F+E-Leistungen stark beeinflußt, sind Strukturkennzahlen wichtige Indikatoren der Leistungsfähigkeit eines F+E-Bereiches oder F+E-Projekts.

Leistungskennzahlen spiegeln den aktuellen Stand der Leistungserstellung und die Leistungsentwicklung in einem F+E-Bereich, einem F+E-Prozeß oder einem F+E-Projekt wider. Wichtige Leistungskennzahlen sind z.B. Zeit-, Termin-, Qualitäts- und Kostenkennzahlen sowie die Kundenzufriedenheit. Sie zeigen z. B., wo ein Projekt steht und wie seine Zielerreichung zu beurteilen ist. Abbildung 5.2-3 zeigt Beispiele für Struktur- und Leistungskennzahlen in F+E-Projekten.

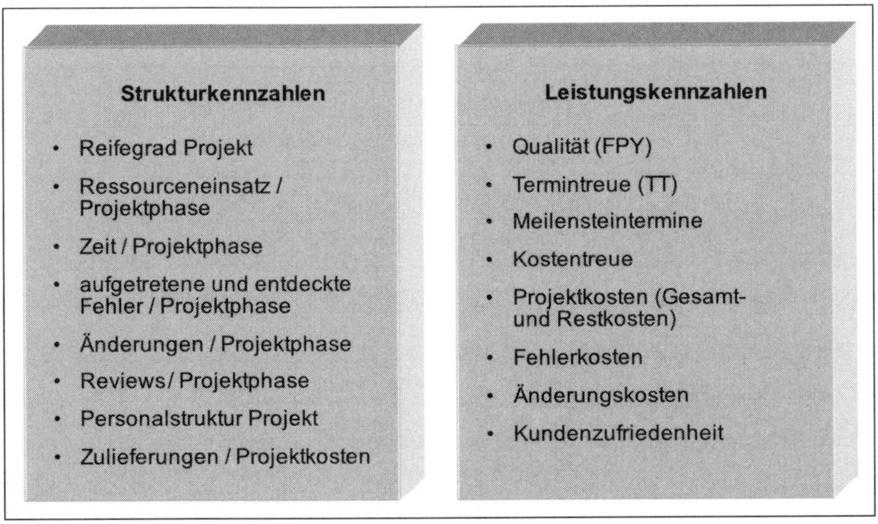

Abbildung 5.2-3: F+E-Kennzahlen in F+E-Projekten

In F+E-Projekten werden die Zielgrößen für die Strukturkennzahlen aus den Projektzielen und -merkmalen abgeleitet. Hierbei sind geschäftspolitische Bedeutung, Größe, zeitliche Reichweite, Innovationsgrad und Kooperationspartner des jeweiligen F+E-Projekts wichtige Einflußfaktoren. Die Zielgrößen der Leistungskennzahlen orientieren sich in F+E-Projekten an den jeweiligen Produktzielen. Diese sind in aller Regel in Lastenheften (Zielkunden, Produktanforderungen), Pflichtenheften (Produkt-, Entwicklungs-, Fertigungskonzept) und wirtschaftlichen Produktplänen (Produktpreis, -kosten, -umsatz, -ergebnis, Markteintrittszeitpunkt) dokumentiert.

Die zweite Komponente der F+E-Kennzahlen sind die Meßgrößen. In F+E-Projekten liefern die Arbeitspakete die Datenbasis für die Meßgrößen. Hierfür ist es erforderlich, in jedem begonnenen bzw. fertiggestellten Arbeitspaket folgende Daten anzugeben:

- Start- und Endtermin des Arbeitspaketes,
- Verrechnete Mitarbeiterstunden und verrechneter Sachaufwand,
- Fertigstellungsgrad zum Meßzeitpunkt,
- Ergebnisqualität gemessen in First Pass Yield (FPY).

Mit diesen sechs Ausgangsdaten können alle Strukturkennzahlen gemessen werden, die sich auf Projektphasen beziehen, sowie sämtliche in Abbildung 5.2-3 aufgeführten Leistungskennzahlen mit Ausnahme der Kundenzufriedenheit. Die Definitionen einiger Leistungskennzahlen für F+E-Projekte sind in Abbildung 5.2-4 enthalten[8]. Sie verdeutlichen, wie aus den Arbeitspaketdaten die Meßgrößen errechnet werden.

$$\text{FPY}_{\text{Prozeß}}\ (\%) = \frac{\text{fertiggestellter AP}_{\text{Prozeß}} \text{ ohne Nacharbeit}}{\sum \text{insgesamt fertiggestellter AP}_{\text{Prozeß}}} \times 100$$

$$\text{TT}_{\text{Prozeß}}\ (\%) = \frac{\sum \text{fertiggestellter AP}_{\text{Prozeß}} \text{ ohne Terminverzug}}{\sum \text{insgesamt fertiggestellter AP}_{\text{Prozeß}}} \times 100$$

$$\text{Zykluszeit Prozeß} = \frac{\text{noch zu erledigende Arbeitspakete}_{\text{Prozeß}}}{\text{Prozeßgeschwindigkeit}}$$

$$\text{Prozeßgeschwindigkeit} = \frac{\sum \text{fertiggestellter AP}_{\text{Prozeß}}}{\text{Meßperiode } (t_0 - t_{-1})}$$

$$\text{Kostentreue}_{\text{Prozeß}}\ (\%) = \frac{\sum \text{fertiggestellter AP}_{\text{Prozeß}} \text{ ohne Kostenüberziehung}}{\sum \text{insgesamt fertiggestellter AP}_{\text{Prozeß}}} \times 100$$

Abbildung 5.2-4: Definition von Leistungskennzahlen in F+E-Projekten (AP = Arbeitspaket; FPY = First Pass Yield; TT = Termintreue)

Die Ableitung der Meßgrößen aus den Arbeitspaketdaten hat mehrere Vorteile. Die Aufwands-, Termin- und Qualitätsdaten werden am selben Objekt (Arbeitspaket) und zum selben Zeitpunkt erfaßt. Damit wird die Integrationsanforderung erfüllt, daß Kennzahlen, die miteinander in Beziehung stehen, inhaltlich und zeitlich synchronisiert zu messen sind.

Auch unter wirtschaftlichen Gesichtspunkten bietet das Vorgehen Vorteile. Arbeitspakete sind in allen F+E-Projekten vorhanden, die Projektmanagement anwenden. Fehlen Arbeitspakete, so ist eine wichtige Voraussetzung für eine erfolgreiche Projektsteuerung nicht erfüllt. Die Datenbasis für F+E-Kennzahlen ist also in den meisten Fällen vorhanden und muß nicht speziell erstellt und gepflegt werden. Der Aufwand für die Erfassung der vorgenannten sechs Ausgangsdaten in den Arbeitspaketen ist gering. Die Arbeitspaketverantwortlichen benötigen dafür jeweils nur wenige Minuten.

Was die Aktualität der Leistungskennzahlen in F+E-Projekten betrifft, so hängt diese von dem Erfassungszyklus der Arbeitspaketdaten ab. In der Praxis hat sich bewährt, die Arbeitspaketdaten wöchentlich oder zweiwöchentlich zu erfassen. Bei dem geringen Erfassungsaufwand sind diese kurzen Erfassungszyklen wirtschaftlich vertretbar. Je kürzer die Erfassungszyklen sind, um so frühzeitiger können Zielabweichungen erkannt und durch Gegenmaßnahmen korrigiert werden. Kurze Meßzyklen {XE- „Meßzyklen“} unterstützen kurze Lernzyklen und ermöglichen schnelles Reagieren und Verbessern. Die Untergrenze sollte bei einer Woche, die Obergrenze bei vierWochen liegen. Werden die Arbeitspaketdaten in Abständen von über vier Wochen erfaßt, so dauert es mehr als vier Wochen, um Zielabweichungen festzustellen und nochmals mindestens vier Wochen, um die Wirkung eingeleiteter Korrekturmaßnahmen zu erkennen. In den meisten Fällen ist dieser Reaktions- und Kontrollzeitraum zu lang.

5.2.6 Kennzahlen in F+E-Bereichen und F+E-Prozessen

Auch bei den Kennzahlen in F+E-Bereichen und F+E-Prozessen wird zwischen Struktur- und Leistungskennzahlen unterschieden (Abbildung 5.2-5).

Abbildung 5.2-5: Kennzahlen in F+E-Bereichen und F+E-Prozessen

Die Strukturkennzahlen geben Auskunft über die Leistungsfähigkeit des F+E-Bereiches und seiner F+E-Prozesse. Die Leistungskennzahlen spiegeln das augenblickliche Leistungsniveau und die Leistungsentwicklung der F+E-Prozesse wider. Sind keine F+E-Prozesse installiert, so können die Leistungsdaten auch auf den F+E-Bereich bezogen werden. Darunter leidet allerdings ihre Aussagekraft. Die Steuerungsrelevanz von F+E-Prozeßkennzahlen ist deutlich höher als die von F+E-Bereichskennzahlen.

Das Arbeitsvolumen eines F+E-Prozesses wird durch die F+E-Projekte bestimmt, die in ihm ablaufen. Die einzelnen Projekte eignen sich jedoch nicht als Meßobjekte für die Leistungskennzahlen, da sie sich in ihrem Ressourcenverbrauch, ihrer Komplexität und ihrer Zeitdauer erheblich unterscheiden können. Als Meßobjekte bieten sich statt dessen die Arbeitspakete der F+E-Projekte an. Sie differieren weniger stark und können hinsichtlich Volumen und Zeitdauer ausreichend normiert werden. So gibt es F+E-Bereiche, die ihren F+E-Projekten Arbeitspakete mit einem Arbeitsvolumen von fünf bis 15 Mannwochen und einer Bearbeitungsdauer von zwei bis drei Zeitwochen empfehlen. Dabei werden nicht alle

Arbeitspakete zu Beginn eines Projekts geplant. Dies würde Umfang und Risiko der Planung zu sehr aufblähen. In vielen Fällen reicht es aus, detaillierte Arbeitspakete nur für ein Zeitfenster von zwei bis vier Monaten zu definieren. Aufwand, Zeiten, Termine und Kosten der weiter in der Zukunft liegenden Aufgaben werden grob abgeschätzt. Die Länge des Zeitfensters sowie das Arbeitsvolumen und die Zeitdauer der Arbeitspakete sind situativ festzulegen. Einflußparameter sind dabei u.a. die durchschnittliche Größe und Dauer der F+E-Projekte.

Die Leistung eines F+E-Prozesses bzw. F+E-Bereiches läßt sich als Summe der Arbeitspakete definieren, die pro Zeiteinheit bearbeitet oder fertiggestellt werden. In die Leistungsmessung werden alle Arbeitspakete einbezogen, die während der Meßperiode in Arbeit sind. Da die Arbeitspaketdaten bereits für die Projektkennzahlen erfaßt werden, erübrigt sich eine spezielle Datenerfassung für die Prozeßkennzahlen. Es findet nur eine Akkumulation der vorliegenden Arbeitspaketdaten über alle F+E-Projekte im betrachteten Zeitraum statt.

Abbildung 5.2-6 zeigt die Ableitung der Leistungskennzahlen Prozeßqualität (FPY), Termintreue (TT), Kostentreue und Zykluszeit aus den Arbeitspaketdaten (siehe auch [8]).

$$\text{FPY}_{\text{Prozeß}}\ (\%) = \frac{\text{fertiggestellter AP}_{\text{Prozeß}} \text{ ohne Nacharbeit}}{\sum \text{insgesamt fertiggestellter AP}_{\text{Prozeß}}} \times 100$$

$$\text{TT}_{\text{Prozeß}}\ (\%) = \frac{\sum \text{fertiggestellter AP}_{\text{Prozeß}} \text{ ohne Terminverzug}}{\sum \text{insgesamt fertiggestellter AP}_{\text{Prozeß}}} \times 100$$

$$\text{Zykluszeit Prozeß} = \frac{\text{noch zu erledigende Arbeitspakete}_{\text{Prozeß}}}{\text{Prozeßgeschwindigkeit}}$$

$$\text{Prozeßgeschwindigkeit} = \frac{\sum \text{fertiggestellter AP}_{\text{Prozeß}}}{\text{Meßperiode } (t_0 - t_{-1})}$$

$$\text{Kostentreue}_{\text{Prozeß}}\ (\%) = \frac{\sum \text{fertiggestellter AP}_{\text{Prozeß}} \text{ ohne Kostenüberziehung}}{\sum \text{insgesamt fertiggestellter AP}_{\text{Prozeß}}} \times 100$$

Abbildung 5.2-6: Definition der Leistungskennzahlen in F+E-Prozessen

Die Wirksamkeit des Kennzahlensystems wird erheblich gesteigert, wenn der F+E-Bereich nicht nach Funktionen, sondern nach Prozessen im Sinne von Geschäftsprozessen organisiert ist. In F+E können folgende Geschäftsprozesse unterschieden werden[9] (siehe auch[10]):

- Vorentwicklungsprozeß,
- Produktentwicklungsprozeß,
- Produktbetreuungsprozeß.

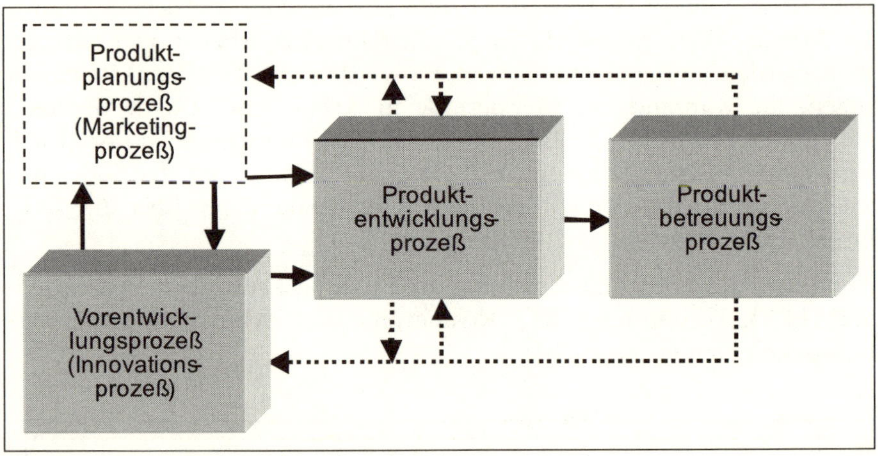

Abbildung 5.2-7: F+E-Prozesse

Im *Vorentwicklungsprozeß* werden Innovationsideen bearbeitet. Diese können sich auf Produkte oder Prozesse beziehen. Der Prozeß deckt die Spanne von der Technologiebewertung bis zur Machbarkeitsprüfung technischer Innovationsideen ab. Dazu zählen auch: die Auswahl und Bereitstellung von Technologien, die Machbarkeitsprüfung von Produkt-, sowie Prozeßideen und Lösungsprinzipien und die Entwicklung neuer Systemarchitekturen und Plattformen.

Im *Produktentwicklungsprozeß* werden aufbauend auf den Entscheidungen und Ergebnissen des Produktplanungsprozesses Entwicklungsprojekte bearbeitet. Diese können sich auf neue Produkte oder neue Produktversionen beziehen. Der Prozeß erstreckt sich vom Pflichtenheft bis zur Lieferfreigabe. In ihm laufen alle Produktentwicklungsprojekte ab, unabhängig davon, ob es sich um Neu-, Versions- oder Anpassungsentwicklungen handelt. Typische Teilprozesse des Produktentwicklungsprozesses sind: Systemdesign, Komponentenentwicklung Hardware, Komponentenentwicklung Software, Systemintegration und -test sowie Fertigungsanlauf.

Der *Produktbetreuungsprozeß* bearbeitet alle Forderungen, die sich auf freigegebene Produkte beziehen. Zu den Forderungen zählen Beanstandungen, Fehlermeldungen, Servicecalls, Änderungen oder Wünsche. Die Aufgabe des Produktbetreuungsprozesses ist es, für diese unterschiedlichen Anforderungen Lösungen zu finden bzw. zu veranlassen.

Der Produktplanungsprozeß ist kein F+E-Prozeß, steht jedoch in enger Verbindung mit dem Vorentwicklungs-, Produktentwicklungs- und Produktbetreuungsprozeß. In ihm werden aufbauend auf den Entscheidungen und Ergebnissen des Vorentwicklungsprozesses Produktkonzepte geplant. Diese können sich auf neue Produkte oder auch auf die Verbesserung vorhandener Produkte beziehen. Der Produktplanungsprozeß erstreckt sich von der Produktidee bis zum Pflichtenheft. Er beinhaltet die Erabeitung von Lastenheften, Pflichtenheften und wirtschaftlichen Produktplänen.

Mit einer prozeßorientierten F+E-Organisation wird nicht nur die Kundenorientierung verstärkt, sondern auch die Basis für systematische Leistungssteigerungen gelegt. Dies wird zum einen durch eine stärkere Ausrichtung der F+E-Aktivitäten auf Kundenleistungen erreicht, zum anderen werden Prozeßverantwortliche ernannt und Prozeßteams eingesetzt, deren Aufgabe es ist, die Effektivität und Effizienz in den F+E-Prozessen auf Prozeß- und Arbeitsebene zu steigern. Das beschriebene Kennzahlen- und Meßkonzept ist dabei ein wichtiger Baustein. Es gewährleistet, daß F+E-Ziele aus den Unternehmenszielen abgeleitet und systematisch verfolgt werden. Ferner vermittelt es hohe Transparenz über die Leistungserstellung, die eine wichtige Voraussetzung für eine Steigerung der F+E-Leistung ist.

5.2.7 Integriertes Berichtswesen

Die Leistungskennzahlen der F+E-Projekte und F+E-Prozesse werden jeweils in Berichten zusammengefaßt und grafisch dargestellt. Die Berichte zeigen die aktuelle Situation und die bisherige Leistungsentwicklung eines F+E-Projekts bzw. F+E-Prozesses auf. Die in den Berichten aufgeführten Leistungskennzahlen sind (siehe auch [8]).

Projektberichte:

- Meilensteintermine,
- Termintreue,
- Projektqualität,
- Projektkosten (Gesamt- und Restkosten).

Prozeßberichte

- Prozeßqualität,
- Termintreue,
- Kostentreue,
- Ressourceneinsatz, Prozeßkosten,
- Kundenzufriedenheit.

Die Berichte weisen für jede Leistungskennzahl die Ziel- und Ist-Werte aus. Aus dem Vergleich beider Größen können Abweichungen zwischen Soll und Ist ermittelt werden. Das Ampelsystem hebt gravierende Abweichungen hervor und erlaubt eine schnelle Beurteilung der Projekt- bzw. Prozeßsituation.

Projektberichte enthalten alle wichtigen Steuerungsgrößen eines F+E-Projekts. Sie zeigen, ob ein F+E-Projekt zielkonform abläuft oder die Zielerreichung gefährdet ist. Für den Projektleiter ist der Projektbericht ein unentbehrliches Instrument zur Steuerung seines Projekts.

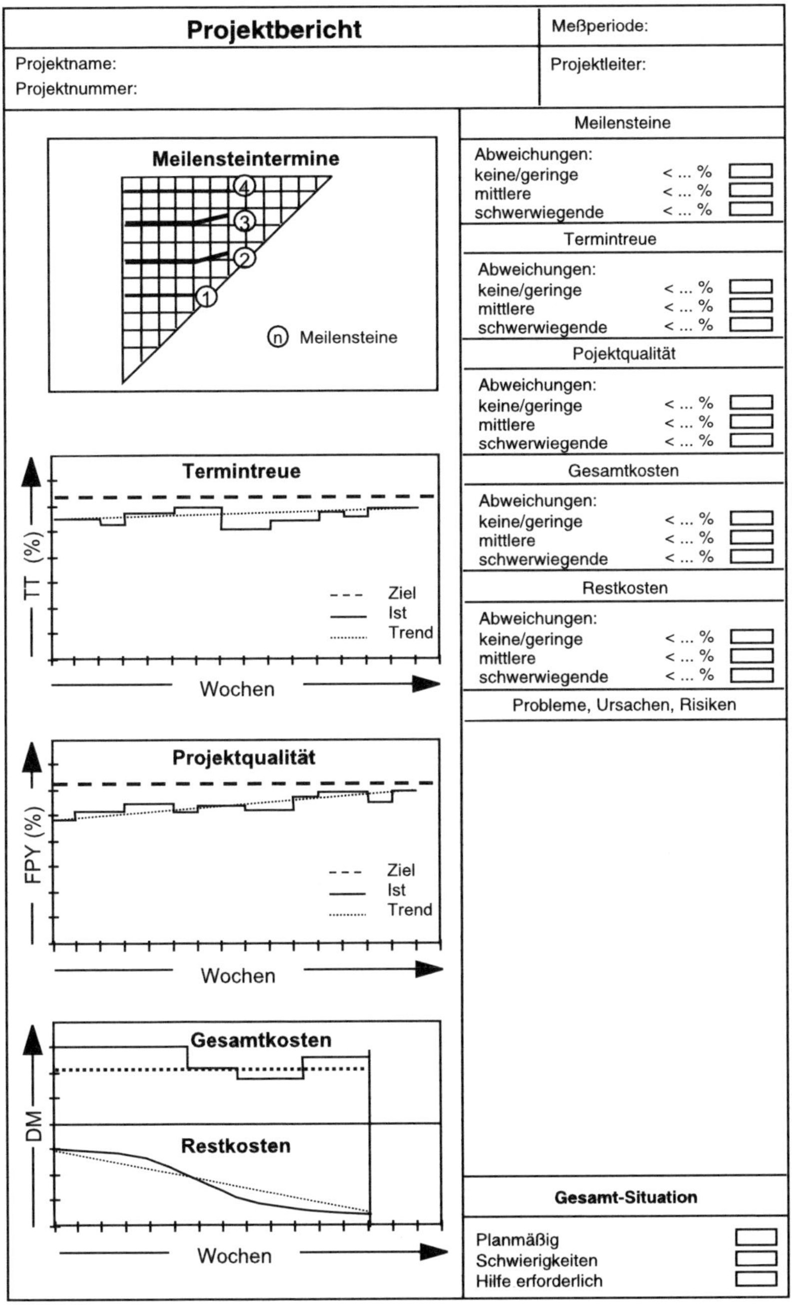

Abbildung 5.2-8: Projektbericht

Der Prozeßbericht ist im Aufbau identisch mit dem Projektbericht. Seine Leistungskennzahlen sind Indikatoren der Prozeßeffektivität und -effizienz. Sie geben Aufschluß über die Produktivität eines F+E-Prozesses bzw. F+E-Bereiches. Unzureichende F+E-Produktivität wirkt sich negativ auf F+E-Projekte aus und mindert die Gesamtproduktivität des Unternehmens. Für Prozeßverantwortliche sind Prozeßberichte ein zentrales Steuerungsinstrument.

Durch die integrierte Erfassung der Arbeitspaketdaten wird in den Projekt- und Prozeßberichten den Abhängigkeiten zwischen den einzelnen Leistungskennzahlen Rechnung getragen. Die Berichte lassen z.B. erkennen, wie sich Termin- oder Qualitätsänderungen auf die Projektkosten auswirken oder wie eine Steigerung der Termintreue die Zykluszeit und Kostentreue eines F+E-Prozesses beeinflußt.

Die Berichte werden von einem Softwaremodul erstellt, das direkt auf die gespeicherten Arbeitspakete zugreift. Dadurch besteht die Möglichkeit, die Berichte ohne großen Mehraufwand noch weiter zu differenzieren und die Leistungsdaten auch für einzelne Projektphasen oder Teilprozesse auszuweisen. Insgesamt ist der Aufwand für die Erstellung der Berichte relativ gering.

Das Kennzahlensystem liefert neben integrierten Einzelprojektauswertungen auch integrierte Multiprojektauswertungen. In ihnen werden die Meßergebnisse aller Einzelprojekte über einen bestimmten Zeitraum (z.B. zwölf Monate) akkumuliert dargestellt. Der Multiprojektbericht zeigt, wie sich die einzelnen F+E-Projekte im Betrachtungszeitraum entwickelt haben und wie der augenblickliche Stand der Zielerreichung zu beurteilen ist (Abbildung 5.2-9). Die Gesamtschau macht deutlich, welche Projekte kritisch sind und einer besonderen Prüfung unterzogen werden sollten. Es empfiehlt sich, den Multiprojektbericht monatlich zu erstellen und fortzuschreiben.

Multiprojektbericht				Oktober 1998
F&E Projekte	Termine/ Termintreue	Projekt- qualität	Projekt- kosten	Ziel- erreichung
Projekt 1	+++ 000000 +++	+++ 0000 +++++	+++ 00 ++++++	unkritisch
Projekt 2	0000 - - - - 0000	000 - - - - - - 000	000000 - - - - - -	kritisch
Projekt 3	+++ 00000 - - - -	0000000 - - - - -	0000000 - - - - -	sehr kritisch
Projekt 4	+++ 00 +++++++	+++ 0000 +++++	+++ 00000 ++++	unkritisch
Projekt 5	0 - - 00 - - 00 - - -	- - - 000 - - - - - -	- - - - 0000 - - - -	sehr kritisch
Projekt 6	+++ 00 +++++++	+++ 00000 ++++	+++ 000000 +++	unkritisch
Projekt 7	- - - 000 - - 0000	- - - - 00 - - - - - -	- - - - - 0 0 0 - - -	sehr kritisch
Projekt 8	- - - - - - 000000	- - - - 00000 - - -	- - - - - - 000000	kritisch
	→	→	→	Monate

\+ = keine Zielabweichungen 0 = geringe Zielabweichungen - = erhebliche Zielabweichungen

Abbildung 5.2-9: Multiprojektauswertung

Das Kennzahlensystem berücksichtigt neben den Abhängigkeiten der Leistungskennzahlen innerhalb der F+E-Projekte und F+E-Prozesse (Intra-Integration) auch die Abhängigkeiten zwischen F+E-Prozessen und F+E-Projekten (Inter-Integration). Ein Abgleich der Multiprojektberichte mit den Prozeßberichten zeigt, wie sich Leistungsverbesserungen in F+E-Prozessen auf die Zielerreichung in F+E-Projekten auswirken.

Zu empfehlen ist, das F+E-Kennzahlensystem um Produktkennzahlen, wie z.B. Produktumsatz, Produktkosten, Deckungsbeitrag, Net Present Value (NPV) und Markteintrittstermin zu erweitern. Dadurch können Aussagen über die Wirtschaftlichkeit und Profitabilität der F+E-Projekte während ihrer Laufzeit schneller und realistischer getroffen werden. So kann bei kritischen Zielabweichungen eines F+E-Projekts ohne langwierige Abstimmungen beurteilt werden, ob es wirtschaftlich noch gerechtfertigt ist, das Projekt fortzusetzen. Abbildung 5.2-10 zeigt einen Projekt-/Produktbericht, der Informationen für die Beantwortung derartiger Fragen enthält.

Projekt- / Produktbericht							Oktober 1998
Produkte/ Projekte	Ter mine	Projekt- qualität	Projekt- kosten	Produkt- umsatz	Produkt- kosten	Produkt- ergebnis	Wirtschaft- liche Ziel- erreichung
Projekt 1	+	+	+	+	+	+	unkritisch
Projekt 2	0	0	-	0	-	0	kritisch
Projekt 3	-	-	-	-	-	-	sehr kritisch
Projekt 4	+	+	+	+	0	+	unkritisch
Projekt 5	-	-	-	-	0	-	sehr kritisch
Projekt 6	+	-	+	+	+	+	unkritisch
Projekt 7	0	-	-	-	-	-	sehr kritisch
Projekt 8	0	-	0	0	0	0	kritisch
Projekt 9	+	0	+	0	+	+	unkritisch

+ = keine Zielabweichungen 0 = geringe Zielabweichungen = erhebliche Zielabweichungen

Abbildung 5.2-10: Projekt-/ Produktbericht

Die Integration der Produktkennzahlen in das F+E-Kennzahlensystem setzt eine laufende Abstimmung zwischen F+E-und Marketing bzw. den F+E-Prozessen und dem Produktplanungsprozeß voraus. Diese Abstimmung ist jedoch ohnehin notwendig, um den wirtschaftlichen Erfolg von F+E-Projekten zu gewährleisten.

5.2.8 Fazit

Das vorgestellte F+E-Kennzahlensystem zeichnet sich durch hohe Steuerungsrelevanz, hohen Integrationsgrad, hohe Aktualität sowie geringen Aufwand aus. Es ist in vielen Punkten den in der Praxis häufig verwendeten Einzelkennzahlen überlegen. Die Integrationsanforderungen werden durch gemeinsame Meßobjekte und einheitliche Meßzeitpunkte für F+E-Projekte und F+E-Prozesse erfüllt. Eine wichtige Bezugsbasis sind dabei die Arbeitspakete. Sie ermöglichen inhaltlich und zeitlich aufeinander abgestimmte Aussagen über Termine, Kosten und Qualität innerhalb von F+E-Projekten und F+E-Prozessen. Darüber hinaus zeigt das Kennzahlensystem auch die Abhängigkeiten zwischen Produkten, F+E-Projekten und F+E-Prozessen auf.

Das vorgestellte Konzept kann als Rahmenempfehlung dienen. Im Einzelfall müssen die F+E-Kennzahlen auf die jeweilige Situation zugeschnitten werden. Ihre Auswahl hängt von mehreren Faktoren ab, wie z.B. dem Anwendungsfeld (Vorentwicklung, Produktentwicklung, Produktbetreuung), der F+E-Organisation (Funktions-, Prozeß-, Projektorganisation) sowie dem Reifegrad des vorhandenen F+E-Controllings und des F+E-Projektmanagements.

Das Konzept erfüllt wichtige Anforderungen, die an F+E-Kennzahlen gestellt werden. Allein die Erfüllung dieser Anforderungen gewährleistet jedoch noch keine ausreichende Effektivität und Effizienz in F+E. Entscheidend ist, daß das F+E-Management den Kennzahlen hohe Aufmerksamkeit schenkt und sie als Steuerungsinstrument aktiv nutzt. F+E-Kennzahlen, die nur F+E-Berichte füllen und keinen Einfluß auf Analysen, Bewertungen, Schlußfolgerungen und Entscheidungen haben, sind wertlos.

Wesentliche Problembereiche

- Zu viele einzelne Kennzahlen
- Unzureichende Verknüpfung
- Gleichzeitige Berücksichtigung von Produkten, Projekten, Prozessen und Bereichen

Erfolgsfaktoren

- Kennzahlensysteme integral aufbauen
- Einheitliche Bezugsbasis für Produkte, Projekte und Bereiche: Arbeitspakete
- System auf Anwendungsfeld (Vor-, Produktentwicklung etc.) Reifegrad der Organisation, des Controllings und des F+E-Projektmanagements abstimmen

Literatur

[1] **Werner, B.M.; Souder, W.E:** Measuring R&D Performance – U.S. and German Practices, in: Research-Technology Management 40, 1997.

[2] **Reichmann, Th.:** Controlling mit Kennzahlen und Managementberichten, 3. Aufl., München 1993.

[3] **Schmelzer, H.J.:** Organisation und Controlling von Produktentwicklungen. Beitrag des wettbewerbsorientierten Entwicklungsmanagements, Stuttgart 1992.

[4] **Bauer, P.; Brockhoff, K.:** Kennzahlenberechnung für Forschung und Entwicklung, in: RKW-Handbuch Forschung und Entwicklung 20, 1992.

[5] **Gentner, A.:** Entwurf eines Kennzahlensystems zur Effektivitäts- und Effizienzsteigerung von Entwicklungsprojekten, München 1994.

[6] **Werner, B.M.; Souder, W.E:** Measuring R&D Performance – State of the Art, in: Research-Technology Management 40, 1997.

[7] **Braun, C.-F. von:** Der Innovationskrieg: Ziele und Grenzen der industriellen Forschung und Entwicklung, München 1994.

[8] **Schmelzer, H. J.; Friedrich, W.:** Integriertes Prozeß-, Produkt- und Projektcontrolling, in: Controlling 9, 1997.

[9] **Specht, G.; Beckmann, Ch.:** F+E-Management, Stuttgart 1996.

[10] **Schmelzer, H.J.:** Steigerung der F+E-Produktivität durch Prozeßmanagement, in: Konstruktion 50, 1998.

5.3 Projektbasiertes internationales F+E-Controlling – Abstimmung der lokalen und zentralen Sicht

Udo Baumfalk , René Lorig, Boehringer Ingelheim, Vetmedica GmbH

5.3.1 Einleitung

Im Zuge der Verschlankung der Unternehmensstrukturen in den letzten Jahren wurden die unteren und mittleren Managementebenen – die Leiter von Funktionalbereichen – mit mehr Kompetenzen ausgestattet. Damit diese Manager ihre umfangreichen Steuerungsaufgaben wahrnehmen können, müssen sie durch qualifizierte Informationen unterstützt werden. Dazu sind Instrumente nötig, mit deren Hilfe die verschiedenen relevanten Daten gesammelt und anschließend verfügbar gemacht werden können. Ein solches System kann als „Funktionscontrolling" bezeichnet werden. Die Basis eines solchen Systems sind Projekte. Ein Projekt wird definiert als eine Abfolge bestimmter, z. T. vernetzter Aktivitäten, die dazu bestimmt sind, ein definiertes Ziel zu erreichen.

Gegenstand des hier vorgestellten Systems ist der Bereich Forschung und Entwicklung eines international arbeitenden Unternehmens. Im Mittelpunkt des Beitrags steht die Boehringer Ingelheim Vetmedica GmbH, eine Tochter des Pharmakonzerns Boehringer Ingelheim, die sich mit ethischen Arzneimitteln für Tiere beschäftigt. Zu uns gehören mehrere Standorte weltweit, davon fünf, in denen internationale Forschung und Entwicklung betrieben wird. Branchenüblich beträgt das F+E-Budget zwischen 7 Prozent und 10 Prozent des Umsatzes, welcher etwa 450 Millionen DM beträgt.

Als Tochtergesellschaft sind wir eingebunden in das weltweite Berichtssystem des Mutterkonzerns. Als F+E-Bereich, der das meiste Geld in Projekte stecken und wenig für Administration ausgeben will, wollen wir uns kein eigenes DV-System leisten. Somit wurde ein DV-gestütztes Controllingkonzept für unsere F+E-Standorte und die F+E-Zentrale von Vetmedica erarbeitet, welches die Möglichkeiten und Angebote des Mutterkonzerns nutzt und die eigenen Notwendigkeiten durch Eigenentwicklungen im PC-Office-Bereich abdeckt. Konzept und Umsetzung können auch internationale mittelständische Unternehmen einsetzen.

Der Controller soll eine Art Lotse sein, der den Kapitän des „Schiffes F+E" mit den notwendigen Steuer- und Kontrollinformationen versorgt. In diesem Beitrag soll zur Veranschaulichung wesentlicher Punkte der Schwerpunkt auf der Kosteninformation liegen und dort wiederum auf dem Berichtswesen. Vor allem soll dabei auf die besonderen Aspekte von international tätigen Unternehmen eingegangen werden.

5.3.2 Erfassung der Kosten nach Funktionen und Projekten

Der Fachleiter sollte sich für Kosteninformationen interessieren, da die Kosten Spiegelbild für Aufgaben und Projekte sind, für die das Funktionsmanagement verantwortlich ist. Die Kostenberichte sollten so aufgebaut sein, daß der jeweilige Verantwortliche auch „Lust" hat, sie zu benutzen. Abgesehen von einer gewissen optischen Gefälligkeit sollten Informationen in diesen Berichten stehen, mit denen der Manager auch etwas anfangen kann: Die Berichte sollten Entscheidungsgrundlagen sein. Die Kostenberichte im Controlling bringen nicht nur eine Darstellung von Vergangenem. Sie helfen eine sinnvolle und realistische Planung zu erstellen und lassen darüber hinaus erkennen, ob die Kostenschwerpunkte der Planung in Relation stehen zu den Schwerpunkten, die in der Portfoliodiskussion gesetzt worden sind.

Das Top-Management und die jeweiligen Funktionsmanager haben nicht unbedingt in allen Bereichen dieselben Informationsinteressen. Dasselbe „Substrat", nämlich die Funktion und deren diverse Kosten, wird aus verschiedenen Ebenen oder Winkeln betrachtet, auf jeden Fall mit unterschiedlichem Detaillierungsbedarf. Da in den meisten Firmen eine Matrix-Struktur implementiert wird, sollte diese auch in den Kostenberichten wiederzufinden sein. Wenn Artikel oder Projekte mit im Spiel sind, müssen auch Auswertungen auf deren Ebene möglich sein.

Welche Daten sollte der Funktionscontroller für Kostenübersichten sammeln und auswerten? Diese Frage muß gestellt und beantwortet werden. Wir können hier nur folgende Hinweise geben: Wir unterscheiden zwischen allgemeinen und speziellen Fragen, welche mit entsprechenden Daten beantwortet werden sollen. Die allgemeinen Fragen lauten:

- Was kostet die Entwicklung in unserer Firma?
- Wieviel kostet uns ein bestimmter Entwicklungsbereich?
- Wieviel kostet ein bestimmtes Projekt?

Eine sinnvolle Steuerung der Belange des Funktionsbereiches (nach dem Motto: Kosten reflektieren Aktivitäten) erfordert detaillierte Daten. Man kann dabei an folgende Kostentypen denken:

- Die *externen Kosten* geben nicht nur Aufschluß darüber, wieviel Geld an Drittfirmen gezahlt wurde. Sie erlauben auch eine etwas gerechtere ökonomische Beurteilung der Funktionsleiter: Je nach Branche haben sie nämlich bei der Verhandlung mit Drittfirmen einen anderen Verhandlungsspielraum als bei den internen Kosten. Wenn beispielsweise projektbezogene Auftragsarbeiten erledigt werden müssen, so erfolgt dies bei Instituten/Firmen mit einem Standardsatz. Wenn man eine Untersuchung bei einem „Meinungsbildner“ durchführen lassen will, kann dieser sein Honorar praktisch diktieren.

- Die Gründe, *Projektkosten* zu erfassen, sind unterschiedlich. Die wesentlichen sind Vorbereitung für Co-Entwicklung, Lizenzverhandlungen und Rentabilitätsberechnungen. Da die Projekte immer eindeutig bestimmten Ziel-Marktsegmenten zugeordnet werden können, gilt, daß man über die Projekte auch nach Ziel-Marktsegmenten auswerten und so die Brücke von den Kosten zur Portfoliodiskussion schlagen kann. Es macht allerdings wenig Sinn, die Kosten der Entwicklung eines Projekts zu einem Hauptentscheidungskriterium der Steuerung zu machen, da andere Faktoren einen höheren Einfluß auf den geplanten Gewinn haben, wie z.B. der Zeitpunkt der Markteinführung des Produkts oder die Änderung der Produktionskosten.
- Die *Verwaltungskosten* sollte man definieren und erheben, wenn man wissen will, wieviel die bei der Funktion anfallenden Kosten direkt projekt- bzw. aufgabenbezogen sind und wieviel in die Verwaltung geht. Die daraus resultierende Information kann auch ein Indikator für die Organisationsfähigkeiten des jeweiligen Funktionsleiters sein.
- Die Kosten für bestimmte *Funktionsgruppen* (wie Zulassung, Galenik etc.) schließlich erlauben dem Funktionsleiter eine feinere Aktivitätensteuerung.

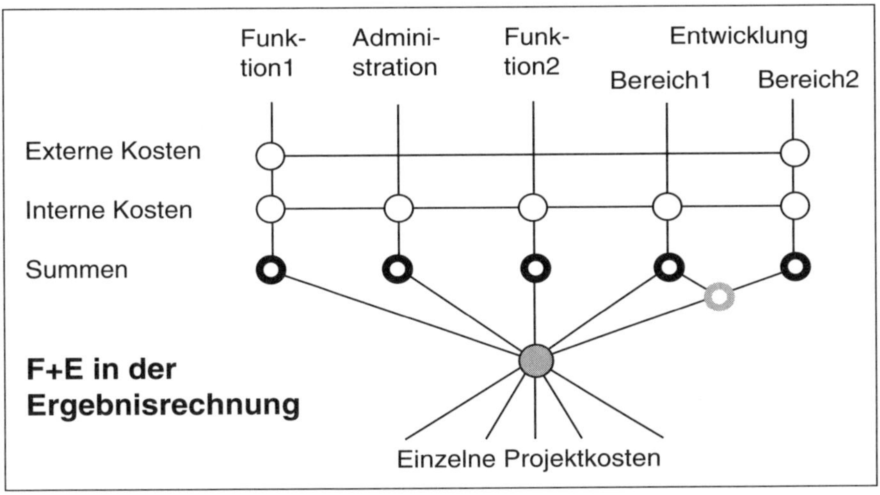

Abbildung 5.3-1: Zusammenhang der verschiedenen Daten untereinander

In Abbildung 5.3-1 sind die verschiedenen zu erfassenden Kostentypen am F+E-Beispiel dargestellt. Für die Zuordnung der Kosten zu Projekten gibt es zwei prinzipielle Möglichkeiten: Entweder man rechnet sämtliche angefallenen Kosten auf die Projekte um (Vollkostenrechnung), oder man weist nur die direkt projektbezogenen Kosten als Projektkosten aus. Es kommt darauf an, wofür man die Information braucht. Für die oben angeführten Gründe, die Projektkosten zu erfassen, benötigt man die Vollkostenrechnung. Will man aber wissen, wieviel Mittel frei werden, wenn ein Projekt wegfällt, ist diese Art der Verrechnung nicht direkt zu nutzen. Es macht Sinn, die unterschiedlichen „Attribute" eines Projekts mit zu erfassen, wie z.B. Status (in Planung, angefangen, abgebrochen etc.), Projektart (Neuentwicklung, Produktlinienerweiterung etc.), Forschungsrichtung, Zielmarkt. Auf diese Art kann über entsprechende Summierungen die Brücke zur Portfoliodiskussion geschlagen werden.

5.3.3 Lokale versus internationale Sicht

Lokale Sicht

Die wichtigsten Fragen des lokal ausgerichteten (Funktions-) Controllings sind:

- Für welchen Zweck sind die Ausgaben (Projekte)?
- Wer hat ausgegeben (Sub-Funktionen, Kostenstellen)?
- Wofür wurde ausgegeben (Kostenarten)?

Projekte

Die Existenzberechtigung von F+E-Abteilungen in einer Firma sind Projekte. Daher bilden sie die Grundlage für das Informationssystem innerhalb der Firma. Auf der einen Seite sind die Projekte. Sie werden verantwortlich gesteuert von Projektmanagern. Auf der anderen Seite sind die Linienfunktionen, welche Kapazitäten und Infrastruktur zur Abwicklung der Projekte zur Verfügung stellen. Der lokale Bedarf ergibt sich aus dieser Matrix-Struktur, die möglichst auch in den Kosten abgebildet werden soll: Es werden die Kosten pro Projekt verlangt, und sie müssen sich auf die mitarbeitende Funktion herunterbrechen lassen. Manche Projekte laufen funktionsübergreifend: Man kann die Projektkosten der verschiedenen beteiligten Fachfunktionen aufaddieren und so die Gesamt-Projektkosten für den Geschäftsbereich erheben. Wir beschränken uns hier vereinfachend auf die innerhalb einer Funktion auftretenden Kosten.

(Sub-)Funktionen

Auch die Funktionsbereiche wie Marketing, Außendienst, Produktion und Entwicklung sind wieder in Sub-Funktionen untergliedert. Diese Sub-Funktionen entsprechen organisatorisch normalerweise Abteilungen oder Gruppen. Ein Strukturieren der Kostenstellen nach Funktionen ist empfehlenswert, damit ein funktionsbezogenes Budgetieren möglich ist. Dann ist auch eine funktionsdifferenzierte Weiterleitung von Kosten an die Projekte möglich. Über eine Zeitaufschreibung ist eine Zuordnung der Funktionskosten auf Projekte möglich. Dazu werden zu Beginn der Berichtsperiode Stundensätze festgelegt, basierend auf Kostenstellenbudget und verfügbarer Kapazität. Zwischen den geplanten projektbezogenen Arbeiten und den tatsächlichen wird es normalerweise eine Diskrepanz geben.

Kostenarten

Kostenarten werden im Rahmen der Buchhaltung definiert und festgehalten. Normalerweise sind die Funktionsleiter nur an der detaillierten Darstellung von bestimmten Kostenarten interessiert, wie z.B. Materialkosten, Patentgebühren, Reise- und Bewirtungskosten. Es kann vorkommen, daß eine Gruppe von Kostenarten, nennen wir sie Kostentypen, wichtig für die Steuerung sind. Wir denken da an externe und interne Kosten oder Projekt- und Strukturkosten.

In Branchen wie der Pharmaindustrie gibt es in erheblichem Maße externe Kosten. Im Beispiel F+E sind das z.B. Leistungen von Kliniken, Forschungsinstituten oder Experten (für Gutachten). Die externen Kosten sind die einzigen F+E-Kosten, welche relativ kurzfristig zu beeinflussen sind. Deshalb kommt ihnen eine besondere Bedeutung zu, und Abteilungsleiter wie Projektmanager haben ein Interesse an ihnen. Wenn die entsprechenden Aktivitäten bereits vertraglich vereinbart sind, sind die Kosten auch fixiert. Daher ist es sinnvoll, auf lokaler Ebene die Verträge auch ins Controllingsystem mit einzubinden, damit man über die real noch vorhandene finanzielle „Manövriermasse“ Bescheid weiß.

Zentrale (internationale) Sicht

Grundsätzlich kann man sagen, daß der zentrale F+E-Leiter die Projekte und die Funktionen in seinem Zuständigkeitsbereich steuert. Je nach Branche können auch Informationen über bestimmte Kostentypen hinzukommen (externe und interne Kosten, Struktur- und Produktkosten). Die Unterscheidung nach Kostenstellen und Kostenarten interessiert ihn weniger. Allerdings kommt bei ihm noch eine andere Dimension hinzu, nämlich die Kosten der Standorte. Nicht nur die Software, sondern auch die Philosophie bezüglich der Betriebsabrechnung ist nicht unbedingt identisch an allen Standorten. So gibt es deutliche Unterschiede zwischen einer deutschen und einer amerikanischen Bilanz oder Ergebnisrechnung. Daher muß für ein internationales Controlling exakt definiert werden, was man will.

Projekte

Viele Projekte sind standortübergreifend und beanspruchen Ressourcen verschiedener Standorte. Hier werden also die Gesamtkosten pro Projekt und anteilig nach Standort gefordert.

(Sub-)Funktionen

Auch für den zentralen Überblick ist es wichtig, die Kostenanteile der Sub-Funktionen nach Standort gegliedert vorliegen zu haben. Da die einzelnen Standorte „organisch gewachsen" sein können, kann man sich nicht darauf verlassen, daß die Kostenstellen überall gleich organisiert sind. Daher muß man für den Bericht an die Zentrale definieren, was man unter welcher Funktion versteht und wie die jeweiligen Kosten verrechnet werden sollen.

Kostentypen

Anders als im lokalen Bereich haben für den zentralen Funktionsleiter einzelne Kostenarten normalerweise keine Bedeutung. Bei der Summierung von verschiedenen ähnlichen Kostenarten zu Kostentypen kann das anders sein.

Tabelle 5.2-1: Gegenüberstellung der lokalen und zentralen Anforderungen

Gegenstand	Lokale Anforderung	Zentrale Anforderung
Projektkosten	Pro Projekt und Kostenstelle (≅ Sub-Funktion); nicht unbedingt auch Vollkostenrechnung.	Vollkostenrechnung pro Projekt; nicht unbedingt auch pro Sub-Funktion.
Kapazität	Pro Projekt (Stundensatz, Projektkosten) und Kostenstelle (und damit pro Sub-Funktion).	Gesamtkapazität pro Projekt; weitere Unterteilung nicht unbedingt nötig.
Sub-Funktionen	Als Kostenstellen normalerweise problemlos.	Nötig. Inhalte müssen extra definiert werden, da Organisation nicht überall gleich ist.
Kostentypen	Kostenarten problemlos, Zusammenfassung von interessanten Kostenarten ebenfalls.	Branchenspezifische Kostentypen müssen definiert werden, da sie nicht unbedingt mit allen lokalen Kostenarten-Zusammenfassungen identisch sind.

5.3.4 DV-gestütztes internationales F+E-Controlling

Voraussetzungen

Ein internationales F+E-Controlling kann nur dann umgesetzt werden, wenn auch bestimmte Voraussetzungen erfüllt sind. Da ist vor allem die Infrastruktur zu nennen. Dazu zählen wir:

- Kompatible Software (zumindest definierte Schnittstellen)
- Einheitliches Computernetzwerk

Das „Hin- und Herschicken" von Daten ist noch nicht alles. Die vorne angesprochenen Definitionen müssen auf breiter Basis akzeptiert werden. Das erreicht man dadurch, daß

- diese Definitionen gemeinsam erarbeitet werden oder
- die zentralen Controller fachlich akzeptiert sind und sich in die Situation der Standorte hineinversetzen können oder
- ein stark hierarchisches System gewährleistet wird.

Es kommt auf ein gutes Ineinandergreifen von zentralem und lokalem Controlling an. Beide Seiten müssen wissen, daß sie voneinander abhängig sind, wobei die Abhängigkeit vom lokalen Controlling für den zentralen Controller erheblich gravierender ist als umgekehrt. Daher bevorzugen wir eine Kombination aus den ersten beiden Punkten: allgemein getragene Definitionen fachlich akzeptierter zentraler Controller.

Lokales Controlling – Umsetzung

Das lokale Controlling stellt die Grundlage für das zentrale Controlling dar. Was hier nicht an Daten sicher bereitgestellt werden kann, fehlt auch in der internationalen Sicht. Die Kostenstellenplanung wird zu einem gewissen Grad aus der Projektplanung abgeleitet. Danach erfolgt die Planung der nötigen Stunden (Kapazitäten) pro Projekt und Kostenstelle. Als grundlegendes Werkzeug für das funktionsbezogene Controlling ist die Betriebsabrechnung SAP vorgegeben.

Um die Projektkosten nicht auf verschiedenen Kostenstellen identifizieren und aggregieren zu müssen, haben wir zusätzlich zu den Kostenstellen der Funktion, welche wir Strukturkostenstellen nennen, auch Projektkostenstellen eingeführt. Auf letztere buchen wir alle projektbezogenen Kosten, welche per Rechnung identifizierbar sind. Auf die Strukturkostenstellen geht der gesamte Rest.

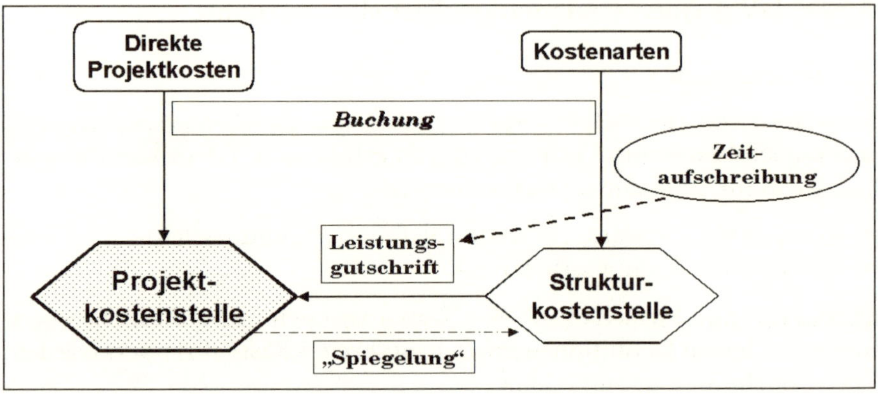

Abbildung 5.3-2: SAP-Konzept

Die Strukturkostenstellen werden von den klassischen Linienmanagern geleitet. Damit auch sie die komplette Sicht auf ihre Kostenstelle haben, werden die von ihrem Bereich veranlaßten Projektkosten in ihre Abrechnung „gespiegelt". An einem Stichtag am Ende jeden Monats errechnen wir über die Zeitaufschreibung die von den Kostenstellen für die Projekte geleistete Arbeit. Mit einem im Budget festgelegten Stundensatz wird dann diese Arbeit auf die Projektkostenstellen gebucht und die Strukturkostenstelle entsprechend entlastet. Die Projekte stehen also auch bei der Kostenabrechnung für uns im Zentrum.

Auf diese Weise erreichen wir noch etwas: Der Linienmanager ist Leiter einer Strukturkostenstelle. Auf seiner Kostenstelle sind nur diejenigen Kosten verbucht, für welche der Kostenstellenleiter direkt verantwortlich ist, nämlich die internen und die nicht direkt projektbezogenen. Die Projektkosten werden maßgeblich vom Projektteam gestaltet. Der Linienmanager ist also nur bedingt für seinen Anteil verantwortlich. Daher laufen die Projektkosten auch auf eine andere Kostenstelle. Wenn der Linienmanager seine Kapazitäten und Kosten gut geplant und eingesetzt hat, verbleiben auf seiner Kostenstelle praktisch keine Kosten mehr, da sie dann alle auf die Projekte weiterbelastet werden.

SAP ist ein hierarchisch aufgebautes System. In gewisser Weise läßt es sich mit der Darstellung des Verzeichnisbaumes vergleichen, mit dem Unterschied, daß alle abgebildeten Werte bis auf die oberste Ebene aufsummiert werden können. Die kleinste Einheit ist eine Aktivität, welche in der Abteilung ausgeführt wird und für welche wir Rechnungen bekommen. Sie definiert somit den maximalen Detaillierungsgrad, den wir in SAP abbilden müssen.

Verrechnung auf Projekte

Entsprechend unserer Philosophie, daß die Projekte den zentralen Teil von F+E ausmachen, sollten auch alle in F+E anfallenden Kosten Projekten zugerechnet werden. Dazu verteilen wir die Kosten für Infrastruktur pro Projekt mit Hilfe von Zeitaufschreibung bzw. gemeldeten Projektkapazitäten. Für die Zukunftsbetrachtungen wie Erwartung und Budget bekommen wir von den Linienfunktionen die geplanten bzw. erwarteten Kapazitäten pro Projekt mitgeteilt. Es wird angenommen, daß die Gesamtzahl der genannten Kapazitäten identisch ist mit der möglichen Gesamtkapazität. Die pro Projekt von den Funktionen geplanten Kapazitäten werden aufsummiert. Entsprechend dem Anteil der pro Projekt geplanten Kapazität an der Gesamtkapazität der Funktionen werden die internen Kosten dieser Kostenstellen dem Projekt zugerechnet. Die nichtprojektbezogene Arbeit wird also als Abwesenheit verrechnet. Die gesamten zu bezahlenden Stunden werden somit gleich behandelt.

Dieses Vorgehen ist einleuchtend für die Linienfunktionen, welche projektbezogen arbeiten. Wie sieht es aber z.B. für die Abteilungsleitung oder andere administrative Kostenstellen aus? Für die Verrechnung von Verwaltungskostenstellen auf Projekte gibt es prinzipiell drei Möglichkeiten, welche sich aus dem Selbstverständnis der Administration ergeben:

1. Die Verwaltung ist vor allem dafür da, die Mitarbeiter zu unterstützen, zu führen, zu „coachen" etc. Daher sollten die Verwaltungskosten nach einem Schlüssel umgelegt werden, welcher sich aus der Anzahl der Mitarbeiter ergibt.
2. Die zentrale Aufgabe der Abteilung ist es, Projekte zu bearbeiten. Daher ist auch die vornehmliche Aufgabe der Verwaltungsgruppen, eben diese Projekte zu betreuen. Also sollten ihre Kosten über einen projektbasierten Schlüssel verteilt werden. Da die externen Kosten nicht in der Abteilung verwaltet werden müssen, sollte dieser Schlüssel auf den internen projektbezogenen (durch die Zeitaufschreibung zugerechneten) Kosten basieren.
3. Die Verwaltung muß sich auch um die Verrechnung der externen Kosten kümmern, daher wird ein „Mischansatz" gefahren, wonach die Administrationskosten über die gesamten projektbezogenen Kosten auf die Projekte verteilt werden.

Wir haben uns für den letzteren Modus entschieden. Kriterien für die Zuteilung der Verwaltungskosten sind die gesamte von den Funktionen geleistete Zeit sowie die direkten (=externen) Kosten pro Projekt.

Nutzung von MS Access®

Damit wir SAP für unsere Zwecke optimal nutzen können, müssen wir für jedes Projekt und jede projektbezogene Aktivität eine eigene SAP-Nummer anlegen. Um z.B. die Projektkosten durch Aggregieren der zugehörigen Aktivitäten zu ermitteln, ist eine genaue Ordnung der zugrundeliegenden Daten notwendig. Daher verwalten wir die Informationen zu den Projekten und Studien in einer MS-Access®-Anwendung, welche wir gleichzeitig dazu einsetzen, die Auftragsnummern zu generieren.

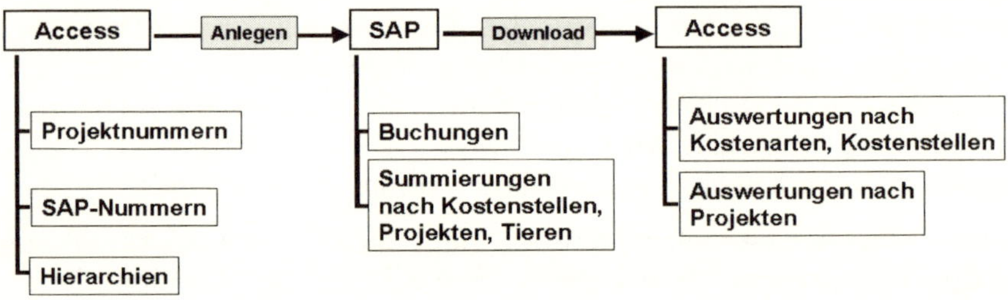

Abbildung 5.3-3: Einsatz unterschiedlicher Software

Ein System wie SAP, welches nicht nur von einer Abteilung genutzt wird, ist eher unflexibel, was benutzerspezifische Auswertungen angeht. Einige Auswertungen sind auch nicht möglich. Daher transferieren wir die SAP-Daten des vergangenen Monats zu einem Stichtag in eine Access-Anwendung (Abbildung 5.3-3), über die definierte Auswertungen für Kostenstellen- und Projektmanager, Abteilungsleiter etc. erstellt werden. Durch diese Kostenberichte, welche genau auf die Bedürfnisse der jeweiligen Zielgruppe zugeschnitten sind, wird eine Steigerung der Kostentransparenz, eine Erleichterung der Steuerungsaufgaben und auch eine bessere Akzeptanz des Funktionscontrollings erreicht.

Bindeglied

Die projektbezogenen administrativen Daten wie Projektname, Indikationsgebiet, Status, Zielregion etc. müssen an allen Standorten gleich sein. Sie sollten deshalb zentral verwaltet werden. Selbstverständlich müssen sie auch an allen Standorten verfügbar sein. Da diese Daten für unterschiedliche Anwendungen eingesetzt werden können, nennen wir sie Referenzdaten. Sie werden beim lokalen wie beim internationalen Controlling benötigt und bilden so ein Bindeglied zwischen beiden.

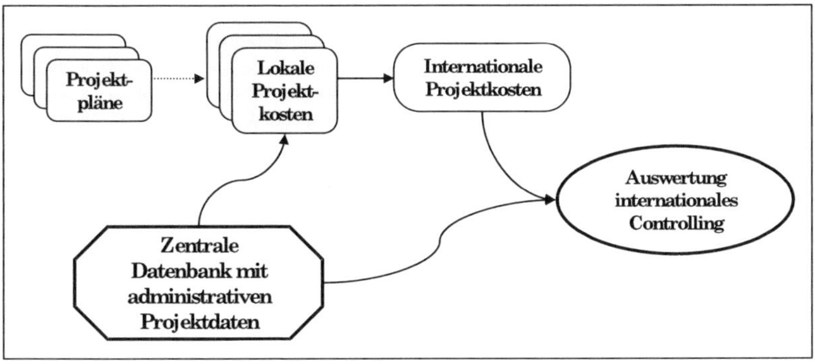

Abbildung 5.3-4: Rolle der Referenzdatenbank

Die Projektteams planen ihre Projekte mit Hilfe von Projektplanungssoftware. Die Daten aus diesen Projektplänen stimmen wir mit denen in einer Datenbank ab, wo bestimmte übergeordnete Teilaspekte der Projektplanung festgehalten werden. In der zentralen Datenbank pflegen wir allgemeine Attribute zu den Projekten wie Projektname, Marktsegment, Entwicklungsstatus, Innovationsgrad etc. Dort werden auch neue Projekte und Aktivitäten angelegt. Sobald sie angelegt sind, werden über die Datenbankanwendung automatisch neue SAP-Nummern vergeben. Diese Datenbanken sind direkt verbunden mit der Anwendung für Lokales Controlling, so daß die vorne beschriebenen projektbezogenen Auswertungen möglich sind.

Internationales Controlling – Umsetzung

Am Anfang steht auch hier die Klärung der Bedarfe. Das Internationale F+E-Controlling soll dem Gesamtfunktionsleiter und dem Top-Management Informationen liefern. Diese Zielgruppe ist vor allem interessiert an Kosten pro Standort, Funktionen und Projekt. Eventuell sind auch einzelne Kostentypen (externe bzw. interne Kosten) von Interesse. Nachdem die Bedarfe mit den zuständigen Stellen abgesprochen sind, sollten administrative Dinge geklärt werden wie:

- In welcher Frequenz sollen welche Daten abgefragt werden?
- Wer soll welche Informationen bekommen?
- Wie soll der Bericht vom Layout her aussehen?

Basis ist, daß die Detaildaten der Funktion mit den „offiziellen" Daten in der Ergebnisrechnung übereinstimmen. Das detaillierte Berichtssystem der Fachfunktion sollte daher als Subsystem der Ergebnisrechnung aufgebaut werden. Die unterschiedlichen Abrechnungsmodalitäten zwingen dazu, daß man sich auf das Wesentliche beschränkt und nicht Daten um des Sammelns willen sammelt.

Daten harmonisieren zwischen den Standorten

Controlling erfordert im internationalen Umfeld das Arbeiten mit standardisierten Daten. Daher sammeln die Standorte die Kosteninformationen nach einem Verfahren, welches für alle gleich ist. Die Vorgaben betreffen Struktur der Daten und Definition der Inhalte. Idealerweise ist auch die „Sammelsoftware" standardisiert. Jeder Standort schickt *eine* Fassung mit allen Informationen des Standortes an die zentrale Datenbank. So soll sichergestellt werden, daß allen Dateninhalten die gleiche Bedeutung gegeben wird. Von dort können die Funktionsverantwortlichen die Daten ihres Bereiches abrufen und auf ihren PCs weiterbearbeiten.

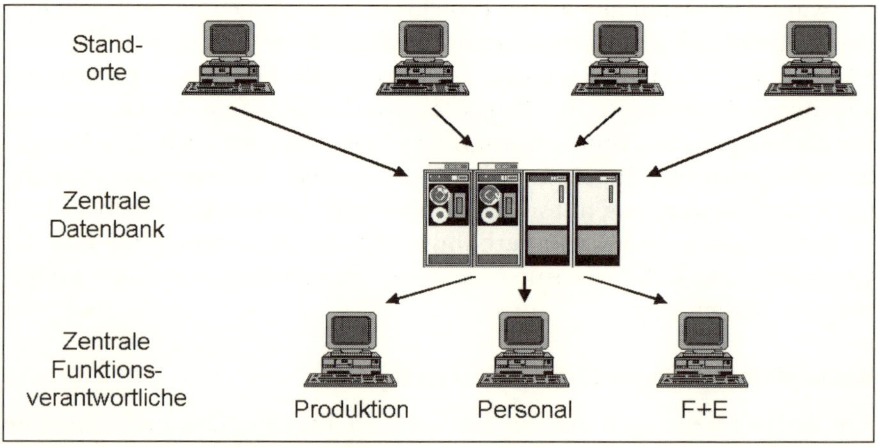

Abbildung 5.3-5: Berichtsfluß

Jeder Standort schickt nur *ein* Paket mit den Daten von allen am Standort vertretenen Funktionen. Dabei muß immer eine Brücke zwischen dem jeweiligen lokalen Controllingsystem und den zentralen Anforderungen geschlagen werden. Die dann erhaltenen Daten werden an den zentralen Großrechner geschickt. Von dort können sie auf die PCs der zentralen Funktionscontroller geladen werden. In unserem Falle werden sie in einer selbstentwickelten MS-Access®-Anwendung weiterverarbeitet.

Häufig gilt es auch, die Art und Weise, wie die Daten erhoben oder errechnet werden, abzusprechen. So ist es beispielsweise sinnvoll zu erklären, wie die nicht direkt projektbezogenen Kosten auf Projekte umgelegt werden sollen. Der Hinweis auf eine Zeitaufschreibung reicht nicht. Zusätzlich muß geklärt werden, wie die Kosten der administrativen Funktionen, die ja nicht in der projektbezogenen Zeitaufschreibung erfaßt sind, auf die Projekte verteilt werden sollen. Hier muß man sich klar für eines der angesprochenen Verfahren aussprechen.

Jede Funktion ist eingebettet in das Gesamtunternehmen. Die Kostendaten einer Funktion müssen sich folgerichtig überführen lassen in die des Gesamtunternehmens, also vor allem in die der Ergebnisrechnung. Erfahrungsgemäß wird man Schwierigkeiten bekommen, fordert man die Funktions- und die Gesellschaftsdaten getrennt an. Werden alle finanziellen Daten in einem Paket geschickt, so hat das den Vorteil, daß allen Daten dieselbe Aufmerksamkeit zuteil wird und Querprüfungen sicherstellen können, daß in den detaillierten Funktionssystemen Werte stehen, die mit den entsprechenden Daten der Ergebnisrechnung übereinstimmen.

Auswertung MIS

Die Finanzdaten der Standorte laufen auf dem Großrechner der Firma zusammen. Man kann sie im Sinne eines „Data Warehouse" halten und zur Auswertung in spezifische MIS (Management Information System) oder EIS (Executive Information System) überführen (Abbildung 5.3-5). Für ein solches Informationssystem sind Analysen und Kontrollen der erste Aufgabenschwerpunkt. Typischerweise werden die Systeme so strukturiert, daß Fragestellungen in Kombination möglich sind. Gleichzeitig sollen die Fragestellungen entlang von Hierarchien verfeinert werden können: Ergebnisanalysen von Produkten in Vertriebsbereichen, beginnend von der Produkthauptgruppe über die Produktgruppe bis zum Einzelprodukt. Zweiter großer Schwerpunkt der Systeme ist die Präsentation der Analysen. Hier ist eine große Bandbreite bei kommerziell erhältlichen Produkten möglich. Von der einfachen Darstellung bereits bestehender Standardberichte kann erweitert werden, um folgendes zu erreichen:

- Erhöhung der Interaktivität der Anwender durch Selektion und Drill Down
- Verfeinerung des Layouts und Grafik, wählbare Grafiktypen
- Gestaltbarkeit der Strukturen der Reports: Rotieren – Wahl des Inhalts der Achsen in mehrdimensionalen Würfeln
- Übersichtlichkeit der Berichte: Werte außerhalb definierter Grenzen werden farbig dargestellt; Hinweise auf verdeckte Verletzungen, z.B. wenn die Grenzen zwar in Summe eingehalten sind, eine Ebene tiefer aber z.T. nicht.

Nun können sich kleinere Firmen oder F+E-Einheiten nicht unbedingt ein MIS/EIS kaufen. Häufig wird man sich ein Auswerte-System selbst entwickeln. Die folgenden Eigenschaften sind unserer Meinung nach Minimal-Anforderungen an ein solches System:

- Ungeübte können Standardaufgaben ausführen.
- Standardauswertungen sind vorprogrammiert.
- Zeit für Standardbericht nach Eingang neuer Daten im Zentralrechner ist <1 Stunde.
- Zeit für einen neuen, nicht-standardisierten Bericht mit vorhandenen Daten beträgt ≈ 1/2 Tag .

5.3.5 Fazit

Die Schwerpunkte für das lokale und internationale F+E-Controlling sind unterschiedlich. So steht lokal die Matrix Linie-Projekt im Vordergrund, während es international die Matrix Standort-Projekt ist. Dennoch sollte man die internationalen Controlling-Informationen durch Aggregation der lokalen Daten erhalten können.

Das eingesetzte lokale Betriebsabrechnungssystem ist in der Lage, über die Kostenstellenabrechnung hinaus Kosten auf Aktivititäts- oder Projektebene abzubilden. Dafür sind kohärente Basisdaten nötig. Um diese zu verwalten, schalten wir dem Betriebsabrechnungssystem eine Datenbankanwendung vor.

Damit die unterschiedlichen Matrizen vergleichbare Daten enthalten, haben wir eine Datenbank mit administrativen Daten eingeführt, welche lokal wie international eingesetzt wird. Wichtigster Inhalt sind die Projektnamen und Projektattribute wie Status, Zielmarkt, Projekttyp etc. Damit ist diese Datenbank in gewisser Weise als Klammer über lokales und internationales Funktionscontrolling anzusehen. Das Zusammenspiel der lokalen und internationalen Controlling-Daten wird bei uns über Anwendungen in MS Access® geregelt, auch die Auswertesysteme sind in MS Access® realisiert.

Wesentliche Problembereiche

- Lokale versus internationale Sicht
- Unterschiedliche Definitionen von Reportinginhalten an Standorten
- Matrix Projekt- und Liniendaten am Standort
- Matrix standortübergreifende Projekte und Standorte

Erfolgsfaktoren

- Einheitliche Definitionen von Reportinginhalten und Verrechnungen/ gemeinsame Erarbeitung
- Berücksichtigung der Bedürfnisse der Entscheidungsträger
- Zentrale Datenbank als Bindeglied
- Harmonisierung von F+E-Daten und Daten der „offiziellen" Rechnungslegung
- Auf Bedürfnisse abgestimmte MIS

Literatur

[1] **Baumfalk:** Controlling in F+E (Aufbau eines Kostenberichtssystems), in: Controlling 6, 1997.

[2] **Baumfalk:** DV-Unterstützung für F+E-Controlling und F+E-Projektmanagement, Management Circle Fachkonferenz „DV Unterstützung in F+E",1998.

[3] **Baumfalk & Blumers:** Flexibles Management-Informationssystem für F+E, IIR-Fachkonferenz „Erfolgreiches F+E-Controlling", 1997.

[4] **Fortuin:** Performance indicators – Why, where and how?, in: European Journal of Operational Research 34, 1988.

[5] **Fröhling:** Mehr Controlling in Forschung und Entwicklung nötig, in: Management Zeitschrift 11, 1990.

[6] **Gaiser & Servatius:** Mehr Transparenz für die Forschung und Entwicklung, in: Controlling 3, 1990.

[7] **Madauss**: Projektkostenschätzung im Rahmen der Produktentwicklung; Controlling Jahrbuch 1997, Hamburg 1997.

[8] **Matzer:** Herzstück mit Gedächtnis, in: IS report 1, 1998.

[9] **Shinkfield & Cooper:** The pharmaceutical portfolio – navigating an uncertain future, in: Script Magazine, November 1994.

[10] **Siegwart & Kloss:** Erfassung und Verrechnung von Forschungs- und Entwicklungskosten, Bern 1984.

[11] **Spilker:** Multinational Drug Companies, New York 1989.

6 Soft facts

6.1 Überblick

„What gets measured gets done“ ist eine Aussage, die mehr als einem der ganz erfolgreichen CEOs nachgesagt wird. „Wer mißt, mißt Mist“ ist ein anderer Satz, dessen Urheberschaft wohl unbekannt bleibt. Diese beiden Aussagen skizzieren vortrefflich das Spannungsfeld, in dem sich das Innovationscontrolling befindet. Die Messung selbst beeinflußt den Ausgang eines Experimentes. Dies hat Heisenberg für die Quantenphysik zeigen können und damit ein wissenschaftliches Weltbild verändert. Das Innovationscontrolling beeinflußt schon allein durch die Definition dessen, was gemessen wird – und damit auch, was nicht gemessen wird – das Verhalten der Beteiligten und damit notwendigerweise auch die Ergebnisse. Dies ist letztendlich nicht nur unumgänglich, sondern sogar in großem Maße gewollt. Es ist deshalb verständlich, daß sich ein ganzheitliches Innovationscontrolling auch mit dem Messen und Steuern der sogenannten „weichen Faktoren“ beschäftigt.

Im Beitrag von Eugen Voit wird unter dem Begriff „Performance Management“ der Weg beschrieben, wie aus Unternehmens- und Produkt-/Marktstrategien die Zielsetzungen der am Innovationsprozeß beteiligten Bereiche und einzelnen Mitarbeitern abgeleitet werden. Nur wenn ein Zielsystem durchgängig und schlüssig ist, besteht die Chance, daß „alle am gleichen Strang ziehen“. Zur Überprüfung und Korrektur dieser „Zugrichtung“ müssen sehr stark auch die „weichen Faktoren“ der Innovationstätigkeit untersucht werden. Das Instrument der „Mitarbeiterbefragung“ wird im folgenden als mögliches Controllinginstrument dargestellt und diskutiert.

„Zu detailliertes Projektcontrolling schadet“ heißt der provokative Titel des letzten Beitrages in diesem Buch. Dieser Beitrag stellt so etwas wie den abschließenden „Wink mit dem Zaunpfahl“ an diejenigen dar, die vom ultimativen, alles bewertenden Innovationscontrolling träumen. Das Spannungsfeld zwischen Kreativität und Unsicherheit in der Frühphase und einem sehr stark strukturierten und formalisierten Projektmanagement in der Hauptphase des Innovationsprozesses hat sich auch im Controlling widerzuspiegeln. Das Innovationscontrolling muß die Sprache der jeweiligen internen Kunden sprechen. Die richtige Visualisierung der „Figures and Facts“ ist sehr bedeutend für die Akzeptanz der damit verbundenen Botschaften. Der Controller soll letztendlich die Vertrauensperson sein, deren Hilfe von Projektleitern nicht einfach hingenommen werden muß, sondern die dringend nachgefragt wird. Dies fordert vom Controller neben guten Fachkenntnissen ein Verständnis für die Abläufe und Probleme in der Produktentwicklung und nicht zuletzt natürlich ein hohes Maß an Sozialkompetenz.

6.2 Performance Management – das Controlling der „weichen Faktoren“ im Innovationsprozeß

Eugen Voit, St. Gallen

6.2.1 Einleitung

Unternehmen sind gezwungen, die Performance ihres Innovationsprozesses stetig zu verbessern, wenn sie im zunehmend härter werdenden Konkurrenzumfeld bestehen wollen. Parallel mit der Erhaltung höchster Qualitätsansprüche müssen Kosten gesenkt und Zykluszeiten verkürzt werden. Um gleichzeitig auch dem hohen Anspruch des Marktes Genüge leisten zu können, muß zudem das Wissens- und Kreativpotential der Mitarbeiter verstärkt entwickelt und eingesetzt werden. Deshalb werden sogenannte "High Performance Work Systems" [1] und die darin etablierten Performance-Management-Prozesse vermehrt zum entscheidenden Erfolgsfaktor international tätiger Unternehmen. Solche Performance-Management-Prozesse müssen vollständig in die Landschaft der Unternehmensprozesse eingebettet sein. Insbesondere ist die Verknüpfung mit dem strategischen Planungsprozeß von zentraler Bedeutung.

Eine große Zahl von Unternehmen hat erkannt, daß das Messen eine entscheidende Rolle spielt, wenn es darum geht, die formulierte Unternehmensstrategie erfolgreich in reelle Geschäftsergebnisse umzusetzen. Dabei geht es aber nicht nur um das Messen von Hard Results, die weitgehend in finanziellen Größen dargestellt werden können. Gerade für die Beurteilung von langfristig angelegten Vorhaben ist das Messen von Soft Results unerläßlich. Dies auch darum, weil viele Firmen Headlines wie Teamwork, Shared Values, Customer Focus etc. an sehr prominenter Stelle in ihrer Strategie aufführen und nicht beabsichtigen, nur ein neues und modisches Schlagwort zur Belustigung der Belegschaft einzuführen. Daran zu glauben, daß man nur genügend gut die Hard Results messen muß, damit die Soft Results automatisch folgen, ist ein Mythos, der schon viele Unternehmen in schwierige Situationen gebracht hat [2].

Im vorliegenden Beitrag sollen Ansätze zu einem solchen High Performance Work System für den F+E-Bereich dargestellt und auf Möglichkeiten und Grenzen des Messens im Bereich der Mitarbeiterführung eingegangen werden. Die Mitarbeiterbefragung stellt darin ein wirkungsvolles Controllinginstrument dar, das gerade auch „soft factors“ messen kann.

6.2.2 Performance Management als strategisches Instrument

Um zu einer unternehmensrelevanten Betrachtungsweise zu gelangen, muß Mitarbeiterführung als Prozeß verstanden werden, der stark an die strategischen Unternehmensprozesse angeknüpft ist. Der Performance-Management-Prozeß muß die Vision, das Leitbild und die Strategie der Organisation unterstützen, sich nach den darin definierten Werten richten und primär ein Werkzeug sein, daß das Management in der Umsetzung der strategischen Ziele unterstützt. Performance Management bedeutet die Optimierung von Einsatz und Leistungsfähigkeit der Ressource Mensch. Ziel ist nicht, den Leistungsdruck und die quantitative Belastung der Mitarbeiter zu erhöhen, sondern jeder Mitarbeiter und jede einzelne Mitarbeiterin sollen das „Richtige richtig tun“ können.

Das „Richtige“ leitet sich dabei aus der Unternehmensstrategie und den daraus abgeleiteten Produkt-Marktstrategien und den resultierenden Entwicklungszielen ab. Diese Ziele werden schlußendlich auf Projekt- bzw. Mitarbeiterebene operationalisiert und konkretisiert.

„Es richtig tun“ heißt, ziel- und ressourcenorientiert zu arbeiten, geeignete Instrumente zu nutzen, und bei seiner Tätigkeit stets den Gesamtprozeß im Auge zu behalten.

6.2.3 Die vier Phasen des Performance-Management-Prozesses (PMP)

Es gibt vielerlei mögliche Formen, wie ein Performance-Management-Prozeß in einzelne Subprozesse heruntergebrochen werden kann [3]. Ein erfolgreicher PMP ist folgendermaßen zu charakterisieren:

- Der PMP ist ein Werkzeug zur Unterstützung des Managements und nicht ein Bündel von Formularen und Richtlinien zur Befriedigung der Personal-Bürokratie oder der Controlling-Abteilung.
- Das Management und nicht die Personalabteilung ist verantwortlich für den PMP und dessen ständige Verbesserung.
- Der Fokus wird auf die zukünftig zu erwartetenden Leistungen, auf Coaching und Leistungsverbesserung gelegt und nicht auf die Bewertung und Be- bzw. Verurteilung der vergangenen Leistung.
- Es werden nur diejenigen „kritischen Erfolgsfaktoren“ oder Kompetenzen gemessen, die zur strategischen Zielerreichung auch wirklich wesentlich beitragen.

- Nicht nur Vorgesetzte, sondern auch Mitarbeiter, Projektkollegen, interne und externe Kunden tragen zur Messung und Bewertung der Leistung bei.
- Der PMP nimmt Rücksicht auf die unterschiedlichen kulturellen Normen und Wertvorstellungen der beteiligten Mitarbeiter.
- Es gibt positive und negative, finanzielle und nicht-finanzielle Konsequenzen, die für den einzelnen Mitarbeiter relevant und nachvollziehbar sind.
- Ein kontinuierlicher Kommunikationsprozeß verhindert, daß zu einem bestimmten Zeitpunkt Überraschungen der Art: „Warum haben Sie mir das nicht früher gesagt?“ entstehen.
- Es besteht Transparenz innerhalb der Organisation wie Erfolge und Mißerfolge von Einzelnen, Teams und Einheiten gemessen und bewertet werden.

Abbildung 6.2-1 zeigt den hier beispielhaft dargestellten Prozeß, der erfolgreich in einem international tätigen Unternehmen mit ca. 5000 Mitarbeitern eingeführt wurde. Dieser Prozeß besteht aus vier Phasen:

Phase 1:	Leistung planen
Phase 2:	Leistung coachen
Phase 3:	Leistung bewerten
Phase 4:	Leistung verstärken

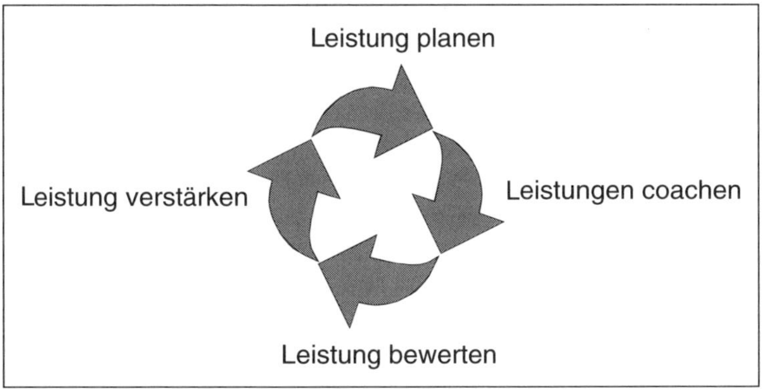

Abbildung 6.2-1: Die vier Phasen des Performance-Management-Prozesses

Leistung planen

Das Planen der Leistung ist in einen gegenseitigen Kommunikationsprozeß eingebettet, damit ein klares und gemeinsames Verständnis bezüglich Erwartungen und Anforderungen erreicht wird. Im F+E-Bereich ist ein großer Teil dieser Planung eingebettet ins Multiprojekt- und Einzelprojekt-Management. Planung muß aber auch immer die Aspekte Mitarbeiterentwicklung und Kompetenzentwicklung beinhalten.

Insbesondere heißt „Leistung planen“ auch, die richtigen Leute zu rekrutieren. Zeichnet sich ein Technologiewandel ab, dann ist es notwendig, rechtzeitig die entsprechenden Kompetenzen zur Hand zu haben. Dabei gibt es fünf Möglichkeiten, dies zu tun:

- Buy – kaufen: auf dem Arbeits- oder Technologiemarkt beschaffen
- Build – entwickeln: durch Weiterbildung und Projekte
- Borrow – ausleihen: Kooperationen, Lizenzen, Berater etc.
- Bind – anbinden: die richtigen Leute behalten
- Bounce – verabschieden: unnötiges Wissen „vergessen“

Nur wenn genaue Kenntnisse des Ist-Zustandes vorhanden sind, kann die richtige Auswahl getroffen werden. Insbesondere sind die „weichen Faktoren“ dabei von entscheidender Bedeutung. Solche Veränderungen sind nämlich immer auch mit Widerständen der Vertreter alter Technologien verbunden. Diese Personen haben einen großen Einfluß auf die Organisation, der auf ihrer hohen Professionalität und Reputation beruht (Abbildung 6.2-2). Die Einführung neuer Technologien muß schwer erkämpft werden (Abbildung 6.2-3). So haben heute beispielsweise sehr viele Unternehmen große Schwierigkeiten, gute Softwareentwickler zu bekommen. Ohne daß der in Abbildung 6.2-3 gezeigte Teufelskreis jedoch gebrochen wird, kann keine echte Softwarekompetenz aufgebaut werden.

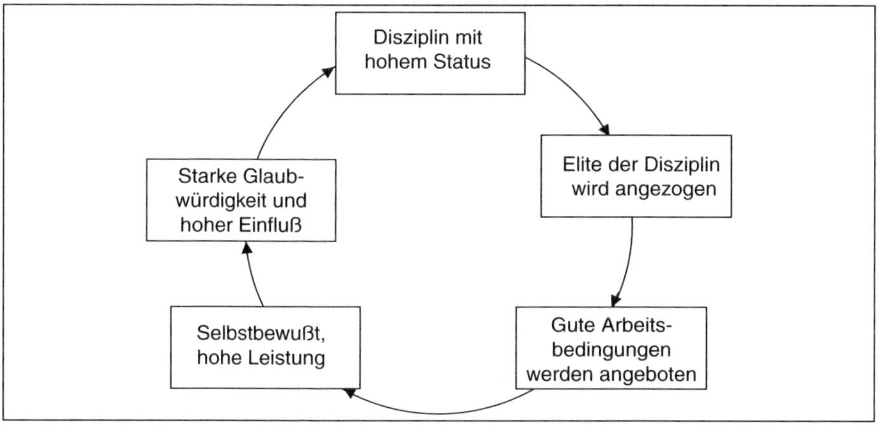

Abbildung 6.2-2: Der Kreislauf der Kompetenzverstärkung[4]

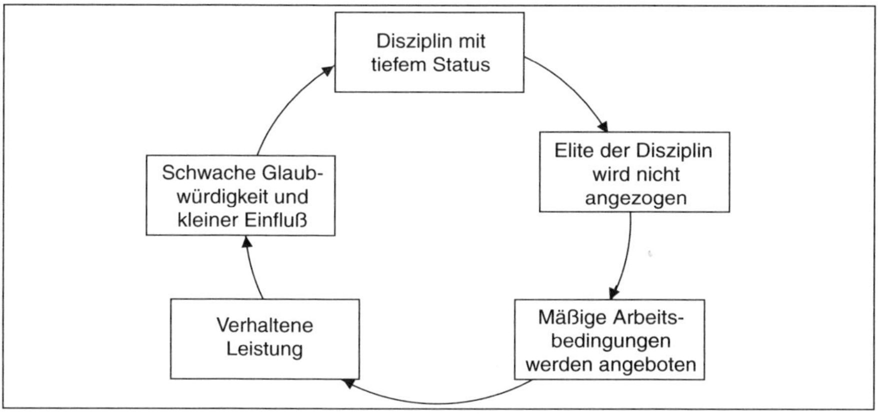

Abbildung 6.2-3: Der Teufelskreis der Verhinderung von Technologiewandel[4]

Diese erste Phase stellt den Grundstein für den gesamten Performance-Management-Prozeß dar. In dieser Phase wird sichergestellt, daß die Mitarbeiter ihre Aufgaben und Verantwortung verstehen und sich verpflichtet fühlen, das Unternehmen tatkräftig in der Erreichung der Organisationsziele zu unterstützen.

Wir wissen aus Erfahrung, daß wir uns selbst stärker verpflichten, unsere gesteckten Ziele zu erreichen, wenn wir bei der Ausarbeitung der Ziele mitgewirkt oder diese sogar mitbestimmt haben. Aus diesen Gründen ist der Einbezug der Projektteams in die Leistungsplanung ein entscheidender Faktor.

Neben den Leistungszielen sollen auch Standards definiert sein, die Auskunft darüber geben, was von einem Mitarbeiter oder einem Team bezüglich der Aufgabenerfüllung erwartet wird. Letztendlich muß sichergestellt werden, daß klare Prioritäten für die vereinbarten Aufgaben und Ziele gesetzt werden. Der alte Spruch: „Ist alles wichtig, dann ist nichts wichtig", trifft sehr genau auf das Erarbeiten von Leistungszielen von Mitarbeitern und Teams zu. Ein Produktentwicklungsteam muß beispielsweise Klarheit darüber haben, ob die Time-to-Market oder die Target Costs höhere Priorität hat.

Leistung coachen

Das Coachen der Leistung ist ein kontinuierlicher Kommunikationsprozeß zur aktiven Beobachtung des Fortschritts in Richtung der gesetzten Ziele, zur Identifizierung und Behebung von Hindernissen und zur Aktualisierung von Zielen und deren Prioritäten. Diese Phase stellt das Rückgrat des Performance-Management-Prozesses dar. Es ist daher eine permanente Aufgabe jeder Führungskraft. Im Falle einer Projekt-Matrix-Organisation haben hier etwa der Projektleiter und der Linienvorgesetzte intensiv zusammenzuarbeiten.

Performance coachen heißt beobachten, analysieren, kommunizieren und helfen. Zur Analyse von Leistungsproblemen kann das Modell von Rummler und Brache[5] sehr hilfreich sein, das in Abbildung 6.2-4 dargestellt ist.

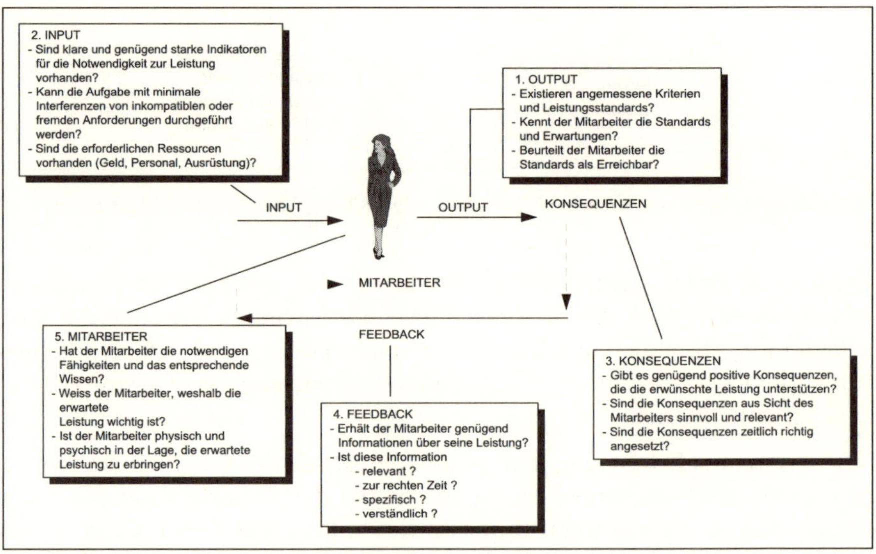

Abbildung 6.2-4: Faktoren zur Analyse der individuellen Leistung

Vielfach wird die Ursache von Leistungsproblemen zuerst beim einzelnen Mitarbeiter gesucht, um ihm anschließend im besten Fall möglichst rasch die „richtige“ Weiterbildung aus dem Schulungskatalog zu verordnen. Das oben vorgestellte Modell betrachtet jedoch den Mitarbeiter mit seinen Fähigkeiten, seinem Wissen und Können erst an fünfter Stelle, nachdem mögliche Ursachen auf Prozeß- oder Organisationsebene behoben wurden bzw. ausgeschlossen werden konnten.

Mitarbeiter zu coachen ist eine sehr anspruchsvolle Aufgabe, die nur dann richtig wahrgenommen werden kann, wenn der Vorgesetzte sich auch Zeit nimmt, seine Mitarbeiter entsprechend zu beobachten und Feedback zu geben. Dabei ist es wichtig, daß er versucht, Situationen aus verschiedenen Blickwinkeln wahrzunehmen und Probleme zu erkennen und zu analysieren. Es ist nicht die Aufgabe des Vorgesetzten, die Probleme seiner Mitarbeiter zu lösen. Vielmehr soll der Vorgesetzte im fragenden und beratenden Sinne zur Seite stehen. Es ist seine Aufgabe, vorhandene organisatorische oder strukturelle Hindernisse aus dem Weg zu schaffen, einzelne und/oder das Team zu bestärken und nach außen zu vertreten. Er muß dabei ein Lehr- und Lernklima schaffen und bereit sein, Erfolge angemessen zu feiern und Mißerfolge als Lernerfahrung abzubuchen.

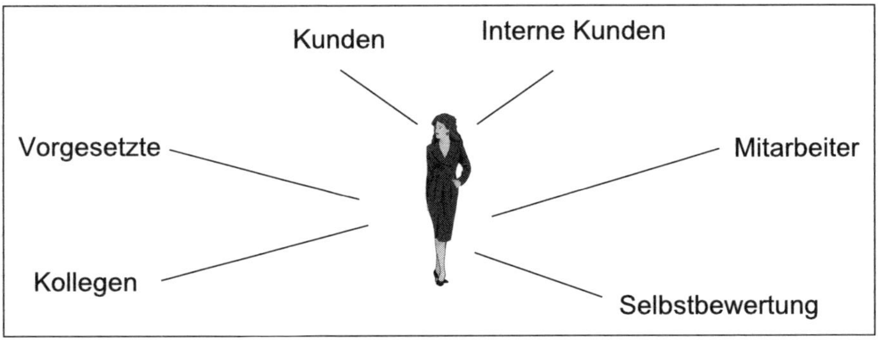

Abbildung 6.2-5: Quellen für ein 360°-Feedback

Ein wesentliches Controllinginstrument in dieser Phase sind sogenannte 360°-Feedbacks, d.h. Bewertungen der Leistung eines Mitarbeiters durch verschiedene Personen. Dies wird meist anonym und mittels Fragebogen oder durch Telefoninterviews durchgeführt. Es dient in erster Linie der Definition von persönlichen Entwicklungsmaßnahmen und -zielen. Abbildung 6.2-5 zeigt mögliche Teilnehmer eines 360°-Feedbacks. Solche Feedbacks sind aber sehr anspruchsvoll, da teilweise schmerzhaft für den Empfänger, weil Fremdbild und Selbstbild in vielen Fällen nicht dekkungsgleich sind. Eine Organisation muß deshalb schrittweise dafür vorbereitet werden; dies geschieht beispielsweise durch eine Top-down-Einführung. Ein erster Schritt kann auch darin bestehen, daß Projektmitglieder das gesamte Team und den Projektleiter bewerten.

Bei der Einführung eines „High Performance Work System“ ist gerade die Realisierung dieser Coaching-Phase die wohl anspruchsvollste Aufgabe in der Organisationsentwicklung.

Coaching heißt aber auch Karriereplanung. Nicht jeder gute F+E-Mitarbeiter will und kann aber eine Projektleitung oder eine Linienfunktion übernehmen. Es ist deshalb sehr wichtig, daß geeignete Alternativen zur Verfügung stehen. Sogenannte Y-Systeme, Zweileiter- oder Mehrleitersysteme können geeignete Perspektiven bilden. Abbildung 6.2-6 zeigt ein Beispiel eines solchen Mehrleitersystems von Dow Corning.

Level	Managerial	Research	Technical Service and Development	Process Engineering
	Vice-President, R&D			
	Director			
VIII	Manager	Senior Research Scientist	Senior Development Scientist	Senior Process Engineering Scientist
VII	Manager	Research Scientist	Development Scientist	Process Engineering Scientist
VI	Section Manager	Associate Research Scientist	Associate Development Scientist	Associate Process Engineering Scientist
V	Group Leader	Senior Research Specialist	Senior TS&D Specialist	Senior Engineering Specialist
IV		Research Specialist	TS&D Specialist	Senior Project Specialist
III		Project Chemist	TS&D Representative	Project Engineer
II		Associate Project Chemist	TS&D Engineer	Development Engineer
I		Chemist	Engineer	Engineer

Abbildung 6.2-6: Mehrleitersystem von Dow Corning[6]

Leistung bewerten

Die amerikanische Performance Management Spezialisten Latham und Wexley schreiben: „Performance Management Systeme sind sehr ähnlich wie Sicherheitsgurte: Die meisten Leute glauben, daß sie nötig sind, aber trotzdem liebt es niemand, sie zu benutzen“[7]. Der Grund dafür liegt vor allem in der von vielen Mitarbeitern gefürchteten „Ergebnisbeurteilung“, die auch ironisch oft als „Stunde der Wahrheit“ bezeichnet wird. In den meisten Fällen läuft dieses Ereignis sowohl für Vorgesetzte als auch für Mitarbeiter eher demotivierend als motivierend ab. Ursache dafür ist oftmals die Nichtexistenz einer wirkungsvollen Coaching-Phase, die zu ungewollten Überraschungen im Gespräch mit Mitarbeiter oder dem gesamten Team führt.

Die einzig gültigen Fakten zur Beurteilung eines Mitarbeiters sind seine Leistungen und die Art und Weise, wie diese erreicht wurden. Erreicht ein Mitarbeiter die vereinbarten Ziele in der Weise, die mit den Grundsätzen und Werten der Organisation in Einklang sind, so verdient der Mitarbeiter eine positive Bewertung.

Es gibt eine Vielzahl von Systemen und Formularsammlungen, die sich auf die Leistungsbewertung konzentrieren. Es ist jedoch von großer Bedeutung für den Erfolg eines „High Performance Work System“, daß diese Phase nicht Übergewicht erhält und das Ganze zur Befriedigungsaktion der Personalbürokratie entartet.

Gerade im F+E-Bereich können solche Leistungsbewertungen sehr oft und gut an Projektreviews und Prozeßaudits angeknüpft werden. Es ist von großer Bedeutung, wie und was bewertet wird. Will man eine echte Innovationskultur schaffen, dann muß speziell mit dem Aspekt „Risikobereitschaft“ und „Fehler“ sehr vorsichtig umgegangen werden. Ob die Mitarbeiter eher bereit sind, für ihre Ideen zu kämpfen, oder aber ob sie „absurde“ Ideen besser nicht weiterleiten, hängt sehr stark von dieser Phase ab.

Leistung verstärken

Die vierte und letzte Phase des Performance-Management-Prozesses betrifft die Verstärkung der Leistung. Diese Phase muß ein fester Bestandteil des PMP sein um eine effektive Rückkoppelung im Prozeß zu garantieren.

Verstärkende Handlungen müssen die effiziente Erreichung der gesetzten Aufgaben unterstützen. Wenn zum Beispiel das Ziel eines Verkäufers darin liegt, eine bestimmte Menge eines neuen Produkts zu verkaufen, aber das Anreizsystem den Verkauf der alten Produkte unterstützt, befinden sich die verstärkenden Handlungen nicht in Einklang mit den gesetzten Arbeitszielen. Das heißt, die verstärkenden Handlungen müssen den betreffenden Mitarbeiter sinnvoll unterstützen. Zusätzlich müssen diese Handlungen rechtzeitig ausgeführt werden, um die gewünschte Wirkung zu erzielen.

Es sind aber bei weitem nicht nur finanzielle Anreize, die die Leistung verstärken, sondern auch spezielle Formen der Anerkennung von Teamkollegen und Vorgesetzten sind sehr wirkungsvoll.

Es muß charakteristisch für den Führungsstil in einem „High Performance Work System“ sein, daß viel öfters die Leistungen einzelner oder von Teams anerkannt werden, als daß Versäumnisse, Mängel oder Verluste kritisiert werden. Anerkennung ist etwas Persönliches, das von einer einzelnen Person ausgeht und an eine andere Person oder ein Team gerichtet ist. Für solche Anerkennungen sollte der Vorgesetzte etwas von seiner Zeit opfern, und die Belohnung sollte sichtbar und spontan sein, wie z.B. ein persönliches Dankeschön in Anwesenheit des Empfängers oder die persönliche Überreichung von Geschenken, dem jeweiligen Kulturkreis angepaßt. Die Verwendung solcher Anreize soll jedoch nicht allzu großzügig gehandhabt werden, da stets die Gefahr besteht, daß sich aus Überraschung und Anreiz mehr und mehr feste Erwartung und Anspruch ohne zusätzlichen Motivationseffekt entwickeln.

Bei der Einführung von Anreizsystemen muß auch gut überlegt werden, wie diese wieder außer Betrieb gesetzt werden können. Solche Systeme verlieren meist nach einer gewissen Zeit ihren Anreizcharakter und werden zu ungewollten Kostentreibern. Es gibt viele Unternehmen, die mit großen Aufwänden ursprünglich als Anreize für außerordentliche Anstrengungen gedachte Leistungen aus ihrem Sozialpaket wieder entfernen müssen.

Gerade im F+E-Bereich lohnt es sich, klare Verstärkungs-Strategien zu entwickeln. Oftmals sind für Produktentwickler die interessanten Aufgaben der größte Anreiz. Folgende Anreizfaktoren müssen im F+E-Umfeld sicherlich in Betracht gezogen werden:

- Freiraum zur eigenen Forschung
- Freiheit, Fehler zu machen
- Möglichkeit zu publizieren
- Teilnahme an Konferenzen
- Balance zwischen Team- und individuellen Anreizen
- Balance zwischen Geld und Stolz
- Sichtbare Anerkennung (z.B. in Firmenzeitschrift)
- Infrastruktur und Arbeitsmittel

Diese Phase des PMP umfaßt natürlich auch alle Personalentwicklungs- und Schulungsmaßnahmen. In einem persönlichen Entwicklungsplan werden aus den Erkenntnissen der Leistungsbewertung, den Entwicklungserwartungen des Mitarbeiters und aus den Absichten des Unternehmens Entwicklungs- und Schulungsmaßnahmen abgeleitet und vereinbart. Es wird oft der Fehler begangen, die Lösung eines Leistungsproblems zu schnell im Bereich der Schulung zu suchen, bevor andere Möglichkeiten geprüft wurden. Eine gute Faustregel besagt hier, daß pro echter Schulungsmaßnahme zwei andere Entwicklungsmaßnahmen definiert werden sollen. Dazu zählen zum Beispiel Maßnahmen wie die Mitarbeit in Projekten, das Durchführen von speziellen Aufgaben, Jobrotationen, der Erfahrungsaustausch mit Mitarbeitern anderer Unternehmen etc.

6.2.4 Mitarbeiterbefragung als Controllinginstrument

Die Mitarbeiterbefragung ist ein geeignetes Instrument, um Informationen über den aktuellen Zustand einer Organisation zu erhalten und um zu messen, wie weit etwa die Soft Factors einer Unternehmensstrategie implementiert sind. Es ist in vielen Fällen ratsam, solche Befragungen von neutralen Stellen durchführen zu lassen. Damit wird die Vertraulichkeit der Befragung für alle Mitarbeiter sichtbar garantiert. Auf Mitarbeiterbefragungen spezialisierte Beraterunternehmen stellen zusätzlich ihre gesammelten Daten als Benchmarks zur Verfügung.

Mitarbeiterumfragen umfassen meist neben organisationsspezifischen Fragen die folgenden Standardthemen:

- Strategie (z.B.: Identifikation der Mitarbeiter mit den strategischen Unternehmensszielen)
- Tätigkeit (z.B.: Arbeitszufriedenheit)
- Beziehung zu Vorgesetzten (z.B.: respektvolle Behandlung durch die Vorgesetzten)
- Arbeitsplatzbedingung (z.B.: ergonomische Arbeitsplatzgestaltung)
- Beziehung zu Kollegen (z.B.: Unterstützung durch Kollegen)
- Information und Kommunikation (z.B.: Informationsqualität)

Es ist wesentlich, daß beim Design des Fragebogens bereits gründlich überlegt wird, welche demografischen Informationen notwendig sind, um Informationen über die gewünschten Mitarbeitergruppen zu erhalten (z.B. Altersklasse, Geschlecht, Hierarchiestufe etc.). Nach einer Befragung werden die Daten in Form einer Gesamtdarstellung der Ergebnisse und in Einzelreports pro Organisationseinheit aufbereitet.

Die Rückmeldung erfolgt anhand von Mittelwerten über Gruppen von üblicherweise mindestens zehn Personen (Anonymitätsforderung).

Informationen über die aktuelle Situation im gesamten Unternehmen, in einzelnen Organisationseinheiten und in speziellen demografischen Gruppen und Informationen über Veränderungen gegenüber der letzten Periode werden auf diese Weise gewonnen. Liegen Benchmarking-Werte vor, können zusätzlich Aussagen über signifikante Abweichungen gemacht werden.

Die Abbildung 6.2-7 zeigt einen Ausschnitt aus den Resultaten einer Mitarbeiterbefragung. Besonders interessant ist die Spalte „Abweichung von der Norm“, die angibt, ob die Antwortverteilung günstiger oder ungünstiger liegt im Vergleich zum Industriemittel.

Nr.	Frage	Überdurchschnittlich	Durchnittlich	Unterdurchschnittlich	Abweichung von Norm
1	Wie bewerten Sie XYZ im allgemeinen als Arbeitgeber verglichen mit anderen Unternehmen, die Sie kennen?	51%	47%	1%	-11
2	Wie denken Sie über Ihre Arbeitsstelle/die Arbeit, die Sie verrichten?	86%	14%	0%	14
3-1	Die Chance, daß Ihre Ideen in die Tat umgesetzt werden	39%	35%	26%	8
3-2	Die Freiheit, zu entscheiden, wie Sie Ihre Arbeit erledigen	80%	14%	6%	45
3-3	Die Möglichkeit, neue Fähigkeiten zu erlernen und Ihre Talente zu entwickeln	41%	38%	21%	-4

Abbildung 6.2-7: Ausschnitt aus den Resultaten einer Mitarbeiterbefragung

Wie alle Messungen im Bereich der Mitarbeiterführung sind solche Mitarbeiterbefragungen aber keine „Temperaturmessungen", die Informationen erheben, ohne den Meßgegenstand zu beeinflussen. Es ist deshalb von äußerster Wichtigkeit, daß die Konzeption der Befragung das weitere Vorgehen nach der Befragung einschließt. Einerseits ist damit der ganze Kommunikationsprozeß der Befragungsresultate gemeint und andererseits das Einleiten von Maßnahmen zur Verbesserung auf allen Organisationsstufen. Fragen dürfen nicht gestellt werden, wenn es keine Möglichkeiten gibt, mit entsprechenden Maßnahmen auf mögliche negative Resultate zu reagieren. Werden keine sichtbaren Maßnahmen aufgrund der Mitarbeiterbefragung eingeleitet, so werden die Mitarbeiter auf eine nächste Befragung sehr skeptisch reagieren.

Ein erster Schritt in der Maßnahmeneinleitung besteht sehr oft darin, daß die auffälligsten Befragungsergebnisse in Fokusgruppen mit konkreten Erfahrungen der Beteiligten in Beziehung gesetzt werden und die Konsequenzen für Mitarbeiter und Unternehmen erfragt werden:

- Was bedeutet dies für eine bestimmte Organisationseinheit?
- Wodurch werden allfällige Probleme verursacht?
- Welche Verbesserungsmöglichkeiten werden gesehen?
- Wie können diese umgesetzt werden?

Ferner bieten die Daten auch eine objektive Grundlage für die Bewertung organisatorischer Gestaltungsmaßnahmen und zeigen gegebenenfalls neue Handlungsansätze für Führungskräfte auf.

Schließlich geben wiederum die Auswertungen der Antworten auf Fragestellungen im Führungsbereich Aufschluß über die Qualität des Performance-Management-Prozesses. In einem Unternehmen wurde auf diesem Wege ein Problem im Umgang mit außerordentlich guten und schwachen Leistungen identifiziert. Durch gezielte Anpassung des PMP konnte auf dieses Problemfeld reagiert werden und zudem den Mitarbeitern gezeigt werden, daß auf die Befragung auch Aktionen folgen.

6.2.5 Fazit

Unternehmerische Organisationen werden immer komplexer. Verflachung der Hierarchien, interdisziplinäre Teamarbeit, Virtualisierung von Unternehmen etc. führen zu neuen Herausforderungen in der Personalführung. Der Bedarf nach effektiven und effizienten Performance-Management-Prozessen wird damit nochmals deutlich steigen.

Das F+E-Controlling kann sich deshalb nicht nur auf die Hard Factors konzentrieren. Gerade im Innovationsbereich verlangen die Mitarbeiter nach einem hohen Maß an „Sinn“. Kreativität und Innovation entstehen nur bei Vorhandensein der richtigen Unternehmenskultur. Das Controlling der Unternehmenskultur kann aber nur über die Messung und Steuerung von „weichen Faktoren“ funktionieren.

Wesentliche Problembereiche

- Einklang zwischen Strategie und Mitarbeiterzielen in allen Bereichen und Prozessen
- Anreizsysteme müssen auch tatsächlich die gewünschten Ergebnisse belohnen.
- Nicht jeder Entwickler muß oder will Manager werden – aber er möchte eine Perspektive.

Erfolgsfaktoren

- Performance Management als strategisches Instrument nutzen
- Mitarbeiterbefragung als Controlling Instrument für die „weichen Faktoren“
- Innovationscontrolling muß „weiche“ und „harte“ Aspekte berücksichtigen.

Literatur

[1] **Gephardt, M. E.; van Buren, M. E.:** The Power of High Performance Work Systems, in: Training & Development 10, 1996.

[2] **Schiemann, W. A.; Lingle, J. H.:** Seven Greatest Myths of Measurement, in: AMA Management Review 5, 1997.

[3] **Shaw, J. H; Schneider, C. E.; Beatty, R. W; Baird, L. S.:** The performance measurement, management, and appraisal handbook., HRD Press, Amherst, Massachusetts 1995.

[4] **Leonard, D.:** Wellsprings of Knowledge, Harvard Business School Press, Boston 1995.

[5] **Rummler, G. A.; Brache, A. P.:** Improving Performance: How to Manage the White Space on the Organizational Chart, San Francisco 1995.

[6] **Lentz, Charles W:** Dual Ladders become Multiple Ladders at Dow Corning, Research Technology Management, 1990.

[7] **Latham, G. P.; Wexley, K. N.:** Increasing Productivity Through Performance Appraisal, Wokingham, Addison-Wesley, Reading, Mass. 1993.

6.3 „Zu detailliertes Projektcontrolling schadet" *

Roman Boutellier, Helmut Dinger, Heldin Lee, St. Gallen

6.3.1 Einleitung

Controlling kennt keine Grenzen und hält nun auch verstärkt im F+E-Bereich Einzug. Mit den Controlling-Werkzeugen soll Transparenz in den F+E-Projekten geschaffen werden, um so Kosten-, Zeit- und Ressourcensteuerung zu ermöglichen. Dabei schießt das Controlling gelegentlich über das Ziel hinaus, so daß es mitunter mehr Schaden anrichtet als Nutzen stiftet. Zu detailliertes Projektcontrolling schadet! Das ist der beinahe einheitliche Tenor eines Arbeitskreises, den das Institut für Technologiemanagement der Universität St. Gallen mit F+E-Leitern von neun Schweizer Unternehmen durchgeführt hat.

ABB PTI AG	Hilti AG	Stäubli AG
Charmilles Technologies AG	Leica AG	Tschudin
Georg Fischer AG +GF+	Mikron AG	Zellweger Uster

Abbildung 6.3-1: Teilnehmende Firmen am Arbeitskreis

6.3.2 Anforderungen an ein effizientes F+E-Controlling

F+E-Projekte zeichnen sich in erster Linie dadurch aus, daß sie in den frühen Phasen einen niedrigen Grad an Strukturiertheit aufweisen. Sie sind daher nur bedingt plan- und steuerbar. Präzise Analysen und detaillierte Planung von „unsicheren" und unvollständigen Daten sind nutzlos, im Falle von stark zahlenorientierten Unternehmen sogar schädlich. Daraus resultieren Forderungen nach einer möglichst einfachen Ausgestaltung der Controllinginstrumente und der Berücksichtigung „weicher Faktoren".

Leicht verständliche und klare Aussagen müssen die Instrumente liefern, d.h. den aktuellen Projektstand ermitteln und Informationen und Ergebnisse in geeigneter Form visualisieren, damit Abweichungen klar ersichtlich sind. Ziel ist es, eindeutige Entscheidungsgrundlagen für den Projektleiter und sein Team zu schaffen und nicht 5-prozentige Abweichungen zum Problem werden zu lassen. Schnelle Entscheidungen mit 80-prozen-

---

* Dieser Artikel erschien in ähnlicher Form in: io management 9, 1997

tiger Genauigkeit sind genau genug und bringen Erfolg! Dabei bedeutet Erfolg im F+E-Bereich vor allem Beseitigung von Unsicherheit.

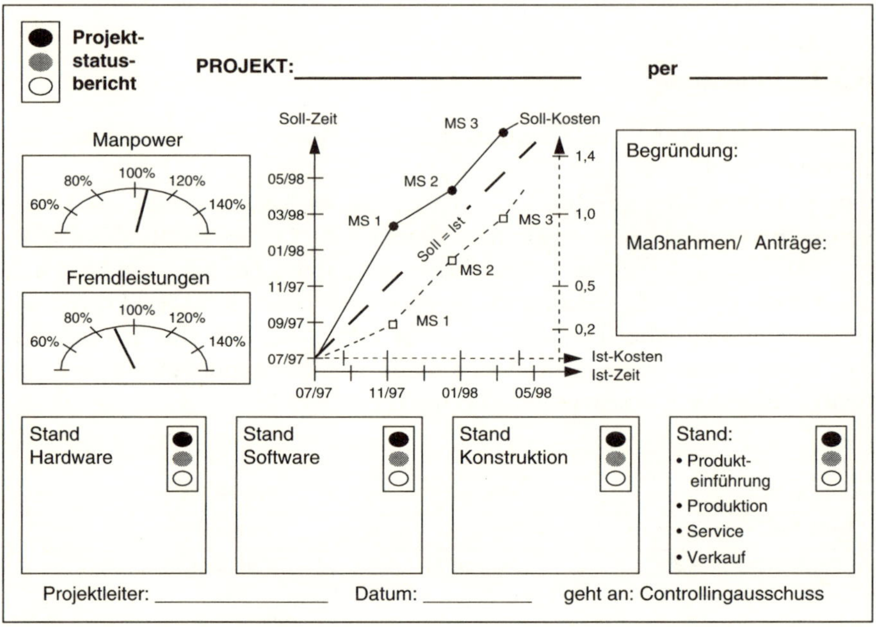

Abbildung 6.3-2: Projektstatusbericht bei Zellweger Uster

Eine weitere Anforderung an das F+E-Controlling stellt der angemessene Aufwand dar. Hier sind Pflege-, Auswertungs- und Interpretationszeiten und damit auch Kosten angesprochen. Komplexe Controllingsysteme sind mit hohen Aufwendungen verbunden. Das Interesse von F+E-Mitarbeitern an detaillierten Controllingzahlen ist begrenzt, das mühevoll erarbeitete Zahlenmaterial wird oft wenig genutzt und gewürdigt. Projektstatusberichte müssen nicht wöchentlich, sondern auf die Projektlaufzeit bezogen in vernünftigen Zeitabständen oder situativ erstellt werden. Ein „Zuviel" an Information hält die Mitarbeiter eher vom Arbeiten ab und verschleiert die wirklich wichtigen Informationen.

Das Controlling muß die richtigen Informationen liefern. Das sind Informationen, die einen Beitrag zur Entscheidungsfindung leisten bzw. Entscheidungen anregen. Einfache Kennzahlen verhelfen zu einem schnellen Überblick über die Projekte. Allerdings müssen die Kennzahlen in Zusammenarbeit von Controller und F+E-Mitarbeiter erarbeitet werden. Es hilft, wenn der Controller über einen technischen Background verfügt.

Sonst ist die Gefahr eines „Aneinandervorbeiredens“ groß und die Akzeptanz – und damit die Umsetzung der erarbeiteten Kennzahlen – gering.

Controlling verstanden als Servicefunktion, die hilft, Transparenz in das diffuse Innenleben von Entwicklungsprojekten zu bringen, steht in einem gewissen Gegensatz zum kreativen Chaos, das oft nötig ist, damit Ideen zu Lösungen reifen. Es ist daher wichtig, die „natürlichen“ Schranken aufzuheben und eine Vertrauensbasis zwischen F+E-Team und Controller zu schaffen. Klare Aussagen, Offenheit in der Darlegung der Probleme, gegenseitiges Zuhören, aber auch Rahmenbedingungen, wie z.B. gemeinsame Projekträume, wo Meilensteine, aktueller Projektstand etc. ersichtlich sind, helfen, die Zusammenarbeit zu verbessern.

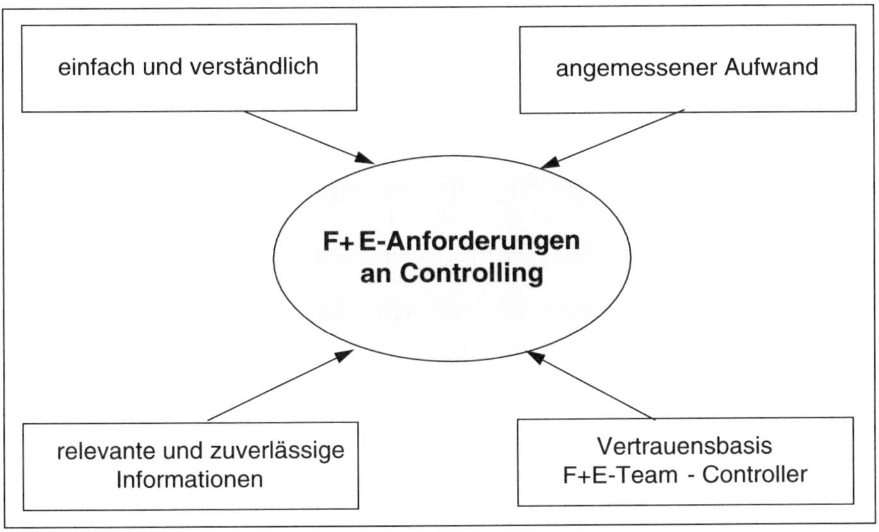

Abbildung 6.3-3: F+E-Anforderungen an das Controlling

6.3.3 Kritische Bereiche beim Einsatz von F+E-Controlling

Zuviel Projektcontrolling in F+E schadet! Das trifft vor allem dann zu, wenn das Controlling als perfektes Überwachungssystem installiert wird und die ursprüngliche Servicefunktion zur Kontrollfunktion wird. Controllinginstrumente sollen Menschen unterstützen und nicht umgekehrt. Der Controller hilft der „reinen“ Forschungs- und Entwicklungsarbeit nicht. Dazu kommt, daß F+E-Projekte nur begrenzt planbar sind. Eine Automatisierung der Problemlösung über Instrumente, wie z.B. Projektmanagement-Software, ist nicht möglich, sondern nur eine Entscheidungsunterstützung. Die Entscheidung selbst liegt beim Projektleiter und ist von mehr als von Zahlen abhängig. Zudem bedürfen Zahlen einer intensiven Pflege, die den Mitarbeitern hohe Disziplin abverlangt. Diese Zahlenpflegekultur ist für viele nicht selbstverständlich und geht daher nur langsam in Gewohnheit über.

Ganz kritisch ist die Messung des Projektstandes. Auf die Frage: „Wie schätzen Sie den Fortschritt Ihres Projekts ein?" werden von den Projektleitern meist zu optimistische Schätzungen abgegeben, so daß der gemessene Projektfortschritt oft nicht dem tatsächlichen entspricht. Das führt in der Regel zu Budgetüberschreitungen und Zeitverzögerungen, die nicht selten in eine Projektkrise münden. Bei den ermittelten Projektkennzahlen ergibt sich daher eine doppelspurige Problematik. Einerseits stellt sich die Frage: Was sind die richtigen Meßgrößen?, andererseits drängt sich die Frage auf: Sind die ermittelten Werte richtig? Hier gilt das Prinzip: „Weniger ist mehr." Damit ist die Einfachheit und die Verständlichkeit der ermittelten Kennzahlen angesprochen.

Meßgrößen	Erläuterung
Stunden	Nicht Kosten! Damit können Standorte international verglichen werden.
Durchlaufzeit	Plan-Ist-Vergleich. Realistische Planung durch Erfahrung.
Termintreue	Abgabetermin der Arbeitspakete.
First pass yield	Auf Anhieb erfolgreich weitergegebene Arbeitspakete.
Anzahl laufender Feuerwehraktionen	Indikator für unzureichende Planung.

Abbildung 6.3-4: F+E-Kennzahlen aus der Praxis

Die Zahlengläubigkeit vieler Unternehmen verleitet ohnehin zum Fällen von zahlenbasierten Entscheidungen. Im Gegensatz dazu lassen wenige einfache Kennzahlen mehr Raum für die Berücksichtigung von weichen Faktoren. Die Mehrheit der Arbeitskreisteilnehmer berichtete von überwiegend negativen Erfahrungen mit starker Kennzahlenorientierung. Dazu bemerkte ein Teilnehmer sehr treffend: „Große Quantensprünge finden sowieso zufällig statt, ohne das Controlling."

6.3.4 Erfolgsfaktoren für F+E-Controlling

Die Aversion der F+E-Mitarbeiter gegen die vielen Zahlen und das Controlling allgemein ist oft auf eine Vermischung von Planbarem und Unplanbarem zurückzuführen. Wird das F+E-Projekt aber zweigeteilt, in ein

„unplanbares“, kreatives Vorprojekt und ein strukturiertes Hauptprojekt, so können die Unsicherheiten in einem Projekt wesentlich reduziert werden. Diese Organisationsform wird erst von wenigen Unternehmen wirklich konsequent durchgeführt. Neues und Routine werden leider laufend durcheinandergebracht. Der Ruf nach Klarheit in der Zielsetzung ist nur sinnvoll, wenn man die Resultate sehr genau prognostizieren kann. BASF und andere Großfirmen sprechen daher vor dem Pflichtenheft von Aktivitäten. Nach dem Pflichtenheft wird das Hauptprojekt straff abgewickelt. Kriterien zur Unterscheidung von Vor- und Hauptprojekt sind die folgenden:

Kriterien	**Vorprojekt**	**Hauptprojekt**
Kultur	kreativ	diszipliniert
Ziele	Stoßrichtungen	Arbeitspakete mit Vorgabezeiten und -kosten
Teams	klein	groß
Führung	weich („loose“)	straff („tight“)
Controlling	Begleitung durch Top-Management	betriebswirtschaftlich, Kennzahlen

Abbildung 6.3-5: Unterschiede Vorprojekt – Hauptprojekt

Unternehmenskultur heißt das Zauberwort, betonen die Arbeitskreisteilnehmer. Damit sind Dinge wie eine Kultur der raschen und klaren Entscheidungen, offene Kommunikation mit gegenseitigem Vertrauen, wahrheitsgetreues Reporting ohne Politik, aber auch realistische Projektplanung angesprochen. Die Grundlage für den Erfolg von Projekten wird über weiche Faktoren geschaffen. Sie sind es auch, die eine hohe Motivationswirkung auf die Mitarbeiter haben, die Innovationsdynamik fördern und im Problemfall hohe Akzeptanz bei den Mitarbeitern auch für unpopuläre Entscheidungen sicherstellen.

Andererseits gilt: Wenn Manager nicht genau wissen, wohin die Reise geht, wird an das Verhalten der Mitarbeiter appelliert. Empirische Untersuchungen der letzten 60 Jahre zeigen ein anderes Ergebnis: Die richtigen Betriebsmittel, CAD-Stationen, Testgeräte, Marktabklärungen und Produktprogrammstrategien sind mindestens ebenso wichtig wie hohe Motivation und zufriedene Mitarbeiter.

Für ein erfolgreiches F+E-Controlling ist *ein einziges* Entscheidungsgremium mit Durchgriff wichtig. Dies gilt besonders deshalb, weil der F+E-Bereich eines Unternehmens in der Regel mehrere Projekte gleichzeitig steuern muß. Daneben existieren in Unternehmen oft verschiedene Gremien zur Entscheidungsfällung und zur Steuerung. Diese Aufgabenteilung erzeugt Konflikte, denn das Steuerungsgremium hat Entscheide auszuführen, die es selbst nicht getroffen hat. Die Konzentration auf ein Gremium wirkt der Verwirrung zahlreicher, untereinander verschachtelter Entscheidungsstufen entgegen und sorgt damit für kurze Wege und klare Entscheidungen. Die Qualität eines solchen Gremiums stellen interdisziplinäre Zusammensetzung und Ausstattung mit hohen Kompetenzen sicher.

Der Projektauswahl und der klaren Festlegung von Zielen kommt bei der Umsetzung eines erfolgreichen F+E-Controllings ein hoher Stellenwert zu. Denn was vorher gut überlegt ist, kann bei der Realisierung auch entsprechend gesteuert werden. Dabei gilt, daß wenige kurze Projekte leichter zu steuern sind als Mammutprojekte mit dreijähriger Laufzeit und enormem Ressourceneinsatz. Ein gründlicher Zielfindungsprozeß verhindert Prioritätenanpassungen und damit verbundene Ressourcenumschichtungen im nachhinein.

Leider wird der Projektauswahl gerade in KMUs zuwenig Gewicht beigemessen. Eine einfache Projektrentabilitätsrechnung auf einem DIN-A4-Blatt, ohne große Diskontierung und ohne Software, dafür für die ganze Produktlebenszeit, hat schon viele Illusionen zunichte gemacht. Produktplanung ist nach wie vor Projektplanung.

Der Projekterfolg steht und fällt mit dem Projektleiter. Erfolgreiche Projekte brauchen einen starken Projektleiter, sogenannte Heavy-Weight-Projektmanager. Der starke Projektleiter hat die Ressourcen und Kompetenzen, sich voll auf sein Projekt zu konzentrieren. Er ist daher in der Lage, dem Projekt die notwendigen Steuerungsimpulse zu geben, den Überblick zu behalten und beim Projektteam die nötige Transparenz bezüglich Projektstand, Abweichungen etc. zu schaffen. Neben Führungsqualitäten benötigt er vor allem technischen Background und soziale Kompetenz.

Controlling-Werkzeuge, wie organisiertes Berichtswesen, Kennzahlensysteme, grafische Darstellungen des Projektstandes und Projektmanagement-Software schaffen Transparenz. Die Instrumente müssen einfach und verständlich sein und nicht nur quantitativen, sondern auch qualitativen Anforderungen Rechnung tragen.

Abbildung 6.3-6 stellt die Bewertung der aufgeführten Erfolgsfaktoren aus Sicht der Arbeitskreisteilnehmer dar:

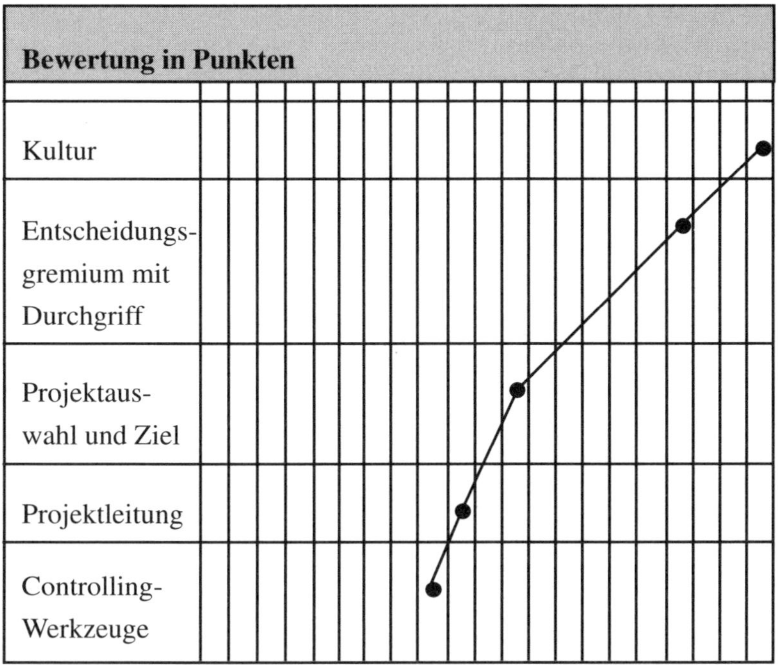

Abbildung 6.3-6: Bewertung der F+E-Erfolgsfaktoren von seiten F+E-Verantwortlicher aus neun Schweizer Firmen

6.3.5 Fazit

Zusammenfassend kann festgehalten werden, daß Entwicklungsprojekte durch einen hohen Grad an unstrukturierter Information und Unsicherheit gekennzeichnet sind. Daraus ergibt sich einerseits die Notwendigkeit, mit Hilfe von Controlling und Controllinginstrumenten Transparenz zu schaffen, andererseits zeigt die Unsicherheit, die mit der Zukunft untrennbar verbunden ist, Grenzen für ein perfektes Controllingsystem in der F+E auf. Eine Zweiteilung der Projekte in Vor- und Hauptprojekt stellt einen Lösungsansatz dar.

Eine offene und innovationsfreundliche Unternehmenskultur, klare Zielsetzungen, ein Entscheidungsgremium mit Durchgriff sowie fachlich und sozial kompetente Projektleiter mit hohen Verfügungsrechten können oft mehr zum Gelingen eines Projekts beitragen als ein ausgeklügeltes System von Kennzahlen und hohe Softwaredurchdringung in der Projektplanung und -kontrolle.

Die Gebote der Einfachheit der Instrumente und der selbstkritischen Bewertung der Entwicklungsarbeit erweisen sich einmal mehr als zentrale Erfolgsfaktoren bei der Erreichung von Kosten-, Zeit- und Qualitätszielen.

Wesentliche Problembereiche

- Innovationscontrolling darf nicht übermächtig werden.
- Entwicklungsprojekte sind immer durch ein bestimmtes Maß von Unsicherheit und Unwägbarkeit gekennzeichnet
- Entwickler sind oft „empfindliche Pflanzen"

Erfolgsfaktoren

- Leicht verständliche und klare Aussagen müssen die Instrumente liefern –„die Sprache der Kunden sprechen".
- Der Controller ist die Vertrauensperson der Projektleiter und Entwickler.
- Zweiteilung von Entwicklungsprojekten: kreative Vorphase mit Freiraum und straff geführte Hauptphase.

Literatur

[1] **Eccles, R.C.:** The Performance Measurement Manifesto, in: Harvard Business Review, 1/1991.

[2] **Hauschildt, J.; Pulczynski J.:** Rigidität oder Flexibilität der Zielbildung in Innovationsprozessen?, in: zfo, 2/1992.

[3] **Specht, G.; Beckmann, C.:** F+E-Management, Stuttgart 1996.

[4] **Wheelwright, S.C.; Clark, K.B.:** Revolutionizing Product Development, New York 1992.

Autoren

Udo Baumfalk

Udo Baumfalk promovierte in Neurophysiologie und Pharmakologie. Er trat bei Boehringer Ingelheim in die Medizinische Administration ein, wo er Funktionscontroller Medizin wurde. Er wechselte innerhalb des Konzerns vom Humanpharma-Bereich zur Tiergesundheit und übernahm das Controlling aller Forschungs- und Entwicklungsaktivitäten dieses Unternehmensbereiches. Er ist jetzt bei Merck Darmstadt als internationaler F+E-Controller tätig.

Helmut Dinger

Helmut Dinger, geb. 1966, studierte Wirtschaftswissenschaften an der Universität Innsbruck. 1995 Abschluß zum Mag. oec. Von 1995–1998 war er wissenschaftlicher Mitarbeiter am Institut für Technologiemanagement der Universität St. Gallen in den Fachgebieten strategisches und operatives Innovationsmanagement und -controlling. Seit Juni 1998 ist er Projektleiter Corporate Innovation Management bei der Hilti AG, Schaan.

Oliver Gassmann

Oliver Gassmann ist Leiter R+D Technology Management bei Schindler Aufzüge in Ebikon, Schweiz. Innerhalb der Konzernentwicklung ist er verantwortlich für Kernkompetenzen, Knowledge Management und Benchmarking. Seit 1999 ist er zudem Lehrbeauftragter für Internationales Technologiemanagement an der Universität St. Gallen. Vor seiner Tätigkeit bei Schindler war er Forschungsassistent am Institut für Technologiemanagement der Universität St. Gallen, wo er mit einer Arbeit über internationales F+E-Management promovierte.

Werner Gerhardt

Werner Gerhardt studierte Chemie an der Technischen Hochschule in Darmstadt und ist seit 1978 Mitarbeiter der Henkel KGaA. Nach fünfjähriger Tätigkeit als Projektleiter in der chemischen Forschung wechselte er zur Stabsstelle F+E-Planung. Seit 1992 ist er Leiter der Einheit F+E-Controlling/Consulting der Henkel-Gruppe.

Susanne Gräper

Susanne Gräper, geb. 1966 in Cuxhaven, absolvierte nach einer Ausbildung zur Bankkauffrau bei der Dresdner Bank AG in Hamburg und nach mehreren Auslandsaufenthalten ihr Studium der Betriebswirtschaftslehre in Göttingen. 1995 trat sie in die Hauni Maschinenbau AG ein, arbeitete nach einem Traineeprogramm im Zentralen Controlling und hat das Entwicklungs-Controlling im Unternehmen aufgebaut. Seit Anfang 1999 ist sie als Controllerin einer Business Unit tätig.

Robert Hauber

Robert Hauber studierte an der Universität Stuttgart technisch orientierte Betriebswirtschaftslehre und an der University of Massachusetts at Amherst Economics. Nach Stationen bei Hewlett Packard und bei Procter & Gamble wechselte er 1996 in den Bereich Controlling/Pkw-Entwicklung der Mercedes-Benz AG. Seit November 1998 ist er als Direktionsassistent im Bereich Investor Relations der DaimlerChrysler AG beschäftigt. Seine Dissertation befaßt sich mit dem Thema „Performance Measurement in der Forschung & Entwicklung“.

Henning Jens

Henning Jens ist Leiter „Controlling Entwicklung“ bei der DaimlerChrysler Aerospace Airbus GmbH, Hamburg. Nach seinem Eintritt 1991 bei der DASA Airbus war er im Bereich Strategie-Controlling und Prozeßoptimierung für Entwicklung und Produktion tätig. Im Rahmen der Neuorganisation des Unternehmens übernahm er 1996 die Verantwortung für den Aufbau des Bereiches „Controlling Entwicklung“. Schwerpunkte sind die Umsetzung eines Center-Controllings für die Entwicklung und eines bereichsübergreifenden F+E-Controllings für alle Entwicklungsprojekte

Carsten Knobel

Carsten Knobel trat nach seinem Wirtschaftsingenieurstudium 1995 bei der Henkel KGaA in das Unternehmensbereichscontrolling für F+E ein. Von 1996 bis 1998 war er Leiter F+E-Managementconsulting. Zusätzlich war er von 1997 bis 1998 zuständig für das Inhouse Consulting in F+E. Seit 1998 ist Carsten Knobel Leiter Marketing-Controlling für die Strategische Geschäftseinheit Haar im Unternehmensbereich Kosmetik.

Carmen Kobe

Carmen Kobe, geb. 1971, studierte an der Universität Hamburg Physik und Betriebswirtschaftslehre. Nach einem Traineeprogramm bei der Hamburgischen Electricitätswerke AG arbeitete sie als Beraterin bei der Consulectra Unternehmensberatung GmbH und als Projektleiterin bei der HanseNet Telekommunikation GmbH. Seit 1998 ist sie Forschungsassistentin am Institut für Technologiemanagement der Universität St. Gallen und arbeitet an ihrer Dissertation zum Thema Technologiemonitoring.

Franz Lechner

Franz Lechner studierte Betriebswirtschaftslehre an der Universität Linz. Er war anschließend in verschiedenen Funktionen – als Direktionsassistent und im Vertrieb bzw. Vertriebscontrolling – für die Knoll AG International tätig. 1994 kam er als Prokurist und Einheitsleiter in den Bereich Value Based Management der Knoll-Zentrale in Ludwigshafen. Seit 1998 ist er Leiter Controlling der Knoll Tochtergesellschaft in Italien.

Heldin Lee

Heldin Lee studierte an der Technischen Universität Berlin Wirschaftsingenieurwesen und am Stevens Institute of Technology in New Jersey, Applied Psychology. Von August 1996 bis November 1998 arbeitete sie als wissenschaftliche Assistentin am Institut für Technologiemanagement, wo sie mit dem Thema „Innovation und Ökologie in Schweizer Unternehmen" promovierte. Seit Februar 1999 arbeitet Heldin Lee als Projekt-Managerin in der Galenischen Produktion der Roche Pharma Schweiz und betreut dort vor allem die Neuprodukteinführungen.

René Lorig

René Lorig absolvierte eine Ausbildung zum Biologielaborant. Danach arbeitete er einige Jahre in einem Labor der Abteilung Experimentelle Pathologie und Toxikologie der Boehringer Ingelheim Pharma KG. Von dort wechselte er in den F+E-Bereich des Geschäftsbereichs Tiergesundheit. Er beschäftigte sich intensiv mit den Strukturen und Funktionsabläufen innerhalb des F+E-Controllings. Seine Aufgabe umfaßt dort u.a. die Betreuung und Weiterentwicklung der DV-Systeme.

Erich Schindler

Erich Schindler, Jahrgang 1957, absolvierte die Ausbildung zum Eidg. Dipl. Buchhalter / Controller beim SKV und der AKAD. Er ist seit 1987 bei der Leica Geosystems AG (vormals Wild Heerbrugg, Wild Leitz und Leica) in Heerbrugg tätig. Seine Einsatzbereiche waren das Geschäftsbereichs-Controlling, das Stammhaus-Rechnungswesen und -Controlling, die Konzern-Konsolidierung/-Budgetierung. Heute ist er Group-Controller. Erich Schindler engagiert sich seit mehreren Jahren in der internen Management- und Controlling-Ausbildung sowie als Referent an Seminaren in der Schweiz und Deutschland.

Hermann J. Schmelzer

Hermann J. Schmelzer studierte Maschinenbau und Betriebswirtschaft. Er übte bei der Siemens AG leitende Funktionen in F+E, Logistik und Qualitätsmanagement aus. Über zehn Jahre war er bei Siemens verantwortlich für eine Inhouse-Beratung für F+E- und Prozeß-Management. Heute ist er selbständiger Unternehmensberater. Hermann J. Schmelzer leitete vier Jahre den Arbeitskreis F+E-Management der Schmalenbach-Gesellschaft – Deutsche Gesellschaft für Betriebswirtschaft e. V. Er ist Lehrbeauftragter an der Technischen Universität München und an der Universität Karlsruhe (TH).

Fritz Schmid

Fritz Schmid, 1960, studierte Wirtschaftsingenieurwesen an der Universität Karlsruhe. Nach dem Berufseinstieg 1988 in der Konzernrevision der Daimler-Benz AG wurde er 1991 Leiter Revisionsprojekte Produktion und Entwicklung. 1994 wechselte er in die Entwicklungsplanung Pkw. Dort war er bis 1996 verantwortlich für betriebswirtschaftliche Analysen und Investitionsplanung. Von 1996 bis 1997 war er Leiter der Prozeß- und Ressourcenplanung für die Bereiche Vorentwicklung und Antriebsstrang. Seit 1997 ist verantwortlich für das Controlling Optimierungsprojekte in der Pkw-Entwicklung, Mercedes-Benz.

Jens Vietor

Jens Vietor studierte Maschinenbau an der Technischen Hochschule Darmstadt mit dem betriebswirtschaftlichen Schwerpunkt im Bereich Projektmanagement und Forschungs- und Entwicklungsmanagement. Nach dem Abschluß des Studiums trat er bei der Wella AG, Darmstadt, in die Forschung und Entwicklungs-Abteilung als Projektcontroller ein. Neben dem Projektcontrolling ist er zuständig für die Weiterentwicklung des Innovationsmanagements und für Schulungen im Bereich Projektmanagement.

Axel Wieczorek

Axel Wieczorek, 1956, studierte an der Technischen Universität München Maschinenbau und Wirtschaftsingenieurwesen. Im Anschluß daran war er in verschiedenen Unternehmen als Berater tätig, bevor er als Akademischer Rat an den Lehrstuhl für Fügetechnik der TU München wechselte. Nach Abschluß der Dissertation ging er zur Siemens ElectroCom GmbH nach Konstanz. Dort ist Axel Wieczorek für den Methodeneinsatz in der Entwicklung verantwortlich und befaßt sich im Rahmen dieser Aufgabe mit den Themen Projektmanagement, Target-Costing, Wertanalyse und Entwicklungscontrolling.

Alfons O. Wunschheim

Alfons O. Wunschheim, 1941, promovierte an der Universität Wien zum Doktor der Rechtswissenschaften. 1971 folgte ein MBA-Studium an der Insead in Fontainebleau. Annähernd 30 Jahre lang war A. O. Wunschheim in der chemisch-pharmazeutischen Industrie in der Schweiz tätig, zuerst als Finanz- und Administrationschef von Tochtergesellschaften, divisionaler Planer und Controller, später als Marketingdirektor. In den letzten Jahren war er weltweit verantwortlicher Leiter des Bereichs Planung und Controlling der Forschung und Entwicklung bei der Hoffmann La Roche AG, Basel.

Herausgeber

Roman Boutellier

Roman Boutellier studierte an der ETH in Zürich, promovierte dort in Mathematik und war als Postdoc für ein Jahr am Imperial College in London. 1981 trat er in die Kern AG in Aarau ein, bei der er Leiter der Entwicklung und Produktion Optik wurde. 1987 wechselte er als Mitglied der Geschäftsleitung zur Leica AG in Heerbrugg. Dort übernahm er die Leitung der Bereiche Produktion, Einkauf, Zentrale Entwicklung und Qualitätssicherung. Von 1993 bis 1999 war er ordentlicher Professor für Produktionsplanung und Logistik am Institut für Technologiemanagement der Universität St. Gallen. Seit Mai 1999 ist er Vorsitzender der Konzernleitung der Schweiz. Industriegesellschaft (SIG), Neuhausen.

Rainer Völker

Rainer Völker studierte Wirtschaftswissenschaften an der Universität Heidelberg und promovierte 1985 mit einer Arbeit über Innovationsentscheidungen und Marktstruktur an der Universität Konstanz. Danach war er in verschiedenen Controlling- und Managementfunktionen tätig, zuletzt als Finanzchef und Mitglied der Geschäftsleitung der Georg Fischer RLS AG und des Unternehmensbereichs RLS des Georg-Fischer-Konzerns in Schaffhausen. Seit 1994 ist er Professor für Management und Controlling an der Fachhochschule für Wirtschaft in Ludwigshafen. Er ist außerdem Lehrbeauftragter an der Universität St. Gallen. Seine Forschungsschwerpunkte sind wertorientierte Unternehmensführung sowie Innovationsmanagement.

Eugen Voit

Nach einer Lehre als Maschinenzeichner in Basel studierte Eugen Voit an der ETH Zürich Physik, wo er auch promovierte. 1988 wurde er Gruppen- und Projektleiter im Bereich der optoelektronischen Grundlagenentwicklung der LEICA AG in Heerbrugg. 1992 trat er in die Abteilung Personalentwicklung ein, die er bis 1996 leitete. Er wurde zum Leiter der Organisationsentwicklung auf Konzernstufe berufen. Seit Juli 1997 ist er als ständiger Dozent an der Universität St.Gallen tätig. Er ist Vizedirektor am Institut für Technologiemanagement, und seine Forschungsschwerpunkte beziehen sich auf Fragestellungen rund um das Management der betrieblichen Innovation.

Literatur

Apitz, K.; Gäbler, W.; Holz, B.F.; Poth, L.G.; Wieczorek B.J.: Erfolgsfaktoren von Marktführern; Moderne Industrie, Landsberg 1989

Bauer, P.; Brockhoff, K.: Kennzahlenberechnung für Forschung und Entwicklung, in: RKW-Handbuch Forschung und Entwicklung 20, 1992

Baumfalk & Blumers: Flexibles Management-Informationssystem für F+E, IIR-Fachkonferenz „Erfolgreiches F+E-Controlling", 1997

Baumfalk: Controlling in F+E (Aufbau eines Kostenberichtssystems), in: Controlling 6, 1997

Baumfalk: DV-Unterstützung für F+E-Controlling und F+E-Projektmanagement, Management Circle Fachkonferenz „DV Unterstützung in F+E",1998

Booz, Allen & Hamilton (Hrsg.): Integriertes Technologie- und Innovationsmanagement, Berlin 1991

Boutellier, R., Bruckner, J.: Vom Zufallstreffer zur systematischen Innovation, in: KMU - Das Magazin für Unternehmer, Geschäftsführer, Höheres Kader, Nr. 1, Jan. 1999

Boutellier, R., Dinger, H.; Lee, H.: Zu detailliertes Projektcontrolling schadet, in: io management, 9/1997

Boutellier, R.; Gassmann, O.: Internationales Innovationsmanagement – Trends und Gestaltungsmöglichkeiten, in: Gassmann, O.; v. Zedtwitz, M. (Hrsg.): Internationales Innovationsmanagement, Vahlen München 1996

Boutellier, R.; Gassmann, O.; v. Zedtwitz, M.: Managing Global Innovation, Springer, Berlin et al 1999

Boutellier, R.; Hänggi, R.: Parallelisieren und Risiken im Innovationsprozess, in: io Management, Juni 1996

Boutellier, R.; Locker, A.; Hallbauer, S.: Rascher auf dem Markt mit SE - Einführung von SE in KMU's, in: Technische Rundschau, 49/1995

Boutellier, R.; Völker, R.: Erfolg durch innovative Produkte, Hanser München/Wien 1997

Braun, C.-F. von: Der Innovationskrieg: Ziele und Grenzen der industriellen Forschung und Entwicklung, München 1994.

Budworth, D.W.: Finance and Innovation, London 1996

Bühner, R.: Das Management-Wert-Konzept, Stuttgart 1994

Bühner, R.: Mitarbeiter mit Kennzahlen führen, in: Harvard Business Manager, 3/1995

Bullinger, H.-J.; Lott, C.-U.: Target Management, Unternehmen zielorientiert gestalten und ergebnisorientiert führen, Campus Frankfurt/New York 1997

Burghardt, M.: Projektmanagement: Leitfaden für die Planung, Überwachung und Steuerung von Entwicklungsprojekten, Siemens AG 1997

Clark, K. B.; Fujimoto, T.: Automobilentwicklung mit System. Strategie, Organisation und Management in Europa, Japan und USA, Frankfurt/Main 1992

Commission of the European Communities: Value Analysis in the European Community, A Tool for Value Management, Luxembourg 1990

Cooper, R.; Slagmulder, R.: Target-Costing and Value Engineering, Productivity Press Portland 1997

Copeland, T.; Koller, T.; Murrin, J.: Valuation: Measuring and Managing the Value of Companies, New York et al. 1990

Dinger, H.: Grenzen und Möglichkeiten des Target-Costing, Diss. der Universität St. Gallen 1999

Eble, S.; Völker, R.: Die Behandlung von Optionen in der betrieblichen Investitionsrechnung, in: Die Unternehmung, 47.Jg. 1993

Eccles, R.C.: The Performance Measurement Manifesto, in: Harvard Business Review, 1/1991

Fortuin: Performance indicators – Why, where and how?, in: European Journal of Operational Research 34, 1988

Fröhling: Mehr Controlling in Forschung und Entwicklung nötig, in: Management Zeitschrift 11, 1990

Gaiser & Servatius: Mehr Transparenz für die Forschung und Entwicklung, in: Controlling 3, 1990

Gassmann, O.: Kreativer Freiraum für Entwickler, in: io-management, Nr. 7/8 1997

Gentner, A.: Entwurf eines Kennzahlensystems zur Effektivitäts- und Effizienzsteigerung von Entwicklungsprojekten, München 1994

Gephardt, M. E.; van Buren, M. E.: The Power of High Performance Work Systems, in: Training & Development 10, 1996

Giarini, O.; Liedtke, P.M.: Wie wir arbeiten werden, Der neue Bericht an den Club of Rome, Hoffmann & Campe, Hamburg 1998

Gomez, P.: Wertmanagement, Vernetzte Strategien für Unternehmen im Wandel, Düsseldorf 1993

Grabowski, H.G.: Journal of Health Economics, Vol. 13 1994

Haberstock, L.: Einführung in die Verfahren der Investitionsrechnung, Anhang zum Vorlesungsskript Betriebswirtschaftliche Steuerlehre IV, 6. Auflage, Hamburg 1992

Hamel, G; Prahalad, C.K.: Wettlauf um die Zukunft, Ueberreuther, Wien 1995

Hauschildt, J.; Pulczynski J.: Rigidität oder Flexibilität der Zielbildung in Innovationsprozessen?, in: zfo, 2/1992

Horváth, P. (Hrsg.): Target-Costing, Schaeffer-Poeschel, Stuttgart 1993

Horváth, P.: Instrumente des F+E-Controllings, in Zahn, Erich (Hrsg.): Handbuch des Technologiemanagements, Stuttgart 1994

Kester, W. C.: An Options Approach to Corporate Finance, in: Altmann, E.I.; McKinney, M.J. (eds.): Handbook of Corporate Finance, New York et al. 1996

Khurana, A.; Rosenthal, S. R.: Integrating the Fuzzy Front End of New Product Development, in: Sloan Management Review/Winter 1997

Langohr, H.: Valuation as a source of insight, in: Marketing Enterprise, 4/1996

Latham, G. P.; Wexley, K. N.: Increasing Productivity Through Performance Appraisal, Wokingham, Addison-Wesley, Reading, Mass. 1993

Lentz, Charles W: Dual Ladders become Multiple Ladders at Dow Corning, Research Technology Management, May/June 1990

Leonard, D.: Wellsprings of Knowledge, Harvard Business School Press, Boston 1995

Madauss: Projektkostenschätzung im Rahmen der Produktentwicklung; Controlling Jahrbuch 1997, Verlagsgruppe Handelsblatt 1997

Matzer: Herzstück mit Gedächtnis, in: IS report 1, 1998

Murphy, K.: Corporate Performance and Managerial Remuneration, in: Journal of Accounting and Economics, Vol. 7 1985

Nichols, N.: Scientific Management at Merck, in: Harvard Business Review, 1994

Prahalad and Hamel: The Core Competence of the Corporation, in: Harvard Business Review, Vol. 68, 3, Mai/Juni 1990

Rappaport, A.: Creating Shareholder Value: The New Standard for Business Performance, New York 1986

Reichmann, Th.: Controlling mit Kennzahlen und Managementberichten, 3. Aufl., München 1993

Rommel, G.; Brück F.; Diederichs, R.; Kempis; R.-D., Kluge, J.: Einfach Überlegen, Das Unternehmenskonzept, das die Schlanken schlank und die Schnellen schnell macht, Schaeffer-Poeschel, Stuttgart 1993

Rummler, G. A.; Brache, A. P.: Improving Performance: How to Manage the White Space on the Organizational Chart, Jossey-Bass Publishers, San Francisco 1995

Sabisch, H.; Tintelnot, C.: Integriertes Benchmarking für Produkte und Produktentwicklungsprozesse, Springer, Wiesbaden 1997

Schiemann, W. A.; Lingle, J. H.: Seven Greatest Myths of Measurement, in: AMA Management Review 5, 1997

Schmelzer, H. J.: Organisation und Controlling von Produktentwicklungen, Stuttgart 1992

Schmelzer, H. J.; Friedrich, W.: Integriertes Prozeß-, Produkt- und Projektcontrolling, in: Controlling 9, 1997

Schmelzer, H.J.: Organisation und Controlling von Produktentwicklungen. Beitrag des wettbewerbsorientierten Entwicklungsmanagements, Stuttgart 1992

Schmelzer, H.J.: Organisation und Controlling von Produktentwicklungen, Beitrag des wettbewerbsorientierten Entwicklungsmanagements, Stuttgart 1992

Schmelzer, H.J.: Steigerung der F+E-Produktivität durch Prozeßmanagement, in: Konstruktion 50, 1998

Seidenschwarz W.: Nie wieder zu teuer; Schaeffer-Poeschel , Stuttgart, 1997

Seifert, H. u. Steiner, M.: F+E: Schneller, schneller, schneller, in: Harvard Business Manager, 17, 1995, 2, S. 16-22

Sharpe, Keelin: F+E - Die Mittel richtig einsetzen, in: Harvard Business Manager 20/6 1998

Shaw, J. H; Schneider, C. E.; Beatty, R. W;. Baird, L. S.: The performance measurement, management, and appraisal handbook., HRD Press, Amherst, Massachusetts 1995

Shinkfield & Cooper: The parmaceutical portfolio - navigating an uncertain future, in: Scrip Magazine, November 1994

Siegwart & Kloss: Erfassung und Verrechnung von Forschungs- und Entwicklungskosten, Paul Haupt, Bern 1984

Specht, G.; Beckmann, C.: F+E-Management, Schäffer-Poeschel , Stuttgart 1996

Specht, G.; Beckmann, Ch.: F+E-Management, Schäffer-Poeschel, Stuttgart 1996

Specht, G.; Beckmann, Ch.: F+E-Management, Stuttgart 1996

Spilker: Multinational Drug Companies, Raven Press, New York 1989

Spremann, K.: Projekt-Denken versus Perioden-Denken, in: Spremann, K.; Zur, E.: Controlling-Grundlagen, Informationssysteme, Anwendungen, Wiesbaden 1992

Twiss, B.: Managing Technical Innovation, London 1994

VDI Zentrum Wertanalyse: Wertanalyse, Idee-Methode-System, VDI-Verlag Düsseldorf 1991

Völker, R.: Wertorientierte Planung und Steuerung von F+E, in : Zeitschrift für Planung, 1998

Völker, R.: Wertorientiertes Controlling der Produktentwicklung, in: krp - Kostenrechnungspraxis 6/1999

Werner, B.M.; Souder, W.E: Measuring R&D Performance – State of the Art, in: Research-Technology Management 40, 1997

Werner, B.M.; Souder, W.E: Measuring R&D Performance – U.S. and German Practices, in: Research-Technology Management 40, 1997

Werner, H.: Strategisches Forschungs- und Entwicklungscontrolling, Wiesbaden 1997

Wheelwright, S.C.; Clark, K.B.: Revolutionizing Product Development, The Free Press, New York 1992

Wheelwright, S.C.; Clark, K.B.: Revolutionizing Product Development, The Free Press, New York 1992

Whittlesey, F. E.: Expanding the Phantom Stock Concept, in: Compensation & Benefits Review, Vol. 26, November/December 1994

Register